现代慈善发展的特点与趋势

论文集

江苏省慈善总会 南京大学江苏慈善研究院 主编

南京大学出版社

图书在版编目(CIP)数据

现代慈善发展的特点与趋势论文集／江苏省慈善总会，南京大学江苏慈善研究院主编. —南京：南京大学出版社，2022.5
ISBN 978-7-305-25676-9

Ⅰ.①现… Ⅱ.①江… ②南… Ⅲ.①慈善事业—发展—中国—文集 Ⅳ.①D632.1-53

中国版本图书馆 CIP 数据核字(2022)第 074265 号

出版发行	南京大学出版社
社　　址	南京市汉口路 22 号　邮　编　210093
出 版 人	金鑫荣
书　　名	**现代慈善发展的特点与趋势论文集**
主　　编	江苏省慈善总会　南京大学江苏慈善研究院
责任编辑	谭　天
照　　排	南京紫藤制版印务中心
印　　刷	江苏凤凰通达印刷有限公司
开　　本	787×960　1/16　印张 13.75　字数 215 千
版　　次	2022 年 5 月第 1 版　2022 年 5 月第 1 次印刷
ISBN	978-7-305-25676-9
定　　价	58.00 元
网　　址	http://www.njupco.com
官方微博	http://weibo.com/njupco
官方微信	njupress
销售热线	(025)83594756

* 版权所有，侵权必究
* 凡购买南大版图书，如有印装质量问题，请与所购图书销售部门联系调换

序

蒋宏坤

(江苏省慈善总会会长,南京大学江苏慈善研究院理事长)

春华秋实,岁物丰成。近两年的酝酿积蓄,经过各位作者的辛勤探索和笔耕,多方认真把关、斟酌筛选,《现代慈善发展的特点与趋势论文集》出版了。本书收集了江苏省慈善领域前瞻性研究成果15篇,对慈善领域新趋势、新特点进行了有益的研究和探讨,为我们适应新形势、应对新挑战、抢抓新机遇,推动慈善事业高质量发展提供了理论依据和参考,具有较好的现实指导意义。

党的十八大以来,党中央、国务院高度重视慈善事业发展,2021年8月中央财经委员会第十次会议上,习近平总书记要求"坚持以人民为中心的发展思想,在高质量发展中促进共同富裕,正确处理效率和公平的关系,构建初次分配、再分配、三次分配协调配套的基础性制度安排……"将慈善事业、第三次分配与共同富裕紧密联系起来,并将之提到更为重要、备受瞩目的"基础性制度安排"的高度。同年10月16日,习近平总书记在《求是》杂志发表专题文章《扎实推动共同富裕》,再次明确了三次分配协调配套的基础性制度安排。历史经验表明,慈善事业在促进社会收入公平正义方面发挥着初次分配(市场)和再分配(政府)不能替代的作用,是存在于社会肌体中弥合裂痕、化解矛盾的一种"温柔但重要的力量"。第三次分配列入基础性制度安排,公益慈善事业迎来了重大发展机遇。

随着生产力高度发展,福利制度逐步完善,保障程度不断提高,现代慈善事业迈入高质量发展轨道,进入大众化、法制化、数字化的新时代。一方面,公益慈善事业快速发展。社会大众的慈善心和公德心将会在高质量发展阶段出现喷发，财富集中和财富剩余激发了社会慈善需求，社会大众投身慈善的需求更加迫切。随着大数据、云计算、物联网、人工智能等信息产业技术的快速发展，降低了慈善募捐的成本，缩短了募捐时间，通过移动终端开展慈善募捐、慈善宣传等活动，为大众慈善提供了重要的渠道。另一方面，公益慈善法律政策体系更加完善。去年6月，全国人大已启动起草慈善法修订草案及收集行业意见等工作，研究提出新发展阶段慈善法实施面临的新情况、新问题、新对策，为促进社会主体更顺畅地开展公益慈善事业提供根本性的法律保障。我们应欢欣鼓舞、意气风发，以饱满的激情与脚踏实地的努力去拥抱属于慈善事业的崭新时代。

慈善事业是一项崇高而伟大的事业，也是一项常做常新、永无止境的事业。面对社会需求日益复杂化和多元化，公益慈善事业需要将视角延伸到未来。南京大学江苏慈善研究院是实现慈善理论与实践知行合一的重要平台，研究院理事单位都是省内有较高知名度的高等院校和科研机构。作为推动现代慈善研究发展的综合性研究智库，南京大学江苏慈善研究院将以高起点为目标，为江苏慈善又好又快发展提供智力支持，本次出版的《现代慈善发展的特点与趋势论文集》是其研究成果之一。今后，南京大学江苏慈善研究院将以习近平新时代中国特色社会主义思想为指引，进一步加强慈善领域新形势、新特点的研究与探索，有所作为，打造品牌，为江苏慈善事业高质量发展提供更多更好的理论指导。

2022年2月15日

目 录

1 | 互联网时代慈善发展新路径与新机制 / 田　蓉　余媛媛

13 | 当公益遇到游戏:网络捐赠行为影响因素研究 / 李　梅

44 | 时间银行:缘起、问题与前景 / 施猗旎

58 | 共同富裕:概念、问题与路径选择 / 孙永健

79 | 从参与到满足:应急志愿服务行动实践与反思 / 宗　昊　陈友华

102 | 我国现代慈善资源的动员机制 / 朱　力　龙永红

115 | 慈善信托事业发展现状、困境与对策 / 薛　云　王文娜　李　梅

126 | 慈善组织中的反利益输送机制:美国实践及其对中国的启示 / 徐　勇

140 | 英国社会企业的发展历程、规制体系与启示 / 金世斌

152 | 慈善组织透明化运行机制研究述评 / 毕素华

165 | 社会企业的伦理之维及其对传统经济伦理的超越 / 杨光飞

177 | 论和谐社会视阈中的慈善文化 / 高　红　李雪卿

186 | 苏州社区慈善超市建设类型的调查 / 马德峰

193 | 慈善项目实施路径探索 / 叶沈良

203 | 慈善之城建设路径探索 / 叶沈良

互联网时代慈善发展新路径与新机制

田 蓉 余媛媛[①]

（南京大学社会学院）

摘 要：公益慈善事业是建设社会主义现代化国家、推进乡村振兴、促进共同富裕目标实现的重要力量，当下中国的公益慈善事业正处于迅猛发展的阶段。本文首先介绍了我国当前慈善事业发展的现状，在此基础上讨论了我国慈善领域慈善捐赠以现金为主、互联网捐赠金额与参与人数持续增加以及税收政策调整优化的发展特点，指出我国慈善行业日趋规范化与标准化的发展态势。结合全球慈善领域发展前沿，本文进一步分析了作为中国慈善领域新主体的社区基金会在中国的发展以及以社会影响力投资、慈善信托等为代表的慈善新工具及其在中国的发展现状。

关键词：慈善金融；社区基金会；互联网

我们正身处于一个大变革的时代，中国式现代化全面提速，中国特色的国家治理体系日益成熟。疫情冲击了全球的经济与社会发展，也对各国国家治理能力带来新的挑战。2021年，党和国家就共同富裕、第三次分配等议题出台了相关政策。共同富裕作为中国特色社会主义发展的目标，正成为举国上下共同关注的重要议题。走向共同富裕，我们需要建设与完善共享机制。这种共享机制，可以是法定的，也可以是自愿的。前者以强制性社会保障为主，后者主要指依托公益慈善与社会力量实现的第三次分配[②]。

[①] 田蓉，南京大学社会学院副教授、硕士生导师；余媛媛，南京大学社会学院硕士研究生。
[②] 郑功成：《面向2035年的中国特色社会保障体系建设——基于目标导向的理论思考与政策建议》，《社会科学文摘》，2021年第4期，第49—52页。

一、引 言

近年来我国社会慈善事业迅猛发展,自1981年第一个基金会——中国儿童少年基金会成立,截至2022年2月22日,全国基金会已突破8000家,达到8926家[①],基金会发展仍处在上升趋势。其中,广东省、北京市、江苏省、浙江省与上海市是全国基金会数量最多的省份。基金会的快速增长,受到迫切社会需求之驱动与巨大社会财富之支撑。从需求角度来看,我国在社会福利与社会发展领域日益突显的问题亟待基金会等公益慈善组织的发展。从供给角度看,随着经济的发展与社会财富的积累,社会大众参与慈善事业的热情和行动也逐渐增加。其中,应运而生一批企业家,他们秉承慈善之心回馈社会,救助弱势,兼具利他情怀与现实力量。

慈善是一种手段,"向组织提供资本以实现社会利益",此"资本"可包括各种财务机制,也包括技能、时间与服务的提供。这些广泛的财务机制可以是传统的施舍粥饭、捐钱捐物,也可以是现代的更加符合企业(公司)和股权持有人特点的捐赠方式——股权捐赠。慈善是一种事业,既要实现持续救助弱势群体的目的,也要保障捐赠者的稳定健康地发展。传统慈善往往是熟人、邻里之间的互助,只有"施"与"授"的关系,这种慈善可称为私益慈善,而现代慈善属于公益慈善[②]。如果说传统慈善施与的动力源于怜悯之心,现代慈善则更多关注社会公益与正义之追求与实现。2016年,我国颁布实施的《慈善法》正是规范公益慈善的法律。

萨拉蒙(2017)在对美国慈善领域发展现状与趋势进行分析时指出,政府与传统慈善领域的资源没有增长,甚至在不断减少,而贫困、健康不良和环境恶化问题日益严重。为社会和环境目标的实现探索一些新的资助和实践模式,已成为迫切之需。为了应对社会面临的大量问题,慈善必须发挥战略性作用。发挥战略作用的途径之一,即在于运用杠杆,撬动更多的社会资源。当

---

① 数据援引自全国社会组织信用信息平台。
② 徐永光,董岩:《中国是社会企业与影响力投资蓝海》,《家族企业》,2020年第8期,第43页。

前,我们正在见证一个"慈善新前沿"在全球的兴起,在慈善领域涌现出各种新的行动主体与慈善工具,汇集社会资源将其引入社会与环境问题的解决中。

这场慈善变革的核心在于慈善和社会投资的工具迅猛增多,用于调动私人资源支持社会和环境目标的工具和机构急剧增长。这类机构的大量发展反映了变革的四种重要趋势:超越拨款(Beyond grants)、超越基金会、超越捐赠(Beyond bequests)和超越现金。近年来中国的公益慈善事业在迅猛发展的同时,也受到全球慈善事业发展新前沿的影响,不断尝试新路径进行新探索。

二、我国慈善事业发展新态势

党的十九届四中全会以来,"发挥第三次分配作用,发展慈善等社会公益事业"被纳入为我国推进国家治理体系和治理能力现代化的重要制度安排。

中央财经委员会第十次会议进一步明确要"构建初次分配、再分配、三次分配协调配套的基础性制度安排"。慈善事业在我国经济和社会发展中的重要地位更加凸显。2021年,民政部与国家发改委联合颁布《"十四五"民政事业发展规划》,进一步明确慈善在第三次分配中的重要作用及促进慈善事业健康发展的政策措施,鼓励和支持慈善力量积极参与重大国家战略实施。《规划》也提及鼓励慈善组织和慈善信托发展,规范发展互联网慈善,健全促进互联网慈善发展的政策措施和监管体系。当前,我国的慈善领域发展呈现如下特点与态势:慈善捐赠以现金为主;互联网捐赠金额与参与人数持续增加;税收政策调整优化,非货币捐赠优惠扩大;慈善行业进一步规范化与标准化[1]。

(一) 捐赠以现金为主,抗击疫情掀起慈善新浪潮

2019年以来,我国慈善事业仍以慈善捐赠为主。资金捐赠是慈善捐赠的主要形式,且保持稳步增长。2020年以来,抗击新冠肺炎疫情相关捐赠表现突出。2020年6月,《公益时报》发布2020年抗击新冠肺炎疫情捐赠榜单,统计到捐赠金额100万以上的企业或个人共2903家,捐赠总额达384.77亿元。

---

① 引自中诚信托《2020慈善信托报告》https://www.cctic.com.cn/u/cms/www/202009/01100049smaw.pdf。

其中捐赠额在1000万以上的捐赠者共409个,合计捐赠总额155.17亿元。2021年中国慈善榜的数据显示,上榜企业中有686家的捐赠是用于新冠肺炎疫情防控的,捐赠总额达94.4187亿元。中诚信托《2021年度慈善信托报告》数据显示,我国慈善组织数量持续增加,大额捐赠主体数量和金额均有较快增长。

民政部统计数据显示,截至2021年第三季度末,我国共有各类社会组织数量突破90万个,比上年增长了约2.3%,其中社会团体数量37.4万个,民办非企业单位51.9万个,基金会8733个[①]。慈善中国网站披露数据显示,截至2020年8月31日,在全国民政部门登记慈善组织8664家,具有公开募捐资格的慈善组织3107家,已取得公益性捐赠税前扣除资格的慈善组织4174家。民政部官网显示,2020年年底,全国共有经常性社会捐赠工作站、点和慈善超市1.5万个,较上年增长了15.4%。

中国慈善联合会披露,2020年我国社会捐赠总额中,现金捐赠达1473.97亿元,同比增长41.12%。根据中国社会科学院社会政策研究中心发布的《慈善蓝皮书(2021)》测算,2020年全国社会捐赠总量为1520亿元,同比增长10.14%。福布斯中国慈善榜显示,2021年是福布斯中国第十五次发布中国慈善榜,上榜的100位企业家(企业)现金捐赠总额为245.1亿元,与2020年的179.1亿元相比,大幅上涨37%,是继2011、2017、2018、2019、2020年之后,总捐赠金额第六次突破100亿元,也是首次突破200亿元大关。《公益时报》发布的第十八届(2021)中国慈善榜榜单显示,本届入榜慈善家105位(对),平均捐赠额为3819万元,合计捐赠40.1010亿元;上榜慈善企业1108家,合计捐赠226.9964亿元,这是入榜企业首次突破1000家,其中43家企业的年度捐赠总额在1亿元以上。

(二) 互联网捐赠金额与参与人数持续增加

随着我国慈善理念的逐渐普及,社会大众对慈善事业的参与度继续提高,个人捐赠金额稳步增长,互联网慈善募捐快速发展。中国慈善联合会发布的《2020年度中国慈善捐助报告》显示,企业和个人仍然是我国慈善捐赠的主要

---

① 数据引自中华人民共和国民政部官网 www.mca.gov.cn/article/sj/tjjb/2021/202103qgsj.html。

力量,其中个人捐赠524.15亿元,年度增幅为31.55%。以个人捐赠为主的网络募捐总量持续走高。民政部披露,近3年来我国通过互联网募集的善款每年的增长率都在20%以上。2019年募集金额超过54亿元,比2018年增长了68%。据民政部指定的20家互联网公开募捐信息平台统计,2019年全年,全国点击、关注和参与互联网慈善人次比2018年增长了28.6%。"99公益日"活动的筹款额再创新高,2019年共募得善款24.9亿元,同比增长76%。据《2020年度中国慈善捐赠报告》统计,2020年我国慈善组织通过20家互联网募捐平台共筹集善款逾82亿元,同比增长52%,超100亿人次参与在线捐款。互联网慈善丰富了公益事业参与渠道,提高了公益资源配置效率,传播了公益慈善文化理念,促进了公益慈善交流合作,已成为我国公益慈善事业新的增长点。

(三) 税收政策调整优化,非货币捐赠优惠扩大

为支持慈善事业发展,我国慈善相关的税收政策日渐完善。2019年以来,财政部及国家税务总局明确了非货币财产捐赠涉及税收问题,并对现有的公益性社会组织抵税资格要求做了进一步调整。

为贯彻落实《中华人民共和国个人所得税法》及其实施条例有关规定,2019年年底,财政部、税务总局发布《关于公益慈善事业捐赠个人所得税政策的公告》(财政部税务总局公告2019年第99号),将非货币财产捐赠的税收优惠政策优惠对象扩展到个人,财产类型扩展到房产。进一步明确了个人以非货币类财产捐赠在计算应纳税所得额时的扣除标准。其中捐赠股权、房产的,按照个人持有股权、房产的财产原值确定;捐赠除股权、房产以外的其他非货币性资产的,按照非货币性资产的市场价格确定。

2020年,财政部、税务总局、民政部联合发布《关于公益性捐赠税前扣除有关事项的公告》(财政部公告2020年第27号),对现有的公益性社会组织抵税资格要求进行了明确和调整。该《公告》废止了关于公益性捐赠税前扣除规定的财税〔2008〕160号、财税〔2010〕45号、财税〔2015〕141号等文件,并在民发〔2016〕189号文件的基础上对公益性机构开展慈善活动年度支出和管理费用标准进行调整。

(四) 慈善行业进一步规范化与标准化

2019年以来,我国慈善行业自律持续推进,中国慈善联合会发布了多项慈善团体标准,各地也纷纷加快业务自律建设,持续提升慈善行业的规范化运行。2020年,中国慈善联合会发布《慈善组织档案管理规范》《慈善组织项目管理规范》《公益项目三A三力评估指南》和《慈善社区创建评价方法》四项团体标准,于2020年7月1日起正式实施。这是我国慈善领域的首批团体标准,也是推动慈善行业标准化的重要举措。这些行业标准的出台对于加强慈善组织业务管理,提升慈善项目管理规范度,促进依法依规开展慈善活动有着重要意义。

2019年12月,陕西省公益慈善标准化技术委员会在西安成立。2020年4月,青岛市民政局印发《青岛市慈善活动指引》,首次以标准化文件的形式对青岛市慈善活动作出指导,对慈善活动的人员、场地、设施专业化提出明确规范,对慈善活动中的志愿者管理作出细致规定,对慈善活动中舆情处理的原则和流程加以明确,并对慈善信息化的建设路径提出指导。2020年4月,佛山市顺德区慈善组织联合会发布团体标准《慈善组织保值增值投资活动指引》,准则规定了慈善组织保值增值投资活动投资原则、投资准备、投资管理与决策、投资责任、监督与信息披露,将为顺德慈善组织保值增值投资提供依据,有力推动慈善组织投资活动的健康发展。2021年,福建、山东、湖北、广州市分别制定《福建省慈善事业促进办法》《山东省慈善条例》《湖北省慈善条例》和《广州市慈善促进条例》,促进地方慈善事业发展。

三、社区基金会:慈善组织新形式[①]

社区基金会,在全球的发展历史已逾百年。步入21世纪,全球社区基金会出现快速发展态势,组织总量由世纪初900余家跃至2017年年底1860家。作为基层社区治理的创新实践,我国自2008年开始社区基金会探索,此后,深

[①] 主要内容引自田蓉,王丽丽:《我国政府主导型社区基金会供需理论视角分析——以南京为例》,《中国行政管理》,2018年第12期,第53—58页,数据有更新。

圳、上海、南京、成都等地政府陆续出台政策推动当地社区基金会发展。有学者视2014年为中国社区基金会元年,2015年后我国社区基金会迅猛发展,根据基金会中心网数据,截至2019年12月22日,共计181家。2017年国务院出台《国务院关于加强和完善城乡社区治理的意见》,明确提出"不断拓宽城乡社区治理资金筹集渠道,鼓励通过慈善捐赠、设立社区基金会等方式,引导社会资金投向城乡社区治理领域"。至2017年年底,全国以社区基金会命名的组织已达130家,其中广东与上海占全国80%以上。上海社区基金会2017年年底达72家,普陀、虹口、徐汇和杨浦四区实现街镇全覆盖,约占上海所有街镇社区基金会的1/3,至2019年年底,全国181家社区基金会仍多集中于东南沿海地区,其中社区基金会数量前三的省市为上海市、广东省和江苏省[①]。

社区基金会是镶嵌在一定地理区位空间服务于多种慈善目标的组织,可以胜任资源筹募拨付、捐赠者服务及社区领导者功能。根据南京市民政局政策文件,社区型基金会是指在民政部门登记注册,以从事社区公益事业为目的,服务地域为一个街道或社区的基金会法人。

社区基金会何以在中国大地快速发展?王建军与叶金莲认为,社区基金会的发展受到了市场失灵与社区贫困、政府失灵以及社区主义风潮的影响。处于转型阶段的中国社会,传统社会支持网络功能弱化,同时官方支持因政府资源的短缺而失灵,社区爱心救助基金会等类社区基金会形式应运而生。此研究尝试从需求面向分析社区基金会在中国之发起,但尚缺乏供给面向影响因素的探讨。Guo与Lai提出鉴于中国慈善领域的公募基金会的公信力下降及相关法律调整松绑社会组织的筹款资格与运作的脉络背景,中国民间社区基金会逐渐发展。通过对于政府背景与民间独立发起两类社区基金会的个案研究,社区需求与注册政策的简化以及政府的支持是我国社区基金会发展背后的驱动力。社区基金会在我国的发展亦被视作地方政府和社会为了突破中国当下城市社区社会组织发展及社区共治体系构建资源不足的瓶颈而寻求的

---

① 数据引自基金会中新网 http://www.foundationcenter.org.cn/report/content?cid=20200107141045。

本土解决道路。

社区基金会在创新社区治理机制方面的功能已为许多学者关注。如何进一步厘清我国社区基金会未来可行的功能定位与运作模式,也引起了学者们的讨论。社区基金会在中国当前社会脉络下实际发挥着募款功能待开发,管理能力待提升的"准资源平台"功能,我国社区基金会可像美国地方联合劝募和社区基金会一样,定位为本地化的社区公益的支持型组织,其价值与使命在于构建本地化的社区公益支持体系,最重要的作用在于汲取本地资源,并将地方社会资源与社区社会组织链接,发挥培育社区社会组织的平台功能。

四、慈善金融:慈善运作新机制

萨拉蒙对"撬动公益"的解释十分清晰。他提出,"杠杆是一种可以将有限能量转化为更强力量的机制",用杠杆撬动公益的意思是,除了依赖由基金会资产收入和个人年度捐款生成的有限慈善资源之外,慈善领域还可以积极利用金融创新工具,让银行、养老基金、保险公司、互惠基金和高净值人群账户中的巨额投资资产服务于社会和环境目标。本文以社会影响力债券及慈善信托为例,简单阐释慈善金融之意涵。

(一) 社会影响力债券

社会影响力债券是一种新型的将绩效合作模式与私募金融相结合的公私混合制工具,其将政府购买和特定的社会产出相结合[①],即政府"为成功付费",具有多方协同合作、评估和监测严格、转移政府资金风险等优越性,大幅减少政府大量资金投入却无法解决社会问题的状况,被称为"影响力投资领域最具创新性的金融工具之一"[②]。最早的社会影响力债券是 2010 年英国的"彼得伯勒(Peterborough)"社会影响力债券,其对彼得伯勒地区刑满释放人员进行

---

① [美]莱斯特-M.萨拉蒙:《慈善新前沿:重塑全球慈善与社会投资的新主体和新工具指南》,深圳国际公益学院译,北京:社会科学文献出版社,2019 年,第 6—8 页。

② Nicola D J. Environmental impact bonds, *Duke University's Fuqua School of Business*, Durham, NC, 2013.

预防性干预,以期减少再犯罪率。2016 年的 *Social Impact Bonds：The Early Years* 报告指出,2010 年以后,美国、荷兰、澳大利亚等 15 个国家推出 60 多个社会影响力债券项目以解决各种社会问题[①]。我国的第一个社会影响力债券尝试是 2016 年 12 月 23 日在山东省沂南县的扶贫社会效应债券,采取非公开定向发行的方式,投资于特色扶贫产业、公共服务和基础设施等。毫无疑问,社会影响力债券在国内外都被重点关注,成为热门的慈善金融发展方向之一。

为何社会影响力债券受各国欢迎？曹堂哲、陈语指出,公共治理的"大政府"阶段遇到了僵化保守、回应性差的官僚化、行政化的问题[②];"市场化"阶段遇到了过度竞争、责任不明的问题;"社会化"阶段遇到了第三部门资金不足、可持续性差、低效等问题,需要一种政府、市场、社会三者的伙伴关系协同处理棘手的社会问题。刘蕾、邵嘉婧、陈斌指出,政府、市场、社会的两两结合仍有缺陷,加之政府的资金匮乏、社会项目的绩效难以预估等问题,社会影响力债券成为弥补多个缺陷的有效创新模式[③]。

由于社会影响力债券的新兴属性,其在发展过程中难免遇到困难,例如纽约市赖克斯岛累犯减少计划和我国沂南县的扶贫社会效应债券因效果未达标受到国家政府干预终止。同时,学者们也清楚地认识到社会影响力债券有可能遇到绩效衡量困难、过于关注利润回报、长期公共价值难以延续等问题[④][⑤],但其前景始终被看好,可以通过建立配套生态系统、政府加大支持力度、开展

---

① 数据来源于 *Social Impact Bonds：The Early Years* https://socialfinance.org/social-impact-bonds-the-early-years/。
② 曹堂哲,陈语:《社会影响力投资:一种公共治理的新工具》,《中国行政管理》,2018 年第 2 期,第 88—93 页。
③ 刘蕾,邵嘉婧,陈斌:《社会影响力债券:利用社会资本解决社会问题》,《公共管理与政策评论》,2020 年第 1 期,第 23—25 页。
④ 刘蕾,邵嘉婧,陈斌:《社会影响力债券:利用社会资本解决社会问题》,《公共管理与政策评论》,2020 年第 1 期,第 23—25 页。
⑤ [美]莱斯特-M.萨拉蒙:《慈善新前沿:重塑全球慈善与社会投资的新主体和新工具指南》,深圳国际公益学院译,北京:社会科学文献出版社,2019 年,第 6—8 页。

试点等工作积累经验不断完善,以推动社会治理能力的提升[1][2][3]。目前我国学术界基于国外社会影响力债券项目的研究较多,由于国内的社会影响力债券实践较少而缺乏本土化探索。

(二) 慈善信托

慈善信托最早产生于17世纪的英国,我国2001年颁布的《信托法》将其引进。2016年3月16日中华人民共和国第十二届全国人民代表大会第四次会议通过《中华人民共和国慈善法》专门规定了慈善信托的程序、慈善信托的受托人义务及其变更、信托监察人、慈善信托的法律适用等规范[4],给我国慈善信托发展带来了机遇,2016年即成功备案22个慈善信托。《2021年中国慈善信托发展报告》显示,2021年我国的慈善信托的数量和规模平稳增长,成功备案227单慈善信托,财产规模达5.71亿元,较上年增加32.48%。同时,我国慈善信托还呈现涉及地域不断扩大,受托人持续增多的特点。

慈善信托在公共卫生、扶贫济困、发展教育等方面成为重要力量,其优越性被学者广泛关注。王建军等人指出,慈善信托制度与非法人慈善组织相比具有风险分割的功能,与慈善法人相比具有结构简单、公信力高、财产独立安全等优点[5],慈善信托的设立成本低、尊重委托人意愿、管理专业化,能够实现慈善财产保值增值、专款专用,在引导社会资本参与慈善事业、培育慈善文化上发挥较大作用[6][7]。

---

[1] 李小兰:《社会影响力债券在我国农村医养结合融资中的运用》,《东南学术》,2021年第6期,第140—149页。
[2] 陈怡俊,黄海峰:《社会影响力债券:社会公共服务供给机制的创新》,《治理研究》,2019年第6期,第98—107页。
[3] 刘蕾,陈绅:《社会影响力债券模式下的养老服务合作治理》,《北京行政学院学报》,2017年第4期,第101—108页。
[4] 周贤日:《慈善信托:英美法例与中国探索》,《华南师范大学学报(社会科学版)》,2017年第2期,第116—132,192页。
[5] 王建军,燕翀,张时飞:《慈善信托法律制度运行机理及其在我国发展的障碍》,《环球法律评论》,2011年第4期,第108—117页。
[6] 邓国胜:《第三次分配的价值与政策选择》,《人民论坛》,2021年第24期,第42—45页。
[7] 倪受彬:《现代慈善信托的组织法特征及其功能优势——与慈善基金会法人的比较》,《学术月刊》,2014年第7期,第86—93页。

同时,其在国内的发展也存在一定的缺陷。徐家良、张圣指出,慈善信托中的中央政府、地方政府、商业企业、慈善组织四类主体的四种制度逻辑存在冲突[1],慈善信托享受税收优惠的制度不健全从而消减了慈善信托的积极性[2]。慈善信托迫切需要本土化制度建构,两方面最受学者关注:其一是建立慈善信托监管制度,从中央的慈善信托顶层制度设计到地方的综合监管机制相结合,并吸纳社会力量参与慈善信托的制度优化[3][4][5][6];其二是慈善信托税收优惠制度,例如慈善信托转移所得税和收益所得税的减免。[7][8][9]

五、结　语

2021年是我国"十四五"的开局之年。3月26日,全国人大社会建设委员会在北京召开《慈善法》修订工作专家座谈会,标志着《慈善法》修订工作正式启动。5月24日,《"十四五"民政事业发展规划》颁布实施。6月1日,《中华人民共和国乡村振兴促进法》正式实施。7月24日,中共中央办公厅、国务院办公厅印发《关于进一步减轻义务教育阶段学生作业负担和校外培训负担的意见》,要求面向义务教育阶段学生的学科类校外培训机构统一登记为非营利性机构。8月17日,中央财经委员会第十次会议召开,会议指出要坚持以人民为中心的发展思想,在高质量发展中促进共同富裕,正确处理效率和公平的关

---

[1] 徐家良、张圣:《关联、冲突与调节:慈善信托实践中的多重制度逻辑》,《中国行政管理》,2021年第1期,第59—65页。
[2] 邓国胜:《第三次分配的价值与政策选择》,《人民论坛》,2021年第24期,第42—45页。
[3] 徐家良、张圣:《关联、冲突与调节:慈善信托实践中的多重制度逻辑》,《中国行政管理》,2021年第1期,第59—65页。
[4] 吕鑫:《从公益信托到慈善信托:跨国移植及其本土建构》,《社会科学战线》,2019年第10期,第199—206页。
[5] 文杰:《我国慈善信托法律规则之反思》,《理论月刊》,2020年第6期,第116—125页。
[6] 李文华:《完善我国慈善信托制度若干问题的思考》,《法学杂志》,2017年第7期,第89—97页。
[7] 王涛:《英国慈善信托监管制度及启示》,《社会科学战线》,2019年第10期,第207—216页。
[8] 周乾:《我国慈善信托制度之创新、局限与完善》,《内蒙古社会科学(汉文版)》,2018年第6期,第88—94页。
[9] 郑功成:《中国慈善事业发展:成效、问题与制度完善》,《中共中央党校(国家行政学院)学报》,2020年第6期,第52页。

系,构建初次分配、再分配、三次分配协调配套的基础性制度安排。此后,腾讯、阿里等企业率先捐出大额资金设立助力共同富裕专项基金。9月10日,2011年度99公益日闭幕,全国6870人次捐出35.69亿元,加上腾讯公益慈善基金会6亿元资金支持,善款总额达41.69亿元。12月8日,中央经济工作会议在北京召开,提出要正确认识和把握实现共同富裕战略目标和实践路径;支持有能力的企业和社会群体积极参与公益慈善事业。中央经济工作会议首次提及"公益慈善事业"。展望未来,快速发展中的中国公益慈善事业该如何回应时代发展,汲取发达国家与地区慈善发展的经验与教训,以后发优势探索出中国特色的发展路径,亟待我们进一步在实践中研究与反思,以更高效地发挥慈善的杠杆效应,服务于共同富裕目标的实现。

当公益遇到游戏:网络捐赠行为影响因素研究

李 梅[①]

(南京大学社会学院)

摘 要:中国的慈善捐赠经历着深刻的转型,以互联网等新技术为依托的网络慈善捐赠逐渐成为引领公益慈善行业发展的一股新潮流。本研究旨在探究以蚂蚁森林为代表的新兴网络捐赠现象,提出了"虚拟捐赠"概念,并通过关注蚂蚁森林用户在虚拟捐赠过程中获得的游戏互动、心流体验来更好地了解个体虚拟捐赠行为的产生机制以及互联网与社交媒体对于个体捐赠行为的影响。本文设计了两组中介模型,使用便利抽样与问卷调查法收集了 768 份有效样本数据,并运用 Bootstrap 方法来探究蚂蚁森林用户在虚拟捐赠过程中获得的游戏互动、心流体验与其持续参与捐赠的意愿之间的关系。研究发现:两组模型的中介效应显著,蚂蚁森林用户在虚拟捐赠中的人机互动与社交互动不仅可以直接预测其持续使用蚂蚁森林的意愿,而且能够通过其在捐赠过程中获得的心流体验的中介作用来间接预测其持续参与捐赠的意愿。这一结果表明,个体在参与虚拟捐赠过程中发生的游戏互动与游戏体验能够显著影响个体持续参与捐赠的意愿,并且游戏中发生的互动能够通过影响个体的游戏体验进而来影响其持续参与虚拟捐赠的意愿。本文对蚂蚁森林这一虚拟捐赠现象的研究将有助于增进学界对于虚拟捐赠相关现象与概念的认识与理解,丰富互联网慈善捐赠领域的相关理论发展与建构,也有助于推动我国公益慈善领域科学化、市场化的转型与发展。

关键词:慈善筹款;网络捐赠;游戏互动;心流体验

---

① 李梅,南京大学社会学院在读博士生。

一、引 言

慈善捐赠具有悠久的历史传统,它能够在一定程度上反映一个国家的社会发展状况。从国际视野来看,中国的慈善捐赠发展以及进行国际比较的研究是十分必要的,特别是在全球化时代,风险与不确定性掌握了最大的话语权,慈善捐赠已然成为一个社会抵御风险的补充机制。国际慈善援助基金会(CAF)最新发布的十年报告(2009—2018)[1]数据显示,中国的慈善捐赠状况不容乐观。在全部126个国家中,中国大陆的世界捐赠指数在过去十年间排名倒数,与世界先进国家之间仍有较大差距。而聚焦于国内来看,中国的慈善事业正逐渐步入正轨。依托于互联网等新技术手段,中国的慈善捐赠不再停留于线下的货币捐赠、实物捐赠等传统方式,一种以互联网与社交媒体为载体的新兴慈善捐赠概念与慈善捐赠方式正悄然兴起,并逐渐呈现出一种全民化、常态化和娱乐化的多元捐赠样态。这种特征,主要体现在以下三个方面:

一是网络慈善捐赠规模效应明显。我国民政部指定的20家互联网公开募捐平台的数据统计,在2019年全国有超过上百亿人次与互联网慈善捐赠发生互动,这其中包含点击、关注、参与等行为[2],汇集的慈善捐赠额超过54亿元,同比增长68%[3]。互联网募捐占我国社会总捐赠量的比例逐渐上升,网络慈善捐赠的发展态势已不容小觑[4]。

二是网络慈善捐赠发展空间大。在过去十年间,我国实现了互联网的高速发展,互联网普及率实现了成倍增长,由2010年的34.3%增长至2020年的

---

[1] 数据来源于CAF官方网站:https://www.cafonline.org/docs/default-source/about-us-publications/caf_wgi_10th_edition_report_2712a_web_101019.pdf。
[2] 数据来源于中国民政部官网:http://www.mca.gov.cn/article/xw/mtbd/202007/20200700028687.shtml。
[3] 数据来源于《2019年度中国慈善捐助报告》。
[4] 数据来源于《公益时报》官网:http://www.gongyishibao.com/html/yanjiubaogao/2020/11/15955.html。20家指定互联网募捐金额占社会捐赠总量的比例从2013年的0.4%直线上升至2019年的4.1%,如果再加上个人通过网络求助的数额,这一数据将提升到20%左右。

70.4%[①]。从 2010 年到 2020 年年末,我国互联网用户增长至 9.89 亿,接近十亿的网民数量已经占到全球总网民的 1/5 左右[②]。目前我国已成为全球最大的数字社会[③],这为我国互联网慈善捐赠事业的发展提供了充分的发展基础与空间。

三是网络慈善捐赠获得合法性身份。2016 年我国颁布实施《慈善法》,首次将互联网捐赠正式纳入慈善募捐范畴。自此,互联网慈善获得了合法性身份,已经成为我国第三部门发展的重要社会支持(Wang, L., Graddy & E., 2008)。未来"互联网+慈善"将成为我国公益慈善领域内的新的增长点。

然而,互联网慈善捐赠作为一种快速兴起的社会现象,亦是一种互联网与慈善相结合的衍生物,目前尚未得到学界的充分关注与研究。一方面,网络慈善捐赠的产生跨越不同的行业,模糊了商业领域与公益领域的界限,相关领域的研究仍处于真空地带;另一方面,网络慈善捐赠呈现出的许多属性和特征超越了传统慈善的研究范畴,互联网与社交媒体所携带的游戏娱乐、社交互动等功能已然成为当代慈善捐赠的重要构成样态之一。因此,本研究将立足于新兴的网络慈善捐赠现象,旨在通过关注互联网与社交媒体场域中的虚拟捐赠行为,来更好地了解个体捐赠行为的产生机制以及互联网与社交媒体对于个体的慈善捐赠行为带来的影响。

二、文献综述

(一)慈善捐赠行为的嬗变:从传统走向现代

技术进步与社会变迁引发了一系列变革,在公益慈善领域也同样如此。随着市场经济与科学技术的发展,第三部门的活动空间日益扩张。其中,一个最鲜明的特点是传统的、以官方主导的慈善捐赠日渐式微,以社交媒体为依托

---

① 数据来源:中国互联网络信息中心(CNNIC)发布第 46 次《中国互联网络发展状况统计报告》,网址为 http://www.cnnic.net.cn/hlwfzyj/hlwxzbg/。
② 数据来源:Internet World Stats,网址为 https://www.internetworldstats.com/stats.htm。
③ 数据来源:中国互联网络信息中心(CNNIC)发布第 47 次《中国互联网络发展状况统计报告》,网址为 http://www.cnnic.net.cn/hlwfzyj/hlwxzbg/。

的网络慈善捐赠则得到快速发展,并逐渐成为引领公益慈善行业发展的一股新潮流。

传统意义上的慈善捐赠行为,主要是指个人或者组织通过向其家庭以外的个人或者组织进行捐赠,并且使其受益的行为(Bekkers and Wiepking,2011)。国内外学界对这一概念有着较一致的认识,主要指货币捐赠与时间捐赠(Lee and Chang,2007)。在慈善捐赠行为研究领域,学界最关心的莫过于影响捐赠行为的因素以及如何在最大限度上激发捐赠行为的产生。有大量的经验研究围绕慈善捐赠行为展开,从捐赠的主体上来看可以概括为两大类:关注组织层面捐赠行为的研究与关注个人层面捐赠行为的研究。其中,组织层面以企业捐赠为主。企业捐赠常常被视作一种社会责任,主要表现为企业发起的慈善捐赠行为,包括货币、服务、具体产品等。捐赠的对象可以是个人、社区、某一行业领域等(赵琼、张应祥,2007)。该领域相关的研究主要围绕企业与政府的关系(戴亦一等,2014;Barber,2016)、企业捐赠与公共物品支出的挤压关系(吴伟,2007)、企业内部的市场开发与交易成本(田雪莹、叶明海,2009)等进行探讨。而在个体捐赠维度,影响个体捐赠行为发生的因素较复杂,主要分布在个体的心理学、人口学和社会经济特征等方面。在个体心理学特征上,个体的某些特质对于捐赠行为的影响得到了广泛的研究,例如,个体对慈善捐赠活动的态度、感受、情绪、动机、过往经验、可感知的效能感以及获得的回报感(Wang and Graddy,2008;Bekkers and Wiepking,2011)等。相关研究表明,个体对于慈善机构的态度和宣传广告的态度(Ranganathan and Henley,2008)、在慈善捐赠活动共情过程中获得的补偿感和愧疚感(Mueller et al,2011;Coyle and Thorson,2001)、个体内在的积极情绪与消极情绪(Merchant et al,2010),以及个体所拥有的利己主义动机和利他主义动机(DellaVigna et al,2012;Ribar and Wilhelm,2002)等均会有效促进捐赠行为的产生;在人口学特征上,个体的性别、年龄、种族会对捐赠行为的结果产生显著影响(Sibley and Bulbulia,2015);在社会经济特征方面,政治信仰、宗教信仰和家庭收入这三个变量表现尤为突出(Ross,2006;Ranganathan and Henley,2008b;Sibley and Bulbulia,2015),有研究表明个体对特定政党的拥护、意识形态的认同能够引发更高的捐赠意愿(Barber,2016)。拥有宗教信仰的个体往往表现出更强烈的捐赠意愿,不同的宗教信仰之间也略有差异,高家庭收入的个体会比低家庭收入的个体更倾向于捐赠。此外,个体的受教育程度、婚姻状况也带来一定的影响(Lee and Chang,2007)。

然而,在互联网与社交媒体时代,作为一种物质利益的让渡(周怡、胡安宁,2014),慈善捐赠变得更加虚拟与隐匿。网络捐赠行为也借此呈现出许多不同于传统捐赠行为的表现。目前,学界对网络慈善捐赠行为尚没有一个明确的概念与界定,汪丹将"网络慈善"定义为以网络为核心媒介,依托互联网技术和第三方电子支付平台开展慈善活动,包括网络募捐、捐赠实现及其信息反馈、网络慈善的监管、慈善文化宣传等环节和内容(汪丹,2014)。该定义界定了网络慈善的主要开展方式及相关过程,但对一些新兴的网络慈善捐赠现象不能很好地诠释,例如,捐赠步数、收集能量、游戏捐赠等非物质的虚拟捐赠行为。在此基础上,本研究希望能够更深入地识别和辨析网络慈善捐赠行为,并对网络慈善捐赠行为进行具体的分类:网络慈善捐赠行为,主要是指互联网场域中的个体或者组织借助以微博、微信等能够实现即时通信与人际互动的社交媒体平台来参与慈善捐赠活动,网络慈善捐赠行为的范畴涵盖了网络筹款与虚拟捐赠。

网络筹款(fundraising online)是一种传统慈善捐赠模式衍生出来的产物,这种模式将传统的线下捐赠模式转移到线上,依托于互联网传播的即时、广泛、交互、开放等特点来宣传和扩大影响力,以期集聚更多的力量,达成公益筹资的目的。在中国,网络筹款通常是指能够实现规模效应的众筹。"众筹"这一概念本身并不是公益慈善领域的专有名词,它发端于商业领域,最初是指通过向互联网公开募集资金用以支持某种特定目的的活动,但资金既可以是捐赠形式的,也可以提供某种形式的奖励为前提(Belleflamme et al,2014),具体包括回报型(reward-based)、股权型(equity-based)、债券型(lending-based)和捐赠型(donation-based)四种模式(Li et al,2020)。前三种都是一种基于回报机制的方式,也就是说大众投入资源或资本以后,可以获得一定的回报,比如获得股权、获得企业分红、获得产品或者会员的资格等。而捐赠型(donation-based)的众筹,通常是一种不计较回馈的、无条件捐赠资金的形式(Li et al,2020)。这一类众筹活动,也就是通常意义上所讲的互联网公益众筹。目前,互联网公益众筹是慈善行业内较主流、广泛使用的筹款方式之一。围绕互联网公益众筹的研究相对丰富，主要来源于以下几个领域：

首先，在传统的公益慈善领域内，公益众筹项目本身的发展情况仍然是当下行业内的研究热点，主要围绕公益众筹项目的发起主体、发展类型、发展趋势及困境等相关内容展开研究（汪国华、张晓光，2014；杨睿宇、马箫，2017；冯春、黄静文，2019）。其次，互联网公益众筹作为web2.0时代的产物，也得到了新闻传媒领域内的广泛研究。这部分研究主要从社交媒体的使用与传播学的角度入手，关注网络公益众筹平台的传播机制。相关研究发现，不同性质的项目、受助人身份和发起人身份会对项目的筹款产生影响（钟智锦，2015）。此外，随着2016年我国《慈善法》的颁布实施，近年来也有一些来自法学领域的学者对互联网公益进行了探讨，主要围绕在公益慈善领域内高频发生的几种典型问题，例如，募捐资格缺失、非法融资、诈捐骗捐、剩余善款处置等问题（闫笑男，2016；马剑银，2016）。

虚拟捐赠（virtual donations）是公益慈善领域的新兴事物，它显著区别于公益众筹的网络捐赠行为。这类捐赠行为往往不需要公众去参与实物、钱款的捐赠，而是通过一种趣味性、娱乐性的方式来参与公益项目（Mi et al, 2021），借助线上互动达成线下公益的目的，例如，腾讯公益基金会发起的捐步数、阿拉善基金会的蚂蚁森林小游戏等。社交网络用户在这种捐赠方式中获得的参与感更高、互动性更强。目前，学界对这种新兴的慈善捐赠现象研究尚不充分，对于虚拟捐赠的意涵、参与方式以及主要特征都缺乏系统、充分的研究。因此，本研究尝试提出"虚拟捐赠"这一概念，并对其进行界定：虚拟捐赠主要指通过借助互联网应用与社交媒体平台开展的、不以货币实物捐赠为主的新型慈善捐赠方式，虚拟化、社交化和娱乐化是虚拟捐赠的主要特征。目前，与虚拟捐赠相关的网络慈善捐赠研究并不充分，但我们可从以下几个相关的领域来探寻虚拟捐赠发展的一些端倪：首先是传播学视域下的互联网与社交媒体的发展。这是推动传统慈善向现代转型的一个革命性因素，互联网与社交媒体对公益慈善领域产生了深远的影响，并显著改善了传统公益慈善领域的生态环境。这种影响体现在三个方面：一是互联网技术的普及为非营利组织提供了一个低成本的准入门槛。非营利组织能够通过低成本的社交媒体平台摆脱过去传统慈善活动对于慈善组织金融资产能力的约束（Saxton and Wang，2014）。二是社交媒体为非营利组织提供了一个更加多元和去政治化的行业环境，避免了过去对官办慈善组织的过度依赖。越来越多的草根组织可以借由社交媒体平台而获得发展的机会。三是互联网与社交媒体对慈善捐赠活动形成倒逼与约束机制，使得网络慈善活动更加规范化和专业化。社交媒体的快速发展能够让民众对社交媒体平台信息的真实度、透明度和便利度等一些可感知信息提出更高的要求（Sargeant et al，2004）。社交媒体平台的质量、网络捐赠的便利程度（Li et al，2018）、捐赠后的细节反馈（Merchant et al，2010b）等都成为影响网络慈善捐赠项目的重要因素。接下来，是来自商业领域企业慈善活动的探索。不可否认，企业社会责任理论的发展与实践走在了互联网公益慈善行业发展的前列，尤其是头部的互联网企业，如腾讯、阿里巴巴、微软等互联网公司发挥了良好的示范效应。对于企业的慈善行为，学界常常使用利益相关者理论、企业公民理论等来分析企业的慈善决策与战略发展（Freeman，2010；李彦龙，2011；张兆国等，2012；王晓巍、陈慧，2011）。这些理论秉持的基本观点是企业的慈善行为不仅是公益的，更是市场的。这些慈善行为有助于企业自身的战略发展与市场开发，降低企业的交易成本、信任成本等。因此，从经济学视角来看，互联网慈善捐赠根植于市场经济，与企业的发展相互依存。二者之间的关系并非是零和博弈，一种帕累托改进式的慈善捐赠行为正悄然兴起，这是互联网时代的慈善行业显著不同于过去的一大特征。

通过对上述传统慈善捐赠行为和网络慈善捐赠行为的回溯与梳理，可以看到中国的慈善捐赠行为正经历着一场前所未有的变革。这场变革体现在以下几个方面：

从捐赠方式上来看，我国的慈善捐赠面临着从现实空间向虚拟空间转移的趋势。虚拟化、社交化和娱乐化的网络慈善捐赠挤占了传统的钱款与实物空间，并逐渐成为行业的流行趋势。

从负责捐赠的组织方来看，我国过去的慈善捐赠一直以官办组织为主，民间力量较为孱弱。网络捐赠的发展使得以往由政府牵头的官办慈善组织的影响力逐渐减小，以企业和非营利组织推动的民间社会力量正在发展壮大，为慈善捐赠行业注入新的源头活水。

从捐赠受众来看，我国的慈善捐赠已不再停留在补缺型的慈善发展势态中，"人人捐赠为人人"的慈善样态已经开始萌发。

此外，我国的慈善捐赠在捐赠体验上也开始变得丰富起来，以往针对特定少数群体进行捐赠的刻板印象正在慢慢被改变，"卖惨博同情"式的慈善捐赠宣传基调已经时过境迁，轻松娱乐的网络慈善捐赠开始成为新的发展势头。

本研究将借助蚂蚁森林小游戏作为研究平台，深入探究网络慈善捐赠行为中的虚拟捐赠及其可能的影响因素。

（二）影响虚拟捐赠行为的可能因素

如前所述，虚拟捐赠既不同于以往的线下慈善捐赠行为，也有别于互联网公益众筹。虚拟化、社交化和娱乐化是虚拟捐赠的主要特征。目前学界围绕虚拟捐赠的相关研究尚不充分，本研究旨在借助蚂蚁森林平台，重点围绕社交化和娱乐化来探究影响虚拟捐赠的可能因素。

1. 游戏互动

作为一款依托于社交媒体软件的虚拟养成类游戏，游戏化成了蚂蚁森林不同于其他慈善捐赠项目的最大吸引点。互联网用户可以在蚂蚁森林游戏中与朋友发生互动，偷取能量、竞争排行榜等。这些新颖的捐赠方式使得互联网用户沉浸于虚拟的游戏世界的同时，也能够为现实世界中的低碳减排、环境保护等问题做出贡献(Chen and Cai，2019)。游戏化的参与方式已成为研究者在探究虚拟捐赠时不可或缺的一个重要影响因素(Zhang et al，2020)。

游戏互动(game interaction)是玩家在参与网络游戏时获得游戏体验的一个重要衡量指标。在网络游戏领域中，互动被定义为游戏玩家与一个或者多个对象进行交流沟通并且相互影响的行为(Laurel，2013)。这种游戏中的互动模式被证明是一种借助叙事的逻辑，来有效地吸引玩家参与游戏，并且构建玩家良好游戏体验的过程(Choi and Kim，2004)。本研究中所使用的游戏互动概念，主要是指蚂蚁森林用户在参与蚂蚁森林小游戏过程中获得的游戏互动(Hussain et al，2015)。作为互联网与社交媒体的衍生产物，蚂蚁森林项目具备一种轻游戏属性，这是超越以往传统捐赠项目的新特征。研究表明，这种可感知的娱乐元素有助于增强个体使用社交软件的意愿(刘人境、柴婧,2013)。

　　游戏互动不是一个单维的概念,由许多元素组成。国外学者 Choi 和 Kim 将游戏互动划分为两种类型:人机互动(personal interaction)和社交互动(social interaction)(Choi and Kim,2004)。前者人机互动存在于游戏玩家与游戏系统之间,主要是指游戏玩家与系统之间的互动。这种互动主要通过系统中设置的目标、操作和反馈来进行衡量。游戏目标(game goal),是指玩家想要在该游戏中达到特定目的。如果游戏的设计提供了合适的目标,那么我们就认为游戏玩家与系统的互动目标是较为合理的(Clanton,1998)。例如,蚂蚁森林游戏中提供的种植梭梭树、沙棘、云杉、柠条等多种树种的选择。游戏操作(game operator)是游戏玩家在解决问题、完成游戏目标时需要用到的工具。在蚂蚁森林小游戏中,浇水、步行走路都是可以获得能量的方法,也是游戏中的工具。游戏玩家能够借助合适的游戏工具来实现游戏目标,这说明游戏互动中人机互动的设计是合理的。游戏反馈(game feedback),指的是游戏系统在游戏玩家使用游戏操作达成游戏目标之后给予的特定回应。例如,当游戏玩家种成一棵树之后,蚂蚁森林小游戏会给游戏玩家颁发专有的种植证书和编号,玩家的游戏等级也会得到提升。通过这种反馈式的设计,玩家能够感受到和游戏系统的有效互动(Clanton,2000)。因此,本研究假设:

　　H1:玩家在使用蚂蚁森林小游戏中体验到的人机互动指标能够有效促进其持续使用蚂蚁森林的意愿。

　　社交互动主要存在于游戏玩家之间,反映的是游戏玩家之间的互动(Choi and Kim,2004)。网络游戏并不是完全虚拟的产物,它需要建立在个体的现实社会关系网络来进行游戏互动(Churchill et al,1999)。互联网在这个游戏中提供了一个虚拟的在线场域,而游戏玩家在这个场域中不仅仅是在玩游戏,也在发生着人际的互动(黄少华等,2015)。这表明网络游戏中的真实社交网络关系客观存在,并且会和我们的生活世界进行交叉与关联。对网络游戏而言,社交互动可能相较于其本身的游戏性,更能够吸引玩家参与游戏(彭涛、杨勉,2007)。社交互动,主要通过游戏中提供的人际沟通环境和人际沟通工具来进行测量(Mynatt et al,1997)。人际沟通环境,是指玩家在虚构的游戏环境中能够相遇、交流的地方。玩家可以在虚拟的环境中与其他同时在玩的游戏玩家碰面,这就带来了游戏玩家之间的人际互动。人际沟通工具,是指玩家之间能够进行方便交流和沟通的工具(Schiano and White,1998)。这种工具通常被界定为网络游戏的基本功能,例如,允许游戏玩家在玩游戏时进行沟通,分享关于游戏的一些信息和意见。在蚂蚁森林小游戏中,玩家可以到其他玩家的能量界面进行偷能量、浇水、喂小鸡等活动,并且可以打字弹幕留言;也可以与现实世界中的社会关系网络(如朋友、同学、情侣等)一起合种树木。这些都是社交互动维度的良好体现。因此,本研究假设:

H2:玩家在使用蚂蚁森林小游戏中体验到的社交互动指标能够有效促进其持续使用蚂蚁森林的意愿。

2. 心流体验

心流体验(flow experience)[①]指的是玩家在参与游戏时所获得的最佳体验,由国外学者Csikszentmihalyi等人首次提出,用于概括人们专注于某事而没有其他分心时感受到的那种极致的、最佳的状态(Csikszentmihalyi and Csikszentmihalyi,1988)。黄少华将其解读为人们全神贯注地投入一个活动时所感觉到的极度愉悦的爽体验(黄少华,2021)。心流体验是流理论(flow theory)的具体体现,当个体达到心流体验时主要通过四个维度来考察,分别是控制、注意力、好奇和内在兴趣(Csikszentmihalyi and Csikszentmihalyi,1988;Webster et al,1993)。控制是心流体验中最为核心的一个元素,在网络游戏中个体会通过一些主动的、动态的操作工具体验到对游戏的掌控感(Webster et al,1993)。注意力反映的是个体专注于某项事情的程度,当个体沉浸于网络游戏时,他能够集中注意力专注于游戏而没有其他分心。好奇,更多指的是个体感官上对于某事物的好奇心。当一个个体处于心流体验时,他的感官好奇心会得到激发(Malone,1981)。这种好奇心可以通过网络游戏中多种多样的、新鲜的、惊讶的刺激来激发。内在兴趣,是指个体参与这项活动是为了自己的快乐和享受,而不是出于某种功利的目的。研究发现,当个体在玩网络游戏时进入心流状态,这表明个体对玩游戏充满兴趣与好奇,想要去控

---

① flow experience在国内有不同的翻译方式,有学者将其称为"沉浸体验"(张红霞、谢毅,2008;魏华等,2012)。沉浸被视作一种积极的体验,会给本体带来强烈的幸福感,也常被称为最佳体验(optimal experience)。

制游戏,并且维持这种状态(Webster et al,1993)。也就是说,一旦个体在游戏中产生了心流体验,个体会更加倾向于继续重复这种行为以维持这种愉悦的体验感(黄少华,2021;Woszczynski et al,2002)。在一些经验研究中,心流体验也常常与网络游戏成瘾紧密关联(魏华等,2012),当个体在网络游戏行为中获得的游戏体验越好,其发生网络游戏成瘾的可能性也越大(Yang and Wu,2019;Chou and Ting,2003)。因此,本研究假设:

H3:蚂蚁森林用户在使用蚂蚁森林小游戏时获得的心流体验程度越高,越倾向于持续使用蚂蚁森林。

另外,在影响个体心流体验获得的相关研究中,有研究发现互动行为能够显著影响个体在互联网场域中获得的心流体验。已有研究证明网络游戏中的不同互动能够在很大程度上影响个体参与游戏的体验感(Choi and Kim,2004;Lee and Tsai,2010)。早期已有研究揭示出社交互动和人机交互已经成为影响心流体验的重要原因(Sweetser and Wyeth,2005;Voiskounsky et al,2004)。在蚂蚁森林小游戏中,蚂蚁森林用户可以通过偷取好友的能量、浇水、喂养小鸡等互动方式来增强游戏体验与参与感(Zhang,Xiao,& Zhou,2020)。因此,本研究假设:

H4:蚂蚁森林用户在参与蚂蚁森林小游戏时的人机互动程度越高,其获得的心流体验程度越高。

H5:蚂蚁森林用户在参与蚂蚁森林小游戏时的社交互动程度越高,其获得的心流体验程度越高。

(三)研究模型

以往研究表明个体的游戏互动、心流体验有可能会对网络用户持续使用网络游戏的意愿产生影响,并且个体的游戏互动也会对其玩游戏时获得的心流体验带来影响。因此,本研究重点探究蚂蚁森林用户在游戏中参与的游戏互动、获得的心流体验对其持续使用蚂蚁森林小游戏的行为意愿带来影响,并且尝试探究个体的游戏互动是否会影响其在游戏中获得的心流体验,进而影响其持续使用该游戏的意愿。所以,作者构建了两个简单的中介模型用于验证上述假设是否成立。

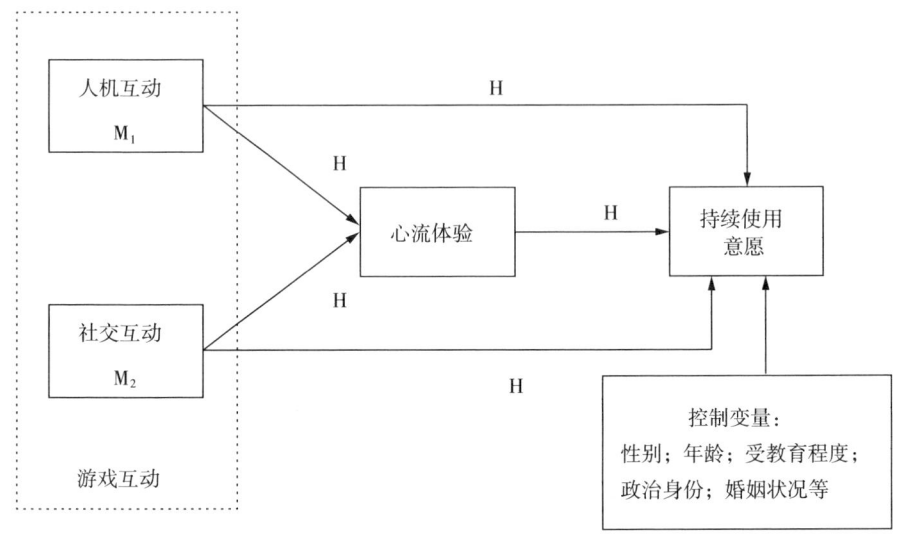

图 1　研究模型

三、研究方法

（一）研究设计与研究样本

本研究遵从截面研究（cross-sectional studies）的经典思路，即选取某一时间截面，通过使用网络自填式问卷的方法（问卷星平台）来对中国的蚂蚁森林用户进行数据收集。在抽样层面，本着目的性、可行性和可测性的原则（风笑天，2013），研究选择便利抽样的方法，通过网络传播工具（微博、微信等社交媒体平台）收集数据。在样本的筛选上，须满足三点要求：（1）必须是中国互联网用户；（2）参与过蚂蚁森林项目；（3）能够很好地理解中文。研究共收集了957份样本数据，剔除掉无效样本以后，最终获得有效样本数据768份，问卷回收有效率为80.3%。

本研究所使用的研究平台是蚂蚁森林项目。蚂蚁森林（Ant Forest）是2016年由移动支付软件支付宝平台推出的一款互联网绿色公益项目。该项目坚持的是一种日常低碳、随时环保的行动理念。用户可以通过参与日常的低碳行为(包括走路记步数、骑共享单车、点外卖时不使用一次性餐具等)来获得能量,集齐一定能量以后可以兑换树苗并获得专属的编号和证书,由阿里平台在线下的生态保护区真正种树①。当用户在支付宝平台上集齐能量种植完成一棵虚拟的树时,蚂蚁森林平台就会在荒漠化地区种下一棵真正的树。除此,作为一款基于社交网络的应用,蚂蚁森林内部还包含查看好友等级排名、偷能量、浇水、送礼物、弹幕等社交互动功能。世界自然保护联盟(IUCN)统计数据显示,2016年至今,蚂蚁森林造林超过2.23亿棵,造林面积超过306万亩,未来产生的生态系统生产总值(GEP)高达111.8亿元人民币②。因此,该项目产生的社会效应得到联合国的关注,并在2019年荣获联合国最高环保荣誉——"地球卫士奖"。作为一个跨越商业与公益的互联网绿色项目,蚂蚁森林具备良好的典型性、创新性和可复制性。不仅在中国拥有超过5亿用户,蚂蚁森林也在世界其他国家(例如:菲律宾GCash Forest)得到推广与实践③。这体现了该项目良好的研究价值。

(二)变量与测量工具

本研究使用的变量包含因变量、自变量、中介变量以及控制变量四组变量。其中,因变量测量的是个体对网络捐赠项目(以蚂蚁森林项目为例)的持续使用意愿;自变量测量的是个体在参与蚂蚁森林项目中的游戏互动,具体包含人机互动、社交互动两个维度;中介变量测量的是个体在参与蚂蚁森林项目中获得的心流体验;在控制变量设置中,以往的研究表明慈善捐赠者的性别、年龄、教育背景、职业、政治信仰、民族、居住地区、婚姻状况、收入水平会对社交网络用户参与网络捐赠的意愿产生不同的影响(Malik and Khan, 2015; Bekkers and Wiepking, 2011; Ranganathan and Henley, 2008a; Sibley and Bulbulia, 2015; Wiepking and Bekkers, 2012)。所以,作者将这些人口统计学变量纳入控制变量进行研究。其中,除了年龄是连续变量以外,作者仍然需要将其余分类变量转换为虚拟变量,便于后续分析。

---

① 具体信息详见 https://www.antgroup.com/about/social-responsibility。
② 数据源自世界自然保护联盟 IUCN 公布《蚂蚁森林造林项目生态价值评估》的中期结果报告。
③ 详见菲律宾 GCash Forest 官网:https://www.gcash.com/gforest。

1. 因变量

对于蚂蚁森林用户持续使用意愿的测量,作者借鉴了 Lee 和 Tsai 开发的行为意愿量表(Lee and Tsai,2010),共包括 3 道题目,分别是:"我打算以后继续玩蚂蚁森林""我会像现在一样定期玩蚂蚁森林这款应用的""以后我会尽可能多地玩蚂蚁森林的"。该量表借助李克特 7 点式量表来计分,内部一致性系数是 0.902,具有良好的使用价值。

2. 自变量

研究中使用的自变量是互联网用户在使用蚂蚁森林小游戏时的游戏互动(game interaction),具体包含两个维度:人机互动(human-computer interaction)和社交互动(social interaction)。在人机互动这一维度的测量,作者使用了国外学者 Choi 和 Kim 开发的 8 道题目,涵盖了目标、反馈和操作三个层面的内容(Choi and Kim,2004),内部一致性系数为 0.916;在社交互动这一维度,Choi 和 Kim 开发的 4 道题目重点关注互联网用户在游戏过程中的沟通,包含沟通的环境和沟通的工具两个要点。在此基础上,作者还使用了国内学者 Zhang 等人开发的专门适用于蚂蚁森林游戏中的互动维度的两个题目(Zhang et al,2020),这两道题目更为聚焦,是根据蚂蚁森林游戏中的经典操作进行描述的。题目分别是"我经常偷取朋友的能量""我经常帮助朋友收集能量"。所以,社交互动这一维度共有 6 道题目,使用李克特 7 点式量表来计分,1 代表十分不同意,7 代表非常同意。该变量的内部一致性系数为 0.867。

3. 中介变量

研究中使用的中介变量是心流体验(flow experience),重点关注互联网用户在使用蚂蚁森林小游戏中的游戏体验。作者借鉴了 Webster 等人开发的心流体验量表,内部包含兴趣、好奇心、控制和注意力四个方面(Webster et al,1993)。本研究选取了其中 6 道题目,采用李克特 7 点式量表来计分,1 代表十分不同意,7 代表非常同意。其中 2 道题目测量用户的内部兴趣,2 道题目测量好奇心,剩余 2 道题目分别测量的是用户的控制与注意力。心流体验这一变量的测量在学界得到了广泛的应用(Lee and Tsai,2010;Choi and Kim,2004),本研究中使用的这一部分量表的内部一致性系数为 0.906,张红霞和谢毅(2008)使用该量表的内部一致性系数为 0.70,魏华等人(2012)使用该量表的内部一致性系数为0.83。这表明该部分的测量工具具有良好的使用价值。

（三）数据分析

在数据分析处理层面，本研究使用了Bootstrap方法来进行中介效应检验（Preacher and Hayes，2004）。相关研究表明，这种非参数百分位Bootstrap法要优于逐步检验法和Sobel检验法（Fritz and Mackinnon，2007；Mackinnon et al，2004）。尽管早期Baron和Kenny提出的逐步法较为简便（Baron and Kenny，1986），在社会科学领域中仍然广为流行，但这一方法的检验能力有限，容易出现中介效应遗漏现象（温忠麟、叶宝娟，2014；陈瑞等，2013）。对于一些其他情况，如中介效应显著但总效应不显著的问题，缺少检验能力。所以，为了进一步探索互联网场域中蚂蚁森林用户的游戏互动、心流体验和其持续使用蚂蚁森林小游戏的意愿之间的关系，本研究使用了Bootstrap方法来进行检验，借助Hayes编制的SPSS宏Process插件中的Model4（简单中介模型）来验证前文提出的研究假设（Hayes，2012）。

四、研究发现

（一）描述分析

研究共收集了957份样本数据，剔除掉无效样本以后，最终获得768份有效样本，问卷回收有效率为80.3%。在样本分布中，男性占39.32%，女性占60.68%；其中有46.48%的样本年龄在18—24岁，25.26%的样本分布在25—29岁，样本平均年龄27岁；从教育背景来看，有81.63%的样本学历在本科学历及以上，低学历样本数量较少；从政治信仰来看，样本内部的群众和共青团员较多，占67.84%，中共党员占31.77%；从民族归属来看，绝大部分属于汉族；从婚姻状况来看，69%的样本属于未婚状态，28.26%的样本是已婚状态，离异和丧偶的样本占比较低；在居住分布中，54.3%的样本居住在城市；在对经济水平的主观感受中，有47%的样本选择中层，27.34%的样本选择中下层；在职业分布中，未就业的学生占52%左右，其余样本主要分布于事业单位、国企和私企中。

表 1 研究样本的分布(N=768)

变 量	类 别	频 率	有效百分比(%)
性 别	男 性	302	39.32
	女 性	466	60.68
年 龄	18 岁及以下	21	2.73
	18—24 岁	357	46.48
	25—29 岁	194	25.26
	30—34 岁	79	10.29
	35—39 岁	56	7.29
	40—44 岁	40	5.21
	45—49 岁	15	1.95
	50 岁及以上	6	0.78
学 历	初中及以下	19	2.47
	高 中	53	6.90
	中专和大专	69	8.98
	本 科	356	46.35
	硕 士	248	32.29
	博 士	23	2.99
政治身份	群 众	190	24.74
	共青团员	331	43.10
	中共党员	244	31.77
	其他党派	3	0.39
民 族	汉 族	700	91.15
	少数民族	68	8.85

(续表)

变量	类别	频率	有效百分比(%)
婚姻	未婚	530	69.01
	已婚	217	28.26
	离异	15	1.95
	丧偶	6	0.78
居住分布	农村	150	19.53
	县城	201	26.17
	城市	417	54.30
经济水平	上层	30	3.91
	中上层	105	13.67
	中层	362	47.14
	中下层	210	27.34
	下层	61	7.94
职业	学生	404	52.60
	党政部门等	50	6.51
	事业单位	97	12.63
	国有企业	56	7.29
	私企/个体等	80	10.42
	外商/港澳台商企业	19	2.47
	民非等	34	4.43
	个人/家庭	25	3.26
	其他	3	0.39

对研究中使用的变量描述和相关分析的结果显示(详见表2),蚂蚁森林用户在使用小游戏时的人机互动维度平均得分为5.26,社交互动维度的平均得分为5.24,心流体验的平均得分为4.64,持续使用蚂蚁森林小游戏的意愿平均

得分为 4.74。其中,蚂蚁森林用户的人机互动、社交互动、心流体验维度和用户持续使用蚂蚁森林软件的意愿呈显著正相关,相关系数均大于 0.3 且小于 0.85,这说明研究使用的测量工具合理,研究模型值得进一步分析。

表 2　变量描述统计与相关分析(N=768)

变　量	均　值	标准差	人机互动	社交互动	心流体验	持续使用意愿
人机互动	5.26	1.15	1			
社交互动	5.24	1.18	0.808**	1		
心流体验	4.64	1.40	0.419**	0.457**	1	
持续使用意愿	4.74	1.62	0.387**	0.435**	0.845**	1

注:** 在 0.01 级别(双尾),相关性显著。

(二)实证分析

第一个模型的分析结果显示(详见表 4),自变量人机互动对蚂蚁森林用户持续使用该游戏的意愿的正向预测作用显著,标准化系数为 0.371(SE=0.048,p<0.001);人机互动对于中介变量(蚂蚁森林用户的心流体验)的正向预测作用显著,标准化系数为 0.402(SE=0.040,p<0.001);在加入自变量人机互动以后,中介变量(蚂蚁森林用户的心流体验)对于被解释变量(蚂蚁森林用户的持续使用意愿)的间接效应依然显著(p<0.001),且解释力度较强,标准化系数为 0.866(SE=0.024,p<0.001)。这表明,蚂蚁森林用户的心流体验对于其参与的游戏互动对持续使用意愿之间的中介效应是成立的,且心流体验能够在较大程度上影响其使用蚂蚁森林小游戏的意愿。该中介模型的 R^2 值为 0.759,拟合程度较好。

第二个模型的分析结果显示(详见表 4),自变量社交互动对蚂蚁森林用户持续使用该游戏的意愿的正向预测作用显著,标准化系数为 0.425(SE=0.046,p<0.001);社交互动对于中介变量(蚂蚁森林用户的心流体验)的正向预测作用显著,标准化系数为 0.449(SE=0.038,p<0.001);在加入自变量社交互动以后,中介变量(蚂蚁森林用户的心流体验)对于被解释变量(蚂蚁森林用户的持续使用意愿)的间接效应依然显著(p<0.001),且解释力度较强,标

准化系数为 0.856(SE=0.025,p<0.001)。这表明,蚂蚁森林用户的心流体验对于其参与的游戏互动对持续使用意愿之间的中介效应是成立的,并且心流体验能够在较高水平上影响其使用蚂蚁森林小游戏的意愿。该中介模型的 R^2 值为 0.760,拟合程度较好。

在具体的直接效应和中介效应中,蚂蚁森林用户的人机互动维度和社交互动维度对持续使用蚂蚁森林软件意愿的影响的直接效应及其心流体验的中介效应 bootstrap95% 置信区间的上、下限均不为 0 且同号,这表明蚂蚁森林用户的人机互动、社交互动不仅可以直接预测其持续使用蚂蚁森林的意愿,而且能够通过蚂蚁森林用户的心流体验的中介作用来间接预测其持续参与该游戏的意愿。其中,模型 M_1 的直接效应的占比为 6.16%,中介效应占比为 93.84%;模型 M_2 的直接效应的占比为 9.59%,中介效应占比为 90.41%(详见表 3)。

表 3 总效应、直接效应、中介效应分解表

	Effect	BootSE	BootLLCI	BootULCI	效应占比
	效应值	标准误	下限	上限	
模型 M_1					
中介效应	0.490	0.045	0.405	0.584	93.84%
直接效应	0.032	0.029	−0.025	0.089	6.16%
总效应	0.523	0.048	0.428	0.617	1
模型 M_2					
中介效应	0.529	0.041	0.454	0.617	90.41%
直接效应	0.056	0.029	−0.001	0.113	9.59%
总效应	0.585	0.046	0.495	0.674	1

注:Boot 标准误、Boot CI 下限和上限分别指通过偏差矫正的百分位 Bootstrap 法估计的间接效应的标准误差、95%置信区间的上限和下限;所有数值四舍五入后,保留两位小数。

表 4 中介模型检验（N＝768）

变量	中介模型 M₁ 心流体验		中介模型 M₁ 持续使用意愿		中介模型 M₁ 持续使用意愿		中介模型 M₂ 心流体验		中介模型 M₂ 持续使用意愿		中介模型 M₂ 持续使用意愿	
人机互动	0.402	0.040***	0.371	0.048***	0.023	0.029			0.425	0.046***	0.041	0.029
社交互动	0.086	0.102**			0.866	0.024***	0.449	0.038***			0.856	0.025***
心流体验			0.051	0.123	−0.023	0.068	0.091	0.099**	0.056	0.120	−0.022	0.068
性 别	−0.001	0.009	0.003	0.010	0.004	0.006	0.005	0.008	0.008	0.010	0.004	0.006
年 龄	0.017	0.302	0.010	0.364	−0.005	0.200	0.017	0.294	0.011	0.354	−0.003	0.200
edu1	0.036	0.194	0.041	0.234	0.009	0.129	0.027	0.189	0.032	0.228	0.009	0.129
edu2	0.039	0.172	0.037	0.207	0.003	0.114	0.038	0.167	0.036	0.201	0.003	0.114
edu3	0.005	0.114	0.058	0.137	0.054	0.076**	0.003	0.111	0.057	0.134	0.054	0.076**
edu4	−0.010	0.275	0.002	0.331	0.011	0.182	−0.016	0.267	−0.003	0.322	0.011	0.182
edu5	0.038	0.132	0.002	0.159	−0.031	0.088	0.046	0.128	0.009	0.155	−0.031	0.088
id1	0.014	0.113	−0.041	0.136	−0.053	0.075**	0.027	0.110	−0.028	0.132	−0.051	0.075**
id2	−0.005	0.734	−0.003	0.885	0.001	0.487	−0.006	0.715	−0.004	0.862	0.001	0.487
id3	0.104	0.143**	0.078	0.173	−0.012	0.095	0.093	0.139*	0.067	0.168	−0.013	0.095
wed1	0.020	0.349	0.015	0.421	−0.003	0.232	0.012	0.340	0.008	0.410	−0.003	0.231
wed2	0.056	0.528	0.036	0.636	−0.013	0.351	0.068	0.514	0.048	0.620	−0.011	0.351
wed3	0.383	0.128**	0.044	0.154	−0.027	0.085	0.098	0.124**	0.058	0.150	−0.026	0.085

(续表)

变量	中介模型 M_1				中介模型 M_2			
	心流体验		持续使用意愿		心流体验		持续使用意愿	
live2	0.010	0.118	0.000	0.142	−0.009	0.078	0.020	0.114	0.008	0.138	−0.009	0.078
nation	−0.003	0.161	0.026	0.194	0.028	0.107	−0.007	0.157	0.022	0.189	0.028	0.107
work2	−0.017	0.171	0.018	0.206	0.032	0.113	−0.013	0.167	0.021	0.201	0.032	0.113
work1	0.060	0.224	0.078	0.270	0.026	0.149	0.051	0.219	0.069	0.263	0.026	0.149
work3	0.030	0.212	0.034	0.255	0.009	0.140	0.042	0.206	0.045	0.248	0.009	0.140
work4	0.050	0.181	0.077	0.218	0.034	0.120	0.046	0.176	0.073	0.212	0.034	0.120
work5	0.011	0.309	0.040	0.373	0.031	0.205	0.011	0.301	0.041	0.363	0.031	0.205
work6	0.013	0.258	−0.013	0.311	−0.024	0.171	0.016	0.251	−0.010	0.303	−0.024	0.171
work7	0.030	0.285	0.055	0.344	0.029	0.189	0.031	0.277	0.055	0.334	0.029	0.189
work8	−0.038	0.727	−0.006	0.877	0.027	0.482	−0.030	0.707	0.001	0.853	0.027	0.482
eco1	−0.034	0.249	−0.028	0.300	0.002	0.165	−0.023	0.243	−0.016	0.292	0.003	0.165
eco2	0.046	0.143	0.029	0.172	−0.011	0.095	0.048	0.139	0.032	0.167	−0.009	0.095
eco3	−0.022	0.168	−0.023	0.130	−0.004	0.072	−0.027	0.105	−0.028	0.127	−0.005	0.072
eco4	−0.019	0.175	−0.053	0.211	−0.036	0.116	−0.022	0.171	−0.055	0.206	−0.036	0.116
F	9.030		6.611		77.633		8.382		10.943		77.982	
R	0.512		0.454		0.872		0.498		0.548		0.872	
R^2	0.262		0.206		0.759		0.248		0.301		0.760	

注：表格显示的分别是每个模型的标准化回归系数、标准误。* 代表显著性检验水平；
其中，*** 表示 $P<0.01$；** 表示 $0.01<P<0.05$；* 表示 $0.05<P<0.10$。

五、研究结论与讨论

在以往传统的慈善捐赠领域,很少有学者将捐赠活动和游戏联系到一起,尤其是将带有道德压力的慈善捐赠事业和非正式的、娱乐消遣性质的网络游戏放在一起研究。在互联网时代,虚拟捐赠的诞生打破了这种次元的壁垒与时空限制。不同于过去,虚拟捐赠本身带有网络属性,它产生于互联网,也发展于互联网,与互联网的兴衰一脉相承。因此,借助互联网的一些属性(如虚拟化、娱乐化、社交化等特点)来研究虚拟捐赠,以互联网的视角重新审视网络慈善捐赠行为是十分有必要的。

(一)研究结论

社交化和娱乐化成为影响个体参与虚拟捐赠的重要因素。

首先,互联网视域下的虚拟捐赠背后是人际互动的勾连。不同于以往传统的、分散的或者说原子化的慈善捐赠行为,虚拟捐赠呈现出以个人为结点的网状发展趋势。本研究表明,社交互动能够有效影响其参与虚拟捐赠获得的体验感及其持续参与虚拟捐赠的意愿。

其次,线上的网络游戏能够显著影响个体参与虚拟捐赠行为的意愿。个体在游戏中的互动、获得的心流体验均与其持续参与虚拟捐赠活动的意愿存在直接显著性关系。并且,个体在虚拟捐赠中获得的游戏体验能够在其参与的游戏互动与其持续参与虚拟捐赠的意愿之间发挥较强的中介效应。这一结论具体表现为,当个体在网络游戏中参与的互动性越强,其获得的游戏体验水平就越高,从而会引发其持续地参与虚拟捐赠的意愿。

(二)研究不足与反思

本研究为探究和理解互联网与社交媒体情境中的虚拟捐赠现象及成因提供了一些可能的影响因素,但仍然有许多地方值得改进和深入:

首先,从研究方法层面来看,本研究使用了非概率抽样方法,这种抽样方法没有办法保证总体中的每一个成员都有同等被抽中的概率,因此研究样本可能存在一定的偏误。研究结果并不能完全推论总体,本研究也并不能够完全代表中国大陆蚂蚁森林用户的使用情况。这种方法仅适用于初步的、探索式研究,希望后续的研究能够有机会进行严格的随机抽样,研究结果将更有信服力。

其次,从研究内容上来看,本研究仅提供了一种探索的可能性,仍然有更多的方向值得研究。虚拟捐赠具有虚拟化、社交化和娱乐化的基本特征。本研究仅从娱乐化的角度入手,探究了游戏对于持续捐赠意愿的影响。有关虚拟化、社交化带来的可能影响尚未得到研究。在虚拟化的维度中,个体不需要进行真正的金钱捐赠,只需要通过操作手机软件中的小游戏即可达成捐赠的目的。因此,个体的物质主义价值观、消费观和对待金钱的态度等变量都值得进一步研究;在社交化的维度中,既有研究表明,个体对于社交网络使用的依赖程度也有可能引发其网络游戏成瘾,因此,这些变量也有待在后续的相关研究中得到验证。

本研究首次提出并使用了"虚拟捐赠"这个概念,用于指代那些基于互联网和社交媒体开展的虚拟化的、娱乐化的、社交化的慈善捐赠活动。事实上,蚂蚁森林这种虚拟捐赠现象并不是近两年才兴起的,早在2016年就已经推出,并且在国际上产生了很大的反响[①]。然而,获得如此殊荣的公益项目在国内却没有引起较大的关注。作者认为造成这种现象的原因来源于蚂蚁森林项目本身的性质,它发端于商业领域,这也是为什么它没有得到政府大力支持与推广的原因,因为它的出身不够"纯粹"。公益慈善行业内部存在一种天然的道德高尚感,也存在一种对于资本的矛盾观,这种矛盾观体现在两个方面:一方面,公益慈善行业充斥着对资本的歧视;另一方面,却又渴望获得资本的帮助。

所以,我们需要跳出上面的矛盾,换一种思维从经济学的立场来分析虚拟捐赠这种现象。企业开发了一个虚拟的线上小游戏吸引用户参与,用户在参与虚拟游戏的同时为企业创造了利润,企业拿出这部分通过游戏获得的利润去现实世界中植树造林,进而实现了环境保护的目标。不同于以往的是,个体

---

① 联合国授予了蚂蚁森林这一项目最高的环保荣誉——"地球卫士奖",具体详见 http://www.xinhuanet.com/2019-09/19/c_1125016386.htm。

在这个过程中需要借助企业来将个体的行为转化为利益进行慈善捐赠,间接实现了参与公益慈善捐赠的目的。所以,虚拟捐赠不是直接的物质利益让渡与财富转移,它是一种间接的财富转移和分配的结果。在这样一个完整的链条中,个体的利益没有受到损失,企业的利益也没有受到损失,并且集体的利益得到增加,社会中的荒漠环境得到改善,这是一种典型的帕累托改进的社会现象。从博弈论的视角来看,虚拟捐赠也是一种正和博弈,博弈双方的利益都没有损失,社会的整体利益增加。

本研究通过提出"虚拟捐赠"这一概念,希望能够摒弃以往传统的偏见,破除思想的桎梏,给公益慈善领域"祛魅"。以市场化为根基的商业行为并非与公益慈善行为水火不容,相反,商业行为能够引导公益慈善行业借助市场的力量进行发展与筹款,成熟的商业环境和规则又约束了公益慈善领域中的投机行为。在这种基础上,科学的、专业的慈善行为才得以逐步发展。所以,对虚拟捐赠现象的研究将有助于重构商业行为与公益慈善行为的关系。另外,对公益慈善行业从业者来说,也需要积极转变思想,走下道德的神坛,放弃对资本的歧视与偏见,接受并顺应来自市场经济发展的规律,适当地进行市场化的转变将有助于推动公益慈善行业职业化、科学化的发展。这是公益慈善行业能够持续、长久生存发展的根本之计。

参考文献

[1] Barber Michael. Donation motivations: Testing theories of access and ideology. Political Research Quarterly, 2016, (1): 148 - 159.

[2] Baron R. M., Kenny D. A. The moderator-mediator variable distinction in social psychological research: conceptual, strategic, and statistical considerations. Chapman and Hall, 1986, (6): 1173 - 1182.

[3] Bekkers René, Wiepking Pamala. A literature review of empirical studies of philanthropy: Eight mechanisms that drive charitable giving. Nonprofit and voluntary sector quarterly, 2011, (5): 924 - 973.

[4] Belleflamme Paul, Lambert Thomas, Schwienbacher Armin.

Crowdfunding: Tapping the right crowd. Journal of business venturing, 2014,(5): 585-609.

[5] Chen Y., Cai D. Ant Forest through the Haze: A Case Study of Gamified Participatory Pro-Environmental Communication in China.2019.

[6] Choi Dongseong, Kim Jinwoo. Why people continue to play online games: in search of critical design factors to increase customer loyalty to online contents. CyberPsychology & Behavior,2004,(1): p.11-24.

[7] Chou Ting-Jui, Ting Chih-Chen. The role of flow experience in cyber-game addiction. CyberPsychology & Behavior,2003,(6): 663-675.

[8] Churchill E. F., Bly S., Consulting S. B. Virtual environments at work: ongoing use of MUDs in the workplace. ACM SIGSOFT Software Engineering Notes,1999,(2).

[9] Clanton C. An interpreted demonstration of computer game design. San Francisco: An interpreted demonstration of computer game design,1998.

[10] Clanton CHUCK. Lessons from game design. Information Appliances and beyond: interaction design for consumer products,2000: 299.

[11] Coyle James R., Thorson Esther. The effects of progressive levels of interactivity and vividness in web marketing sites. Journal of advertising, 2001, (3): 65-77.

[12] Csikszentmihalyi M., Csikszentmihalyi I. S. Optimal experience (Psychological studies of flow in consciousness) Flow and writing. 1988, (9): 150-171.

[13] De Wit Arjen, Bekkers René. Can Charitable Donations Compensate for a Reduction in Government Funding? The Role of Information. Public Administration Review, 2020, (2): 294-304.

[14] DellaVigna Stefano, List John A., Malmendier Ulrike. Testing for Altruism and Social Pressure in Charitable Giving. Quarterly Journal of Economics, 2012, (1): 1-56.

[15] Freeman R. Edward. Strategic management: A stakeholder ap-

proach. Cambridge: Cambridge University Press, 2010.

[16] Fritz M. S., Mackinnon D. P.. Required Sample Size to Detect the Mediated Effect. Psychological Science, 2007, (3): 233 – 239.

[17] Hayes Andrew F. PROCESS: A versatile computational tool for observed variable mediation, moderation, and conditional process modeling. University of Kansas, KS, 2012.

[18] Hussain Zaheer, Williams Glenn A., Griffiths Mark D.. An exploratory study of the association between online gaming addiction and enjoyment motivations for playing massively multiplayer online role-playing games. Computers in Human Behavior, 2015: 221 – 230.

[19] Laurel Brenda. Computers as theatre. Boston: Addison-Wesley, 2013.

[20] Lee Ming Chi, Tsai Rntzung Ru. What Drives People to Continue to Play Online Games? An Extension of Technology Model and Theory of Planned Behavior. International Journal of Human-Computer Interaction(4 – 5), 2010: 601 – 620.

[21] Lee Yu Kang, Chang Chun Tuan. WHO GIVES WHAT TO CHARITY? CHARACTERISTICS AFFECTING DONATION BEHAVIOR. Social Behavior & Personality An International Journal, 2007.

[22] Li Ya-Zheng, He Tong-Liang, Song Yi-Ran, et al. Factors impacting donors' intention to donate to charitable crowd-funding projects in China: a UTAUT-based model. Information, Communication & Society, 2018, (3): 404 – 415.

[23] Li Yung-Ming, Wu Jhih-Dong, Hsieh Chin-Yu, et al. A social fundraising mechanism for charity crowdfunding. Decision Support Systems, 2020: 113,170.

[24] Mackinnon D. P., Lockwood C. M., Williams J.. Confidence Limits for the Indirect Effect: Distribution of the Product and Resampling Methods. Multivariate Behavioral Research, 2004, (1): 99 – 128.

[25] Malik Sadia, Khan Maheen. Impact of facebook addiction on narcissistic behavior and self-esteem among students. J Pak Med Assoc, 2015,(3): 260-263.

[26] Malone Thomas W.. Toward a theory of intrinsically motivating instruction. Cognitive Science, 1981, (4): 333-369.

[27] Merchant Altaf, Ford John B., Sargeant Adrian. Charitable organizations' storytelling influence on donors' emotions and intentions. Journal of Business Research, 2010a, (7): 754-762.

[28] Merchant Altaf, Ford John B., Sargeant Adrian. Charitable organizations' storytelling influence on donors' emotions and intentions. Journal of Business Research, 2010b, (7): 754-762.

[29] Mi Lingyun, Xu Ting, Sun Yuhuan, et al. Playing Ant Forest to promote online green behavior: A new perspective on uses and gratifications. Journal of Environmental Management, 2021, 111,544.

[30] Mueller Astrid, Mitchell James E., Peterson Lisa A., et al. Depression, materialism, and excessive Internet use in relation to compulsive buying. Comprehensive Psychiatry, 2011, (4): 420-424.

[31] Mynatt Elizabeth Diane, Adler Annette, Vicki L. Design for network communities. Proceedings of the ACM SIGCHI Conference on Human factors in computing systems,1997, 210-217.

[32] North D. C.. Institutions Douglass C. North The Journal of Economic Perspectives. American Economist, 1992, (1): 3-6.

[33] Preacher Kristopher J., Hayes Andrew F.. SPSS and SAS procedures for estimating indirect effects in simple mediation models. Behavior Research Methods Instruments & Computers, 2004, (4): 717-731.

[34] Ranganathan Sampath Kumar, Henley Walter H. Determinants of charitable donation intentions: a structural equation model. International journal of nonprofit and voluntary sector marketing, 2008a, (1): 1-11.

[35] Ranganathan Sampath Kumar, Henley Walter H.. Determinants of

charitable donation intentions: a structural equation model. International journal of nonprofit and voluntary sector marketing, 2008b, (1): 1-11.

[36] Ribar David C., Wilhelm Mark O.. Altruistic and Joy-of-Giving Motivations in Charitable Behavior. Journal of Political Economy, 2002, (2): 425-457.

[37] Ross Gittell. Charitable Giving: Factors Influencing Giving in U.S. States. Nonprofit & Voluntary Sector Quarterly, 2006, (4): 721-736.

[38] Sargeant Adrian, West Douglas C., Ford John B. Does perception matter?: an empirical analysis of donor behaviour. The Service Industries Journal, 2004, (6): 19-36.

[39] Saxton Gregory D., Wang Lili. The social network effect: The determinants of giving through social media. Nonprofit and voluntary sector quarterly, 2014, (5): 850-868.

[40] Schiano D. J., White S.. The First Noble Truth of CyberSpace: People are People (even when they MOO). Proceeding of the CHI'98 Conference on Human Factors in Computing Systems, Los Angeles, California, USA, April 18-23, 1998.

[41] Sibley Chris G., Bulbulia Joseph. Charity explains differences in life satisfaction between religious and secular New Zealanders. Religion, Brain & Behavior, 2015, (2): 91-100.

[42] Sweetser Penelope, Wyeth Peta. GameFlow: a model for evaluating player enjoyment in games. Computers in Entertainment (CIE), 2005, (3): 3-3.

[43] Voiskounsky Alexander E., Mitina Olga V., Avetisova Anastasiya A. Playing online games: Flow experience. PsychNology journal, 2004, (3): 259-281.

[44] Wang Lili, Graddy Elizabeth. Social capital, volunteering, and charitable giving. Voluntas: International Journal of Voluntary and Nonprofit Organizations, 2008, (1): 23.

[45] Webster J., Trevino L. K., Ryan L.. The dimensionality and correlates of flow in human-computer interactions. Computers in Human Behavior, 1993, (4): 411-426.

[46] Wiepking Pamala, Bekkers René. Who gives? A literature review of predictors of charitable giving. Part Two: Gender, family composition and income. Voluntary Sector Review, 2012, (2): 217-245.

[47] Woszczynski Amy B., Roth Philip L., Segars Albert H.. Exploring the theoretical foundations of playfulness in computer interactions. Computers in Human Behavior, 2002, (4): 369-388.

[48] Yang Hui-Ling, Wu Wei-Pang. The effect of flow frequency on internet addiction to different internet usage activities //Internet and Technology Addiction: Breakthroughs in Research and Practice, 2019.

[49] Zhang Y., Xiao S., Zhou G. User continuance of a green behavior mobile application in China: An empirical study of Ant Forest. Journal of Cleaner Production(Jan.1), 2020: 118497.1-118497.8.

[50] 陈瑞,郑毓煌,刘文静.中介效应分析:原理、程序、Bootstrap方法及其应用.营销科学学报,2013,(04):120—135.

[51] 戴亦一,潘越,冯舒.中国企业的慈善捐赠是一种"政治献金"吗?——来自市委书记更替的证据.经济研究,2014,(02):74—86.

[52] 风笑天.社会研究方法.北京:中国人民大学出版社,2013.

[53] 冯春,黄静文.网络慈善失范现象及其治理.贵州财经大学学报,2019,(05):102—110.

[54] 黄少华,杨岚,梁梅明.网络游戏中的角色扮演与人际互动 以《魔兽世界》为例.兰州大学学报(社会科学版),2015,(02):93—103.

[55] 黄少华.青少年与网络游戏.中国青年社会科学,2021,(01):79.

[56] 李彦龙.企业社会责任的基本内涵、理论基础和责任边界.学术交流,2011,(02):64—69.

[57] 刘人境,柴婧.SNS社交网络个人用户持续使用行为的影响因素研究.软科学,2013,(04):132—135,140.

[58] 卢敏欣.基于绿色金融背景下的"公益+游戏化"创新模式研究——以蚂蚁森林为例.经济管理文摘,2020,(09):1—2.

[59] 马剑银."慈善"的法律界定.学术交流,2016,(07):87—93.

[60] 彭涛,杨勉.网络游戏与现实互动中的人际关系.四川师范大学学报(社会科学版),2007,(02):43—48.

[61] 田雪莹,叶明海.企业慈善捐赠行为的研究综述:现实发展和理论演进.科技与经济,2009,(01):60—63.

[62] 汪丹.我国网络慈善事业的可持续发展研究.社会工作,2014,(06):91—98,154.

[63] 汪国华,张晓光.中国网络慈善运作模式比较研究.社会科学研究,2014,(03):104—110.

[64] 王晓巍,陈慧.基于利益相关者的企业社会责任与企业价值关系研究.管理科学,2011,(06):29—37.

[65] 魏华,周宗奎,田媛,等.网络游戏成瘾:沉浸的影响及其作用机制.心理发展与教育,2012,(06):651—657.

[66] 温忠麟,叶宝娟.中介效应分析:方法和模型发展.心理科学进展,2014,(05):731—745.

[67] 吴伟.慈善捐赠、公共物品的自愿提供与非营利组织.财经理论与实践,2007,(04):78—82.

[68] 郗芙蓉,杨雪.新媒体时代公益传播的路径探索——以"蚂蚁森林"为例.传媒,2020,(07):78—80.

[69] 闫笑男.《慈善法》对公益众筹的影响.商,2016,(17):241—242.

[70] 杨睿宇,马箫.网络公益众筹的现状及风险防范研究.学习与实践,2017,(02):81—88.

[71] 张兆国,梁志钢,尹开国.利益相关者视角下企业社会责任问题研究.中国软科学,2012,(02):139—146.

[72] 赵琼,张应祥.跨国公司与中国企业捐赠行为的比较研究.社会,2007,(05):144—161,209.

[73] 郑筱婷,钱艳萍.理性人为何捐赠?——关于慈善理论和实验研究的

一个综述.世界经济文汇,2014,(01):70—91.

[74] 钟智锦.社交媒体中的公益众筹:微公益的筹款能力和信息透明研究.新闻与传播研究,2015,(08):68—83,127—128.

[75] 周怡,胡安宁.有信仰的资本——温州民营企业主慈善捐赠行为研究.社会学研究,2014,(01):57—81,243.

时间银行:缘起、问题与前景*

施旖旎①

(河海大学公共管理学院)

摘 要:作为志愿服务创新和养老服务探索的时间银行,在社区实践和科学研究中受到广泛关注。本文对时间银行的缘起、概念、属性进行了分析,认为时间银行在中国探索中发生变异,从回应高失业率演变为应对老龄化。时间银行是一种特殊且复杂的信用产品,类似于延期支付的信用支票,其可持续运行不仅依赖于两个基本认同:每个人的时间是等价的,以偿还为基础的"志愿"服务;还必须满足三个客观条件:承接机构的公益心、丰富资源、高公信力与强运营能力;人口的可持续性;覆盖区域的广泛性。时间银行的提出,不仅是将时间量化、物质化的表现,也是将"志愿"服务量化、世俗化的结果。时间银行中所交换的服务与其说是志愿无偿服务,不如说是自愿有偿服务,可能引发"劣币驱逐良币"的现象。

关键词:时间银行;老龄化;劣币驱逐良币;创新

一、研究背景

为了应对美国20世纪80年代前后出现的高失业率,使当时社会上大量闲置的人力资源整合起来,并得到充分的利用,美国哥伦比亚特区大学(the University of the District of Columbia)的埃德加·S.卡恩(Edgar S.Cahn)教授提出了一个设想:在经济危机时期,失业者的技能虽然不能获得传统的金钱

---

* 原文出处:《人文杂志》2015年第12期。
① 施旖旎,博士,河海大学公共管理学院讲师。

报酬,但可以另一种方式进行交换,而不至于使时间和技能浪费,这种交换就是直接交换时间:1 小时对他人服务可以换来 1 小时被他人服务。① 他提出"时间货币"(Time Dollars)的概念,拒绝将金钱作为衡量人们产品和服务价值的唯一标准,主张用"时间"这样一种货币作为替代,这种货币可存储可交换。在中国,这一思想以时间银行(Time Banks)和时间储蓄(Time Savings)的概念得到传播,近年来在社区实践和科学研究中受到关注,尤其在社区实践中,时间银行作为养老服务可能的创新模式被赋予特殊意义。② 然而,对于时间银行这一设想提出时的社会背景、其本身具有怎样的属性和特点、其良好运行需要怎样的条件等这些虽然基础但直接关系到在中国何以可能的问题,目前并没有系统的分析。本文对此进行初步的探索,并分析时间银行在中国施行的可行性。

二、时间银行:缘起、概念与属性

1. 缘起

20 世纪七八十年代,美国经历了"滞胀"时期,出现了经济停滞与通货膨胀并存的现象。美国在 1974 至 1979 年间,年均生产率增长－0.1%,消费品价格提高 8.6%,失业率达到 6.7%。③ 经济停滞,物价上涨,失业增加,当时的美国社会亟须解决方案,时间银行正是在这样的社会背景下作为社区层面的一种应对策略由埃德加·卡恩提出。

卡恩是美国哥伦比亚特区大学法学院教授,教授法律与正义,担任社区服务项目的督导。20 世纪 80 年代末,为了推进社区自助系统建设方面课程,卡恩开始实施时间货币项目,以在闲置的人力资源和未满足的需求之间寻求连接。他认为,市场对于很多重要的工作是无法估价的,这些工作包括培养健康

---

① Edgar S.Cahn. *Time Banking*:*An Idea Whose Time Has Come?* 详见 http://www.yesmagazine.org/new-economy/time-banking-an-idea-whose-time-has-come。
② 陈功,杜鹏,陈谊:《关于养老"时间储蓄"的问题与思考》,《人口与经济》2001 年第 6 期;周海旺,沈妍:《老龄化时代城市养老的时间储蓄与公益志愿——以上海为例》,《上海城市管理》2013 年第 1 期。
③ 魏以宁:《关于"滞胀"》,《改革》,1997 年第 1 期。

的孩子、建立幸福的家庭、振兴社区、保护环境、促进社会公正等,市场也无法给予这些工作以合适的金钱报酬,因此有必要在市场通行的金钱货币之外寻找另一种货币来记录、奖励、回报人们所做出的贡献,这种货币就是时间货币。卡恩认为,每个人的时间是等价的,人们在进行产品和服务交换时应该基于时间而非市场价值。卡恩相信,时间货币可以防止在无节制地追求金钱利润时的负外部性,有助于建立更加公平与包容的经济秩序。[①]

卡恩认为,时间银行能有效地帮助人们度过当时的经济危机。一方面,相互间的服务可以给人们带来经济危机期间短缺的物质救济。人们不必花钱就可以得到他们所需要的东西,如修房子、修草坪、照顾孩子、照顾老人、理发等;同时,平时在资金紧张时经常会省去的花费,如学习艺术、舞蹈或语言等,在危机时期也可从时间银行中获得。另一方面,时间银行可以为人们重返经济复兴时期搭建桥梁。人们可以用时间货币学习计算机技能、准备求职简历、练习面试技巧,还可以在资金不足的情况下建立一个新的小企业。

关于时间银行的设想,至少包含至关重要的两点:一是时间银行在起初是对经济危机、高失业率及人力资源浪费的一种回应,试图达到使用时间货币而不是金钱货币就能获得产品和服务的效果;二是时间银行的基本假设为"每个人的时间是等价的",虽然单位时间的产品和服务不一样,但不以市场对产品和服务的价值作为衡量标准,而是以时间的多少作为衡量标准。

2. 概念

在卡恩的定义中,时间银行的概念很简单:对别人 1 小时的善举可以赚取 1 个单位的时间货币,从而换来别人对自己 1 小时的帮助。1 小时等于 1 小时,这就是数学逻辑。[②]

然而,时间银行的概念在中国发生了变异。首先,时间银行与志愿服务紧密结合起来,作为志愿服务的新模式出现。有研究将时间银行界定为"志愿者将志愿服务的时间以'时间币'的形式记录下来并存储进时间银行,以便获取

[①] EdgarS.Cahn. *Time Banking:An Idea Whose Time Has Come*? 详见 http://www.yesmagazine.org/new-economy/time-banking-an-idea-whose-time-has-come。

[②] EdgarS.Cahn. *Time Banking:An Idea Whose Time Has Come*? 详见 http://www.yesmagazine.org/new-economy/time-banking-an-idea-whose-time-has-come。

将来某种可预期的回报或激励,从而保证志愿服务持续供给的一种制度安排"①。更进一步地,时间银行与老年志愿服务结合起来,认为时间银行是指低龄老人为高龄老人的志愿服务,由工作人员记录后储入档案,志愿者将来也可以享受同样时长的志愿服务。② 这一定义也正是社区实践中所广泛应用的。虽然将时间作为产品和服务的衡量标准这一点并没有发生改变,但是内涵上从对高失业率的回应演变为对老龄化的应对,这是本土化的结果,更是寻求养老模式创新的结果。

3. 属性

无论是缘起时还是在中国演变后,时间银行都是典型的信用产品。时间货币最初也被称为服务信贷(service credits),它是一种以偿还为条件的付出,不同于商品买卖。商品买卖中,卖方卖出商品获得等值的货币,买方付出货币获得等值的商品,即"一手交钱一手交货"。而在信用产品的交易中,享用服务的人并没有同时付出服务或任何形式的产品,其是否偿还、何时偿还、以何种方式偿还本身就包含了信用风险。

时间银行与老年志愿服务相结合,更类似于一种延期支付的事先难以确定的时间信用支票。虽然学界目前并没有统一地界定什么是低龄老人、什么是高龄老人,但不可否认的是,从"低龄老人"到"高龄老人"是有时间间隔的。③"低龄老人"能否在自己成为"高龄老人"时享用到同等时间的服务,也就是能否兑付多年前自己付出的服务时间储蓄,是需要担保的。正如保险公司经营信用产品时不仅要有一定的资产作为担保,而且还要处在政府的严格监管之下,事先还应有一些风险防范措施,一旦出现问题,启动预案,以免因不能兑现而造成信用危机。同时,为避免保险公司破产倒闭,通常还采取再保险制度,保险公司一旦不能兑现,则由再保险公司兑现承诺。这些制度性安排,为

---

① 李水金:《浅探中国志愿服务时间银行发展的现状、问题及对策》,《经济研究导刊》,2015年第3期。

② 陈功,杜鹏,陈谊:《关于养老"时间储蓄"的问题与思考》,《人口与经济》,2001年第6期。

③ 时间银行的时间储蓄对象不仅是"低龄老人"自愿有偿提供的服务时间,也包括其他自愿有偿服务对象提供的服务时间。而时间银行的时间支取对象不仅包括"高龄老人"在"低龄老人"时在时间银行存储的自愿有偿服务时间,也包括其他曾经的自愿有偿服务者在自身需要时支取其以往存储在时间银行的时间储蓄。为叙述简便起见,这里仅列举"低龄老人"为"高龄老人"提供的自愿有偿服务。

日后的兑现提供了必要的物质与制度基础,从而尽可能避免出现信用破产与信用危机。运行时间银行的机构同样需要信用担保,没有任何担保和其他防范措施则极可能导致信用危机。

然而,虽是延期支付,但并不产生利息,这也是时间银行与一般信用产品的不同之处。预存的 100 小时在多年后兑换的依然是 100 小时,时间银行的假设正是"时间是等价的",这一点明显不同于"货币是有时间价值的",在此,时间本身就是价值的全部。通常认为,利息是资金所有者由于借出资金而从借款者手中获得的报酬。在目前中国的时间银行实践中,若低龄老人 A 借出时间货币给高龄老人 B,那么 A 并不能从 B 那里支取时间货币,而要等到 A 成为高龄老人之后,从低龄老人 C 那里支取时间货币,实际上是一种接力模式。借给的对象和偿还的对象并不是同一主体,虽然这期间有可能产生社会效益,但并不产生利息。

三、时间银行的运行条件

时间银行是一种异常复杂的信用产品,不可能在荒芜的土壤中野蛮生长,必须具备适宜的生存土壤。这样的土壤在社会诚信、法制健全、优良的志愿服务系统、发达的社会组织、可持续的人口发展等共同作用下才可能形成。通过对时间银行的缘起、概念和属性的分析,笔者认为,时间银行的运行依赖于两个基本认同和三个客观条件:

两个基本认同:一是每个人的时间是等价的,这是时间银行的基本前提假设;二是以偿还为基础的"志愿"服务,因为时间银行本质上是时间的交换,所以是以偿还为基础的。之所以要为"志愿"两字加上引号,是因为以偿还为基础的服务本身能否称之为志愿服务尚值得商榷,就此将在后文中进行讨论。

三个客观条件:一是承接机构的公益心、丰富资源、高公信力和强运营能力,以保证时间银行的可兑付性、可扩展性及可持续性;二是人口的可持续性,以满足时间银行在中国养老实践中所遵循的"下一代服务上一代"或"接力服务"的宗旨,实现时间货币的存储与支取上的匹配;三是覆盖区域的广泛性,以应对现代社会人口频繁迁移流动的需要。

四、中国的探索与面临的问题

1. 中国的探索

"时间银行"式为老服务最早是上海民间自发开展的一种为老服务探索。① 据周海旺和沈妍的考察,1998年前后,为了积极应对人口老龄化的挑战,缓解老年人家庭照顾的压力和困难,上海市部分区县通过民间互助等形式,积极探索为老服务的新模式,虹口区提篮桥街道晋阳居委会的"时间储蓄式为老服务"就是其中之一。该探索"曾经引起社会各界的广泛关注,多个兄弟省市上门取经,相关部门曾一度酝酿在全市推广"。2000年以后,全国各地兴起了建设"时间银行"试点的浪潮,很多省市如北京、天津、南京、泸州等地都有相关的实践,甚至出台了时间银行的相关制度规范。

时隔十多年之后,上海当初的试点不仅未能推广,而且难以为继,当初所登记储蓄的服务因居民搬迁、居委会人员更迭、记录丢失、缺乏后续参与者等各种原因成为坏账而无法支取。② 被认为是国内首次从制度上将"时间银行"和志愿服务激励机制结合起来的南京市兆园社区,③ 从其官网"社区简讯"板块检索"文章标题"和"文章内容"中含有"时间银行"的结果来看,2011年6月之后也不再有关于"时间银行"的简讯。

然而,从省级层面的制度设计到社区层面的实践探索,新的时间银行还在不断涌现,如在2011年《浙江省老龄事业发展"十二五"规划》提出的八大重点工程之一的"百万志愿者助老工程"中,就明确提出建立"时间银行"制度:"规范志愿者组织建设,加强志愿者注册和培训工作,提升服务能力和水平,积极开展志愿者为老服务活动。以志愿服务基地为依托,以专业性助老志愿服务组织为主体,以低龄、健康老人服务高龄、失能老人为补充,以'一助一'长期结

---

① 周海旺,沈妍:《老龄化时代城市养老的时间储蓄与公益志愿——以上海为例》,《上海城市管理》,2013年第1期。

② 周海旺,沈妍:《老龄化时代城市养老的时间储蓄与公益志愿——以上海为例》,《上海城市管理》,2013年第1期。

③ 李水金:《浅探中国志愿服务时间银行发展的现状、问题及对策》,《经济研究导刊》,2015年第3期。

对服务为重点,开展贴近实际需求、形式多样、内容丰富的常态化志愿者助老服务行动。广泛建立'时间银行'制度,进行志愿服务储蓄,促进为老志愿服务持续健康发展。"①2012年,湖北省阳新县人民政府在官网发布《关于印发阳新县建立"时间银行"爱心助老服务储蓄制度实施方案(试行)的通知》(阳政办发〔2012〕101号)。文件规定,"全县范围内身体健康、具有民事行为能力的市民均可报名登记"成为助老服务志愿者,服务对象"主要为60周岁以上城市'三无'老人、农村'五保'老人、空巢老人、优抚人员、生活不能自理的失能老人,以及其他不满60周岁但有特殊困难需要扶助的人员"②,实施"助老服务志愿者爱心储蓄",以此"贯彻落实国务院《社会养老服务体系建设规划(2011—2015)》和《市委市政府关于加强社会建设创新社会管理的实施意见》(黄发〔2012〕5号)精神",推进"养老服务事业健康发展"。

时间银行在中国实践探索中的变异,不仅体现在前文概念中已分析过的与志愿服务、养老工作相结合,还体现在交换的不对等上:开始享受服务的老人是不需要支付成本的,即免费享受服务,他们成为纯粹的免费享用者,后面的免费享受服务实际上就类似于"接力"模式。这本身与时间银行是不一致的。也许并不影响接力者们的热情,但从长期来看,时间银行要在中国良好运行依然面临诸多问题。

2. 面临的问题

(1)"劣币驱逐良币"与中国人的时间观

很多学者在研究中质疑时间银行的计量问题。陈功等人认为"时间银行"作为经济问题,需要解决能否计量、谁来计量、如何计量等一系列复杂的问题。③ 在他们看来,时间银行不同于货币,现在的劳动时间与将来的劳动时间即使相同也不等值,而且劳动时间难以正确地反映劳动的强度和服务的质量,如要进行换算,也会变得十分复杂。许加明也指出:"目前在我国大部分地区建立的互助养老'时间银行',往往都是只记录服务时间和服务类型,而没有把

---

① 详见 http://llw.lishui.gov.cn/xwdt/t20110822_749580.htm。
② 详见 http://www.hbyxx.gov.cn/index.php?m=content&c=index&a=show&catid=15&id=1987。
③ 陈功,杜鹏,陈谊:《关于养老"时间储蓄"的问题与思考》,《人口与经济》,2001年第6期。

劳动强度和劳动价值考虑进去。'时间银行'毕竟是一种交换载体,市场经济条件下交换的基本原则就是公平。从理性经济人的视角来看,相等时间内的不同劳动具有不同的强度和技术含量,不同强度、技术含量的劳动显然具有不同的价值,统一只用时间来计量并不公平,这极易造成志愿者在服务过程中挑肥拣瘦、拈轻怕重,变相挫伤了从事高劳动强度和高技术含量服务的志愿者的劳动热情和积极性。如此下去,越来越多的人会倾向于选择以较轻松的服务项目来换取等时长的较复杂的服务项目,或者倾向于用价值含量较低的服务来换取价值含量较高的等时长的服务,从而导致'时间银行'沦为一种价值不平等的交换活动。"[1]这在本质上体现了对"每个人的时间是等价的"假设的质疑,对第一个认同提出疑问和挑战。

在时间银行的框架里,因为只考虑时间长短而不考虑服务的强度和技术含量,所以也就意味着劣质服务和优质服务具有相同的时间货币价值,即两者的兑换能力是一样的,长期的交换则可能导致实际价值较高的优质服务渐渐离开交换市场,使得实际价值较低的服务充斥市场,即引发"劣币驱逐良币"现象。

中国人的时间观也可能导致"劣币驱逐良币"现象的出现。中国人对时间的体悟是从农事开始的,对时间的认识大都是模糊的,这在汉语口语中时有体现,如"日上三竿""一顿饭的功夫""一袋烟的功夫"等。中国传统文化中,只关心事情的完成,而不是很在乎时间的长短,对失约和误时甚至也持宽容态度。尽管中国人的时间观念日渐"现代化",守时或准时受到越来越多地推崇,但过于计较分秒则会被认为不够通情达理。

"时间银行"的提出,是现代资本主义时间观的一种体现,其存在基础是用现代科学的量化计时方法来量度时间,包括钟表和精密的计时器等,强化时间的社会意义。而以时间为计量标准在中国具有非常大的弹性,而非准确性,由此也造成实际服务时间的不对等。

(2) 对志愿服务的量化和物质化

时间银行不仅是将时间量化、物质化的结果,也是将爱心服务量化、世俗

---

[1] 许加明:《"时间银行"模式应用于居家养老互助服务的思考》,《社会工作》,2015 年第 1 期。

化的结果。时间银行在国内兴起后,兑换的方案也纷纷涌现。既然存在兑换,也就意味着志愿服务不再是没有回报,而是可以根据服务时间的多少兑换实质的产品和服务。例如,杭州市下城区在兑换方案中设想:"志愿者的积分达到一定程度,在就医上,可以得到优先挂号的权利;在就学上,在同等情况下也可以被优先选择;包括在就业和落户方面得到优先照顾,还有可能将积分直接按比例进行转兑,充值到公共交通充值卡中,用于直接消费。"①将志愿服务直接与日常便利进行交换,虽不是留名,但可使中国人怀疑志愿服务的"纯粹动机",在中国人的字典里可谓之"功利"。长期以来,做好事不图回报是中国居主流的一种观点,学校教育和社会宣传一直也是这样引导的。有研究指出,这种观点的依据大致有四:一是认为中国传统文化崇尚低调和内敛;二是认为中华传统美德主张做好事不图名利;三是认为社会主义道德就应彰显无私奉献;四是认为雷锋做好事不留名,为人们树立了光辉榜样。人们通常认为,做好事不图回报更值得称道。②

这也就对第二个认同提出了挑战。时间银行是否有助于开展志愿服务,换句话说,我们应该思考投入与收益在中国多大程度上影响志愿服务,能否将志愿服务作为一种标准的消费者行为。尤其是对当前这些"低龄老人"和"高龄老人",他们多是在单位制年代成长过来的,也是从学雷锋时代成长过来的,他们对于互帮互助的理解是不求回报的。

(3)公信力和运营能力

在时间银行中,从提供服务到获得回报的时间周期不仅可能是比较漫长的,而且时间也是事先难以确定的,其信用属性决定了必须要由公信力强的全国性大型机构来承接。

作为信用产品的时间银行从储蓄到兑现,这中间可能长达数十年。谁能兑现数十年前的承诺?而且是前人或前政府的承诺。由此可见,政府可能也没有资格做时间银行这样的信用产品。

---

① 詹程开:《志愿者献爱心时只要刷刷市民卡今后能在就医就学方面得到更多便利》,《今日早报》,2015年5月4日。
② 虿中平:《对做好事应否留名的重新认识——兼考雷锋做好事留名与否》,《华南师范大学学报》(社会科学版),2014年第2期。

保险公司经营的是信用产品,保险公司推出的产品短期看安全性较大,长期看风险较大,尤其是在持续低生育率与倒金字塔人口结构的条件下更是如此。通货膨胀通常是化解保险信用,特别是政府债务风险的一种最常见做法。因此,在笔者看来,在人口与经济形势已然发生根本性变化的今天与未来,任何形式的兑现周期较长的金融类产品,特别是人寿保险存在的根基已经不复存在,金融领域的很多周期性较长的"伟大创新"(如人寿保险)终将或已经沦落为"骗子游戏"。人们的思想认识还停留在以往经济与人口增长而形成的金字塔型人口结构阶段所形成的经验基础之上,因而对即将面临的灾难浑然不知,以至于"骗子游戏"还能继续"玩"一段时间。这些兑现周期很长的金融类信用产品,到期即便能兑现,也一定是仰赖通货膨胀的"帮助",实际上就是兑付缩水或债务稀释。

现在的时间银行多由社会组织或者社区居委会来负责运营,实际上这些组织根本就不具备这样的能力,也绝无这样的信用保障。目前,绝大多数的社会组织具有如下特点:一是规模小,10人以下的占绝对多数;二是少有资本积累;三是能力不足者占多数,多是由被第一和第二部门淘汰下来的人在负责管理与运营。部分人甚至自己都不知道明天究竟应该干什么,多是以社会组织的名义谋求自身的发展,甚至解决自己的就业问题。企业的预期寿命很短,而社会组织由于自身特点,其预期寿命可能比企业更短,只是中国的多数社会组织在多数时间内以僵尸或者休眠的方式存在,名义上活着,本质上早已死亡。上海"因居民搬迁、居委会人员更迭、记录册丢失、缺乏后继参与者等各种原因而成为坏账无法支取"[1]的现象,也说明了时间银行由社区和社会组织运行的难度与不可行性。

(4)服务匹配与运营成本

时间银行将来要以时间作为兑现条件。今日之时间储蓄要日后兑现,不仅与日后的供给能力有关,还存在一个匹配问题。这实际上比纯粹的金融保险产品还要复杂。如保险产品兑现的主要是无差别的货币或可相互替代的商

---

[1] 周海旺,沈妍:《老龄化时代城市养老的时间储蓄与公益志愿——以上海为例》,《上海城市管理》,2013年第1期。

品,较少是劳务,多是可以储存的,但时间不能储存。因此,这种信用产品的兑现条件更为苛刻,也更为困难。

人的需求是多元的,每一个人甚至同一个人在不同的时间点有不同的需求。例如,自愿有偿服务者早期向时间银行存储的是服务种类 A,现在想从时间银行支取的服务种类是 B,这就牵涉到时间银行存储的时间种类及其时间长度的匹配问题。小范围内时间银行存储和支付的服务种类与时间长度之间的匹配的回旋余地小,因而多是失衡的,甚至是严重失衡的,但现实生活中小范围内的时间银行的存储与兑现的可行性相对要高一些。与小范围不同,大范围内的回旋余地可能更大一些,但大范围内的时间存储与兑现的匹配的可行性差。时间银行的就近支取才具有现实可行性。

任何管理与服务都是有成本的,其差异只在于成本究竟由谁来承担的问题。时间银行是一个极其复杂的信用产品,在实际运行中不仅时间的存储与支取上存在匹配难问题,而且运营成本往往也是极高的。现在的问题包括:一是究竟谁愿意承担时间银行的高运营成本?政府、市场、社会,还是个人?二是时间银行创造的价值与付出的运营成本之间,是否也应该进行成本与收益的核算?由谁来负责核算?其收益是否就一定大于成本,即净收益一定是正的?三是是否在时间银行开设时,就应该考虑到倒闭时的信用损失及其补偿措施?等等。时间银行的开设者多没有在开设前想清楚,甚至都没有想过诸如此类的问题,这不能说是一种对政府、市场与社会负责任的态度。

(5) 人口可持续与人口流动

人口可持续是社会经济可持续的基础与前提条件,同时也是建立在人口基础之上的一切制度存续的基础与前提条件。而持续低生育率使得人口本身不可持续,建立在人口不可持续基础之上的一切制度最终都将走向破产。时间银行自然也不例外,会因为少子而老龄化,后续参与时间银行的人员不足,而使得前期的储蓄无法兑现,大大增加失信的风险。

湖北省阳新县文件规定:"助老服务志愿者本人年满 60 周岁以后,或者助老服务志愿者符合享受助老服务条件的直系亲属、三代以内旁系亲属,均可在全县范围内凭《阳新县助老服务志愿者爱心储蓄证》,支取助老服务爱心储蓄,或优先享受其他的社会公共服务。助老服务志愿者爱心储蓄不能透支,也不在本县范围外使用。"①然而,现代社会是一个人口流动频繁的社会,"不在本县范围外使用"说明了时间银行的地域局限性。人口频繁流动要求其在全国,甚至在全球范围内的运营与兑现,这也就决定了时间银行应该是由全球,至少是全国性机构来运营。但即便是妇联、共青团和工会等全国性社会组织也难当此重任。在理论上,唯一有此能力的是民政部。但时间银行的内容多不属于政府的基本责任范畴,政府在目前即便有心也无力。这再一次回到公信力和运营能力的问题上来。因此,时间银行的良好运行必须是在两大基本认同一致、三大客观条件满足且共同作用的结果。

五、几点思考

1. 志愿无偿服务还是自愿有偿服务?

时间银行缘起于美国,不是无偿服务,而是有偿服务。在中国逐渐演变成为无偿和有偿混淆不清的概念。首批享用时间银行服务的人是不需要支付成本的,也就是没有时间储蓄,即可享有他人的服务,自然属于无偿性质。而后来者的情况就要复杂得多,既可能是无偿服务,也可能是有偿服务。因此,时间银行在中国演变成了一个含糊不清的概念。事实上,对时间银行的理解既不深入,也远没有达成一致,这也是时间银行在中国无法运行下去的原因之一。

志愿服务不获取回报,而时间银行获取回报,这种回报以"时间货币"来计量,日后要兑现,因而属于有偿服务,类似于传统社会的以物易物,以时间作为等价交换物,只是以物易物是即期的,而时间银行从储蓄到兑付不是即期的,而是延期的,中间有一个时间差。经过中国本土化改造之后,时间货币甚至可以直接兑换成代金券购物。在昆明市晋宁县的"时间银行"计划中,"志愿者每次的志愿服务时间将登记在存折上,累加的时间将成为青年志愿者'爱心账号'的'爱心存款'。当青年志愿者到'爱心协议店'进行消费时,将可以根据其

---

① 详见 http://www.hbyxx.gov.cn/index.php?m=content&c=index&a=show&catid=15&id=1987。

服务时间及星级(服务时数累计达 50 小时为一星级、150 小时为二星级、300 小时为三星级,以此类推共有 5 个星级),享受相应的会员服务、折扣优惠或换取代金券"①。连云港的荷花社区更是直接将时间货币和日用品等价起来,"社区'爱心超市'货架上有明码标价,清洁球:服务时间 2 小时;立白洗衣粉:服务时间 20 小时;大瓶食用油:服务时间 50 小时"②。这样的明码标价,实在不应该归入志愿服务的行列,而应该归入自愿有偿服务的行列。

2. 公益领域的市场逻辑在什么情况下可行?

公益领域的优势非常明显,突出地表现在三个方面:一是公信力;二是价值观;三是愿景。公益营销某种程度上就是"愿景营销"。

公益领域的缺点同样显著,突出地体现在如下几个方面:一是资源短缺;二是技术手段不足;三是普遍的低薪酬,难以吸引到优秀人才;四是效率往往比较低下;五是鱼龙混杂,各色人等都有。鉴于公益的特殊性,如出于某些方面的顾虑,或怕惹火烧身,常常很少提及,对其自身的反思也是远远不够的。

公益必须向市场学习,以提高效率。虽然公益与市场所要实现的目标可能很不相同,但其实现手段有很多共通之处。然而,公益与市场还是存在着明显的差别,因此不是市场上流行的做法都适合照搬到公益领域。时间银行实际上是公益领域借用了银行与保险的某些做法。但银行与保险提供的更多是基于财产基础上的产品与服务,其财富,尤其是货币性财富是可以储存的,且不存在差别化问题,即某人持有 100 元面值人民币与他人持有 100 元面值人民币是等值的,因而很容易匹配与兑现。而时间银行储蓄的是劳动时间,偿还品也是劳动时间。于是,问题便出现了:一是劳动时间不能储存;二是劳动质量是有差别的;三是所需服务是不完全相同的,甚至是差异很大的。一个人以往储蓄的劳动时间,必须以另一个人对其等量时间的服务才能兑现。当以往的时间储蓄者要兑付当年的储蓄时间时,不仅需要组织"志愿者"开展服务,而且还需要开展特定的服务,这就造成时间银行服务匹配上的困难。诸如此类的问题,就限定了时间银行的使用,多也仅限于最基本的服务领域。

---

① 李海彬:《800 名青年志愿者领到"时间存折"》,《中国青年报》,2014 年 11 月 16 日。
② 吉风竹,程长春:《服务群众,不分"小社区""大单位"》,《新华日报》,2014 年 10 月 9 日。

3. 谁来承担时间银行不能兑现时的信用责任？

公益的核心竞争力是公信力。实践与理论分析一再表明，中国缺少时间银行生存的土壤。以往储蓄的劳动时间日后很难兑现，时间银行不可能长期运营下去，结果是社会信用的破产。紧随其后的问题是：作为公益互助项目的时间银行本就建立在信用基础之上，希望不仅能通过这种方式解决某些问题，而且能建立起社会成员之间信任的互助合作关系，但结果往往事与愿违。令人遗憾的是：时间银行在中国是"你方唱罢我登场"，轰轰烈烈登场，悄无声息退场。这种出于无知或明知故为，实际上是对公益公信力的透支，从根本上动摇社会信任的基础，挑战的是人类文明的底线，对人类社会的破坏力是很大的。

既然如此，究竟谁应该承担时间银行等诸如此类公益项目破产时的责任？是否应追究当年时间银行项目始作俑者的责任？诸如此类的问题，必须给出明确的回答。公益本身是很严肃很纯粹的事情，但当人们各怀心思以公益之名做各种各样的事情之时，公益就失去了严肃与纯粹，甚至演变成当事人获取某种需求或实现某种愿望的道具。时间银行也许就属于此类破坏性创新探索，也未尝可知。

4. 如何规避破坏性创新？

创新是当下中国一个时髦的词汇，并被寄予经济增速下行背景下经济增长的引擎之一，时间银行也多是作为社区的养老模式创新和志愿服务品牌出现在各大新闻中。回顾人类的发展历史便会发现，破坏性创新、失败性创新、过度性创新比建设性创新、成功性创新、适度性创新要多得多。今天，社会领域的创新多属于缺少必要可行性论证的"异想天开"，甚至是大"忽悠"。如何避免破坏性创新给中国社会一再造成的伤害，尽快建立破坏性创新的规避机制和相应的责任追究制度十分必要。

共同富裕:概念、问题与路径选择

孙永健①

(南京大学社会学院)

摘　要:共同富裕是我国全面脱贫和进入全面建设小康社会后所确立的新时代的发展目标。现阶段,富裕主要是一个经济概念,共同富裕指绝大部分家庭人均可支配收入达到或超过1万美元,不宜用人均指标。本文认为共同富裕的实现,主要面临"蛋糕"很难迅速做大与"蛋糕"分配不公两方面的挑战,前者表现为经济增速下行压力有增无减,后者体现为利益失衡与贫富差距悬殊导致诸多社会问题与矛盾相互交织。实现共同富裕的基本路径:一是完善财富创造激励机制;二是促进充分就业;三是降低税赋与提高劳动者薪酬占GDP比重;四是完善基本社会保障制度;五是增加公共产品与公共服务供给;六是鼓励公益慈善与履行社会责任。共同富裕之路"知不易""行更难",彰显了党和政府的过人胆识与远大决心。

关键词:共同富裕;概念厘清;指标测度;问题与挑战;路径选择

一、引　言

2021年2月25日,习近平总书记在全国脱贫攻坚总结表彰大会上庄严宣告我国脱贫攻坚取得了全面胜利,并指出促进全体人民共同富裕在全面建设社会主义现代化国家新征程中的重要地位。自此,"共同富裕"作为新一轮党和政府的工作重心与战略方针再一次被提上重要议事日程,"十四五"规划更

---

* 基金项目:本文系国家社会科学基金重大项目"实现积极老龄化的公共政策及其机制研究"(17ZDA120)的阶段性研究成果。

① 孙永健,江苏盐城人,南京大学社会学院博士研究生,研究方向为人口社会学。

是明确赋予浙江高质量发展建设共同富裕示范区的重大任务。郑永年(2021)认为,比起其他省份,浙江的发展到现在为止基本实现了公平的发展,通过"上不封顶"鼓励民众发家致富与财富累积,凭借"保底"完善基本社会服务制度,依靠"做大中产阶层"以建设橄榄型社会,浙江实践为共同富裕的实现提供了普遍借鉴意义。

共同富裕是全面脱贫后中国在新时代的发展目标,也是全面脱贫战略的升级版,其逻辑关系类似于全面小康是总体小康的高级阶段。早在1992年邓小平(2004:1253)南方谈话时便对"共同富裕"做出一系列论述与承诺,"共同富裕是体现社会主义本质的一个东西,是社会主义制度不能动摇的原则",提出了"解放生产力,发展生产力,消灭剥削,消除两极分化,最终达到共同富裕"的论断。进入20世纪前,中国社会的主要矛盾仍然是发展生产力、消减绝对贫困。伴随着改革开放取得巨大成就,我国经济社会形势也发生了根本性的变化。党的十九大明确提出,新时代中国社会主要矛盾已经转化为人民日益增长的美好生活需要和不平衡、不充分的发展之间的矛盾。在此背景下,共同富裕自然成为全面脱贫和进入全面小康社会后,党和政府下一步为之努力奋斗的目标。

那么,什么是"共同富裕"?共同富裕的概念与内涵中存在哪些共识与分歧?有关指标及标准应当如何确定?目前,在走向共同富裕过程中还存在哪些难题?又应当采取哪些措施以保证共同富裕理想的实现?等等。这些都是在共同富裕研究与实践中必须严肃回答的问题。

二、共同富裕:概念、内涵与测度标准

自邓小平理论获得指导地位以来,"共同富裕"成为我国理论研究与实践探索的重点和热点。不过,令人遗憾的是学界目前对"共同富裕"至今仍未予以统一的定义,对其内涵的理解也是各不相同,甚至存在很多争论和分歧。概念的不清晰,造成了认识上的混乱和解释上的随意性,严重影响了共同富裕研究的客观性、准确性、规范性和科学性,制约着共同富裕研究的深入(刘先春、宋立文,2010)。此外,有关共同富裕的阐释更多地还局限在形而上层面,严重

缺乏实证维度,导致概念的可操作性低、评价指标模糊、实践指导意义差等问题。故而,本文尝试对共同富裕的概念和内涵给予辨析与探讨,并试图建立起清晰的测度标准。

(一)概念辨析与内涵探讨

1. 物质富裕 vs 精神富裕

何谓富裕?《辞海》中将"富裕"定义为"丰富宽裕、财务充足",由此可见,富裕主要限于物质或经济层面。富裕,严格意义上讲不仅包含物质层面,也包含精神层面,既要富口袋,也要富脑袋。因此,许多学者认为富裕绝不仅是一个经济概念(李安义、李英田,1996;孙武安,2004)。然而,"富口袋"相对容易,但"富脑袋"可能更难,究竟该用什么来丰富人民的脑袋? 如何开展精神富裕工程? 尽管反对将"富裕"聚焦在物质维度的声音众多,但真正能够将"精神富裕""文化富裕"等概念阐释清楚、付诸实践的学者却寥寥无几。

"富裕"涉及的领域比较广泛,但无论从中国国情出发还是研究规范来看,目前将其限定在经济领域较合适。富裕,首先是一个经济概念,代表着某种物质水准的生活,精神富裕建立在物质富足基础之上。鉴于以往的经验教训,我们要警惕中国各级政府、研究机构与部分学者将富裕的内涵作无限扩展,将主要属于经济层面的反映生活水平的富裕扩展到包括政治、经济、社会、文化与生态等各个层面,将本不属于富裕的内容或与之关系不密切的东西掺杂进来,从而使"富裕"演变成一个无所不包的"大杂烩"。

2. 收入维度 vs 财富维度

收入和财富是对人们经济状况或经济地位进行测度的主要指标。如果将富裕集中于物质层面,那么就面临着究竟是从收入角度还是从财富角度给予考量的问题。收入是一个流量概念,通常被视作影响人们物质生活水平和经济状况的重要因素,也是操作化过程中最核心的指标。但随着工资性收入比重下降,该指标反映真实贫富状况的能力也在逐步下降。财富是一个存量概念,相较于收入,财富的存在形式更复杂和隐秘,其测度也更加敏感和困难。故而,已有研究在对经济状况的测度中大多集中于收入维度。

收入和财富是富裕的两个维度,两者之间也存在很大差异,其差异程度、形成机制、影响后果都不能一概而论,二者只是富裕的一种表现形式,并不能全面反映物质文明和经济发展水平。当前中国利益关系失衡并不仅是收入分配所致,财富变动也是一个重要因素(孙立平,2011)。本文综合收入和财富两个维度,对人们的经济状况或经济地位进行理想类型的划分,并形成三大类型,如表1所示。

第一类是富裕,即个体或家庭无论是收入和财富都很充裕,毫无疑问地越过甚至大大越过富裕的门槛。

第二类是相对富裕,这类人群至少在收入和财富的某一维度上比较富足,但并不能确定他们是否越过富裕门槛,需要具体考察其"多"与"少"的净效应。例如,有的人收入很高,但由于原始家庭财富积累很少,甚至负债累累,并不能由此判定其跨过富裕的门槛。

第三类是相对贫困,这类人群在收入和资产维度上都表现出相对匮乏,因此距离富裕的标准也比较遥远。虽然中国消除了绝对贫困,但仍有许多国民还处在相对贫困状态,并且脱贫后的返贫风险依然存在。

表1 贫富类型

收入角度	财富角度	
	财富少	财富多
收入少	相对贫困 (收入少财富少)	相对富裕 (收入少财富多)
收入多	相对富裕 (收入多财富少)	富裕 (收入多财富多)

(二)标准测度与概念阐释

基于上述对富裕概念的探析以及数据获得上的考量①,本文给出现阶段共同富裕的定义和测度标准:当家庭人均可支配收入达到或超过1万美元(2020年国际美元换算的不变价格),即认为该家庭迈入富裕的门槛,而当85%及以上家庭迈入富裕门槛时,便可认为实现了共同富裕的目标。关于该定义,需要

---

① 综合收入和财富两种维度的富裕概念,要比收入单一维度更能准确地分析富裕问题。但考虑到现阶段财富或资产具体数据的获取难度和准确性,收入依然是衡量富裕标准的核心指标。

做如下更多的说明。

1. "一万美元"的判定理由

尽管"一万美元"标准具有一定的主观性,也值得后续讨论与商榷。本文判定的依据如下:一是考虑到通货膨胀因素,以 2020 年不变价格作为计算基准;二是采用国际货币基金组织(IMF)公布的"一篮子商品"的购买力平价数值,以国际美元而非汇率对中国家庭人均可支配收入进行购买力换算①;三是富裕的标准具有动态性、时空性和相对性,因而这里主要参照世界银行"四分位法"对高收入国家的定义②,富裕的门槛也会随着世界银行对高收入国家的界定而相应地调整。其实,富裕本就是一个相对概念,不同社会对富裕的理解和认识是不相同的。20 世纪 70 年代,中国人所憧憬的富裕社会是"楼上楼下、电灯电话",现在对多数国人而言早已经实现。

2. 家庭为基本衡量单位

鉴于以下原因:一是家庭是基本的生活单元,微观个体大多生活在家庭之中;二是家庭内部并不是每个人都有收入,家庭本就是一个互助互惠的共同体。家庭生活水平主要依靠家庭收入水平,而不是个人收入水平。因此,使用家庭人均可支配收入,作为该家庭是否迈入富裕门槛的核心指标是比较合适的。

3. 指标的唯一性

考虑到城乡与地区发展的不平衡性,在构建富裕测度指标及其衡量标准时,人们习惯于对不同区域,甚至不同的人使用不同的标准。回顾历史,全面小康进程测度指标体系及其相应的临界值的确定就是在这样的思维逻辑下制定出来的。指标庞杂、均值、价值判断、不常用或难获得等是全面小康进程测度指标研究中最常出现的问题(陈友华,2017)。关于共同富裕测度指标,目前不少研究已然提出多维度、多层级的评价指标体系,除了物质层面,还涉及文

---

① IMF 报告显示,按购买力计算中国 2020 年 GDP 为 24.14 万亿美元,即在购买力体系下,4.2 元人民币约等于 1 美元。

② 世界银行把全世界经济体划分为四个收入组别,即高收入、中等偏上收入、中等偏下收入和低收入。这些组别用于显示不同国家或地区在减少贫困、增长、增加收入等方面的表现。人均国民总收入是衡量一个国家富裕程度及其在四个组别中所处位置的主要指标。2020 年,四个组别人均国民总收入的门槛分别是:高于 12535 美元、4046 美元到 12535 美元、1036 美元到 4045 美元和不到 1036 美元。

化、法治、财政、生态环境等,甚者多达81个三级指标(杨宜勇、王明姬,2021;陈丽君等,2021)。实际上,我们应吸取以往的经验教训,共同富裕的测度不用设计任何指标体系,只需一个能够反映富裕家庭覆盖面的指标就足矣,唯一性指标能避免诸多问题。

4. 可支配收入而非经济产出的维度

人均GDP[①]与人均可支配收入是两个不同的概念,中间存在一个GDP如何分配的问题,如果人均GDP高,但人均可支配收入低,没有藏富于民,自然也算不上实现了共同富裕。人均GDP较高更可能是集体富裕的表现,曾经的苏南模式就是其典型。20世纪八九十年代,人们就"苏南模式"和"温州模式"孰优孰劣展开了激烈的争论。苏南模式最终导致"集富民不富"(集体富裕民众不富裕),归根结底是分配制度出现了问题,进而影响到财富创造的积极性与企业和社会的活力。实际上,江苏是集体富裕的典型,而浙江为民众富裕的模范,这也许就是江苏与浙江两省之间的最大差别。

事实上,GDP中劳动者薪酬所占比例较低是中国长期存在的问题,用人均GDP衡量富裕虽省事,但人均GDP会高估中国家庭的富裕程度,因此从家庭人均可支配收入维度来衡量共同富裕更为适恰。

5. 非均值或中位数类指标

共同富裕是指多数家庭跨入富裕的门槛,这与全面小康的概念在逻辑上是一致的。由此可见,共同富裕不是社会平均生活水平达到富裕的社会,而是绝大多数家庭的生活达到富裕水准的社会。社会平均生活水平的最大局限在于会掩盖其中个体间的差异,尤其当个体间差别较大、贫富悬殊时更是如此(凌昌玉,2003)。当家庭间生活水平差异较大时,存在平均数掩盖下的不富裕,甚至贫困现象,因而使用均值或中位数(如人均收入或收入中位数)等指标来定义共同富裕是不恰当的。

共同富裕指绝大部分家庭与个人都达到富裕的生活水平,未能过上富裕生活的家庭与人口占比较低。因此,共同富裕关键在于富裕人口的覆盖面,是

---

① 严格意义上讲,富裕研究中使用人均GNI指标比人均GDP指标更合适,但考虑到GNI指标获得比GDP指标获得相对困难,因而这里基于GDP指标进行研究与讨论。

一个贫困消减、富裕增多的过程。在经济发展到一定水平后,"抑富"、"扩中"(扩大中产阶层规模)、"降低"(降低底层社会所占比例)三条途径中,"降低"对共同富裕来说最为重要,这是因为扩大中产阶层人群比例,并不必然能实现共同富裕。共同富裕实际上是减少不富裕的人口比例。

6. 与恩格尔系数、基尼系数的联系与区别

使用恩格尔系数和基尼系数来衡量共同富裕也不尽合理与科学。恩格尔系数是均值指标,联合国粮农组织以恩格尔系数作为社会富裕程度的划分标准是不恰当的。即使恩格尔系数低于40%,也绝不意味着大多数人就能过上富裕的生活。如果多数人不能过上富裕的生活,这样的社会很难称得上是一个共同富裕的社会(陈友华,2017)。

基尼系数更多地反映了人们的收入或贫富差距,却无法代表社会中多数人的经济状况。例如,美国一战与二战期间基尼系数最低,而如今基尼系数却很高。因此,共同富裕与贫富差距是两个既相互联系又截然不同的概念。贫富差距很小的社会也可能陷入普遍的贫穷之中,而共同富裕的社会中也允许家庭之间财富或收入上的某种差距。

7. 与相对贫困的关系

"富裕"与"贫困"是一对相反的概念,但同时也具备"绝对"的意涵。而相对贫困是一个相对概念,现代社会即便处在贫困状态的人,如果放在传统社会,可能也不属于贫困之列,甚至有可能被纳入富裕人群之中。西方发达国家早就解决了绝对贫困问题,进入相对贫困治理阶段。发达国家的相对贫困发生率维持在15%左右,且随着经济形势与经济周期而有所波动。因此,在实现按需分配的共产主义社会来临之前,相对贫困是一个永恒的难以彻底消除的问题。

事实上,任何社会的贫富差距和相对贫困只能缩小,不能消除。因此,共同富裕绝不意味着所有的社会成员都能过上富裕水准的生活,而是指大部分家庭与个人达到富裕生活的水平。相对贫困与共同富裕是并存的,两者并不矛盾,共同富裕社会应当也允许存在相对贫困。诚如全面小康与贫困发生率互为逆向指标,共同富裕某种程度上也是相对贫困发生率的逆向指标,因此"共同"的标准比较适宜界定为富裕覆盖面达到85%及以上。

三、共同富裕的面临形势与问题

(一)相对贫困治理社会的来临

生活水平按照由低到高,可以划分为几个不同的阶段,富裕是实现全面小康后的更高阶段,它以后小康时代①的终点为起点(即富裕线),如图 1 所示。2020 年是脱贫攻坚与全面建成小康社会的决胜之年,14 亿人口全面小康意味着中国在迈向共同富裕的道路上又前进了一步(贾康,2020),也因此宣告中国告别了绝对贫困社会。2020 年中国刚迈过人均 GDP 1 万美元大关,虽然已实现全面摆脱绝对贫困的目标,但只有少数人真正跨入富裕的门槛,多数人的生活还是介于小康与富裕之间。

与全面脱贫一样,共同富裕的主战场依旧是在农村和偏远落后地区,乡村振兴战略也正是在此背景下被提出与实施。乡村振兴是全体人民实现共同富裕的必然要求,有助于巩固拓展脱贫攻坚成果、提高农业农村的现代化水平,以缓解我国城乡发展不平衡问题,从而扎实推进共同富裕社会建设(李实等,2021)。在共产主义社会实现之前,相对贫困难以根除,只能限定在较低的发生率上,而富裕社会本身也是一个可逆型的社会形态,不管是微观个体还是宏观国家,都有可能迈入与退出富裕的门槛,阿根廷就是反面典型。对此,我们要有充分的心理准备。

图 1 人类生活水平及其发展阶段示意图

---

① 目前,学界通常使用"后小康"这一术语来描述全面建成小康社会之后的中国社会形态,"后小康时代"是指实现全面建成小康社会目标后向富裕社会迈进的过渡阶段,也是由小康社会向富裕社会迈进的必然阶段(魏后凯,2020;丁红军,2020;许宪春、余航,2020)。

（二）经济增速下行压力有增无减

回顾改革开放以来中国的经济增长情况，可以发现中国的经济增长具有速度快、波动大、周期性等特点（陈友华，2016）。本轮经济增速从高位回落后，经济增速能否回升至以往的高水平，多数学者持否定态度。部分学者认为，中国经济将会进入中低速增长阶段（刘世锦，2015），也有学者指出中国经济增速下行是由外部因素造成的，中国经济高速增长的潜力还能持续20年（林毅夫，2014）。

令人遗憾的是，自2015年以来，受到新旧因素的制约，中国经济增速持续走低、下行压力巨大：一方面，从既有因素来看，中国人口红利逐渐消失，劳动力数量快速减少与劳动力成本大幅上升，环境整治，城市化减速，创新创业举步维艰，产业结构调整与产业大量转移，巡查与追责等，各级政府发展经济动力减退，原有经济增长的比较优势逐渐丧失，而新的经济增长动能还没有找到。另一方面，从新增或突生因素来看，中美关系从贸易战到新冠疫情的骤然冲击，全球产业链裂痕越来越大，国际环境急剧恶化。中国尽管以更大的决心与更有力的措施推动改革开放与经济增长，但中国的经济发展所面临的国内外环境很不乐观。总之，当中国经济增速下行压力有增无减，如何继续做大"蛋糕"并扩大富裕人群比例，这是共同富裕急需解决的基础性问题。

（三）贫富分化、社会矛盾不容忽视

目前，中国社会的存在利益失衡与贫富分化，主要表现为：第一，区域之间、城乡之间与群体之间差距悬殊。中国的东、中、西部三大地带与南北地区的差距非常突出，即使是东部沿海地区，其区域内部发展和收入差距也是非常明显的，且有上升的趋势。城乡差异悬殊是制度隔离与区域差距过大的典型代表，而个人由于嵌入其所生活的原生家庭与社会环境之中，贫富差距在现代化进程中也被放大。近年来，社会财富更是存在"向城市集中、向发达地区集中、向政府集中、向少数家庭集中、向垄断行业集中和向资本所有者集中"的倾向。中国在创造了经济快速增长奇迹和社会长期稳定奇迹的同时，区域之间、城乡之间、国民收入之间的差距问题成了共同富裕进程中的主要障碍（蒋永穆、谢强,2021)。

第二,如何兼顾与平衡国家、企业和劳动者三者口袋中的财富,从而公平分享经济发展成果?从生产角度考察,GDP由劳动报酬、企业利润与国家税费三部分组成。根据国际经验,衡量国民收入分配公平与否的首要指标是分配率,即劳动者报酬总额占国内生产总值(GDP)的比重,劳动者报酬占GDP的比重越高,说明国民收入的初次分配越公平。在市场经济成熟的国家,国民收入的初次分配率都较高。目前,中国的初次分配存在资本所得较高、财政收入大幅增长、劳动所得持续下降的局面。

第三,教育、住房、医疗以及就业、养老等主要民生议题一同暴露出存在的社会矛盾。改革开放以来,经济建设一度成为党和政府的工作重心,民生领域的投入与发展应更被重视。由于教育、医疗、住房等"准公共物品或服务"的短缺,导致"择校难、读书贵""看病难、看病贵""房价高、当房奴"等一系列社会问题的涌现(童星,2018)。

总体而言,当利益失衡与贫富分化使得种种社会问题和矛盾交织在一起,如何公正合理地分配"蛋糕",即缩小区域、城乡与群体间经济收入的差距,调节国家、企业与劳动者的分配,解决教育、医疗、住房等民生问题,这是共同富裕必须面对的重大挑战。

四、共同富裕的路径选择

富裕靠什么去实现?一是做大蛋糕。首先必须解决财富创造的激励机制问题,其次是促进就业。二是分好蛋糕。初次分配遵循效率原则,降低税赋与提高劳动者薪酬占GDP比重;再次分配遵循公平原则,完善基本社会保障制度,增加教育、医疗等公共产品与公共服务供给。三是分享蛋糕。第三次分配就是财富共享。这就要求企业与个人履行社会责任。共同富裕实际为一个组合词,"富裕"更多地指涉财富创造与经济增长,而"共同"更倾向于财富分配与共享。共同富裕实现路径的内在逻辑,如图2所示。

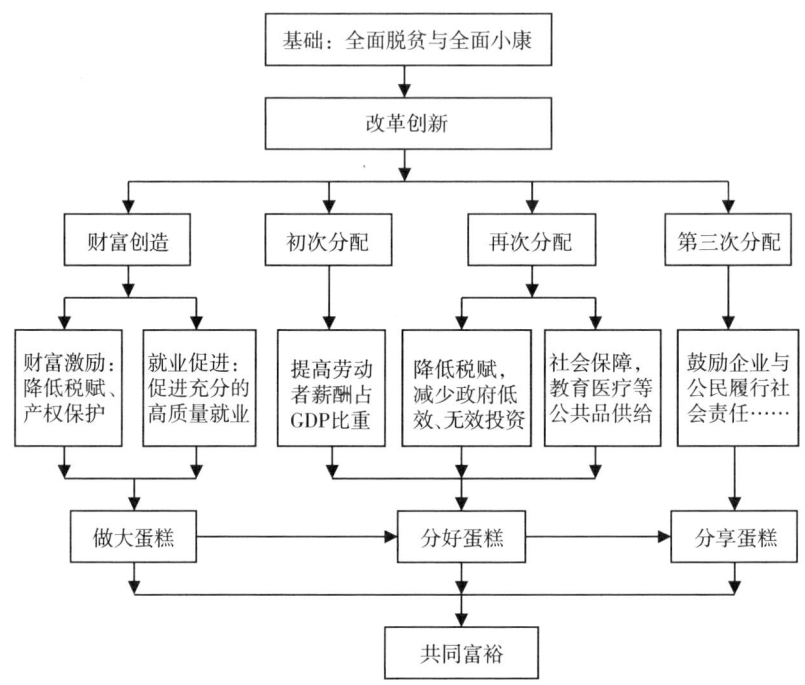

图 2　共同富裕实现路径的内在逻辑

（一）财富创造：激励机制保驾护航

共同富裕需要水涨船高而非削峰填谷。要实现共同富裕,首先必须创造财富,而要实现这一点,必须解决财富创造激励机制问题,主要包含以下内容:

第一,明晰产权,并对私有财产实行严格保护。明晰的产权制度与对财产的严格保护是人类文明的根本标志,也是社会道德维系与长治久安的根本保证。共同富裕只有在依法治国的基础上才能实现,保护包括企业家或富有阶层在内的公民合法收入与财富等不受侵犯,依法打击各种违法违规的偷逃漏税等行为。换言之,政府应当构建产权保护型社会环境,保障合法致富者权益不得受到侵犯。

第二,初次分配讲效率。按照生产要素及其贡献分配财富,即按劳分配与按贡献分配,多劳多得、少劳少得、不劳动者不得食。

第三,再分配讲究公平。这里存在公平适度问题,如果公平过度,财富分配变成平均分配,与个人努力关系不大,财富创造激励机制就会丧失殆尽,最后非但不能共同富裕,还会沦落为普遍贫穷。从他国的时间来看,维持一个社会的底线公平是应该的,也是恰当的。

第四,合理的税赋水平,保护财富创造者的积极性。拉弗曲线说明,减税可以鼓励经营活动,创造更多财富,可能会增加税收,而加税抑制经营活动,财富创造减少,反而可能减少税收。例如,美国作为资本主义的代表,主要依靠减税来消解贫富差距。在里根时期与布什时期,税收政策更是成为调节收入分配的首要措施,里根总统始终确信适度税收会使收入增加,并努力将这一主张付诸实践,强烈反对征收高额个人所得税,特别是极高的边际税率。而日本为了摆脱经济与社会困境,在其国民收入倍增计划(Income Doubling Program)中也通过提高个人所得税起征点、降低税率、增加家属扣除额度等方式减免个人所得税,提高了全民的实际生活水平。

第五,非必要产业政策的退出,让市场在资源配置中起基础性作用。五花八门的产业政策不利于公平的市场竞争环境的形成与效率的提高:一是极可能导致资源的错配,提高市场的交易成本;二是容易诱发寻租等行为;三是妨碍市场公平竞争格局的形成。最终极易滑向政府对市场的过度干预,甚至对市场基本经济伦理带来破坏。故而应当梳理现有的产业政策,对其进行取舍和优化,可以考虑废除不牵涉国家安全等的产业政策,让市场优胜劣汰的竞争机制发挥作用。

第六,防止福利过度与陷入福利陷阱。如果靠国家主导的福利等再分配制度就能过上富裕的生活,谁还愿意继续去劳动、创造财富?最后的结果一定是普遍的贫穷。因此,"农村五保"与"城市三无"等弱势群体依靠国家再分配和社会救助只能过上温饱有余而富裕不足的生活。社会救助标准应该介于绝对贫困线与社会平均生活水平之间,最合适的也许是达到最低生活保障标准。

最后,消除人口迁移的制度障碍,让民众在流动中实现共享。人口本就存在一种基于理性选择下的自合理分布机制(陈友华,2010),消除人口迁移流动的制度障碍,在流动中寻找与实现就业,不仅解决了自己与家庭的生计问题,而且实现了劳动力的优化配置,促进了劳动生产率的提高与财富的增加,不仅增加了流出就业者的收入,通过自己的努力改善了自身及其家庭的处境,而且使得流出者及其家庭也能分享到流入地相对更好的公共产品与服务,在流动中实现共享经济社会发展成果。实践证明,这既是一条把自由迁徙权还权于民、让市场在资源配置中起决定性作用的重大举措,又是一项成本低廉的"市场致富"之举,同时还是走向"共同富裕"的必由之路。

(二)财富创造:促进更加充分的高质量就业

就业乃民生之本。有着社会民主主义传统的瑞典,自20世纪50年代起,便把促进充分就业作为重要的政策目标,不断加大就业政策的财税支持,对失业人员自主创业实行减税与就业补贴政策。面对新常态下就业压力逐渐加大、人口红利和低成本优势逐渐消失的发展形势,我国必须着力培育大众创业、万众创新的新引擎,把创业和就业结合起来,充分发挥创业带动就业的倍增效应,为促进民生改善、经济结构调整和社会和谐稳定提供新动能。具体可采取如下措施:

第一,实施积极的就业政策,坚持就业优先的战略导向。一是加强对就业容量大、吸纳能力强的产业与行业的扶持,充分发挥劳动密集型产业、小微型企业和新兴科技产业在创造岗位、吸纳就业中的重要功能。二是推进就业政策与财税、金融等经济政策的统筹协调,完善二者之间的影响机制与评估体系的建立。三是加强就业政策与社会保障、劳动关系等社会政策的配套衔接,努力提升相关政策的协同性与有效性,解决人们"就业难、创业更难"的民生痛点。

第二,完善覆盖城乡的就业服务体系。一是夯实促进就业、社保补贴等制度,多渠道增加就业岗位。二是实施专项帮扶计划,加强对就业困难群体的就业援助,大力开发公益性岗位,财政按一定比例予以补贴,牢牢兜住就业"底线"。三是加大就业再就业培训力度,统筹推进高校毕业生多元就业、农村劳动力转移就业、结构性失业人员再就业。

第三,健全创业帮扶体系,发挥创业促进就业的倍增作用。一是建设创业型国家,整合各类创业政策、资源与资金。二是营造创新的文化环境,激发创业的社会热情,塑造宽容创业失败的舆论风气。三是建设各类创新创业载体,充分发挥公共服务综合基地和创业孵化基地的作用。四是完善相关政策,加大银行对小微企业和个体经营者创业支持力度。五是顺应"互联网＋"趋势，促进资源要素在信息平台上的共创共享，以创新创业带动更高质量就业。

（三）财富初次分配：国家让利与向劳动者倾斜

深化收入分配制度改革，增加劳动报酬在初次分配中的比重，增加城乡居民收入。中国整体税赋较重，国家必须通过降低税费让渡一部分资源给市场与社会，减少政府低效甚至无效投资，转变政府职能，完成经济推动型政府向社会服务型政府转变。与此同时，大大缩减政府规模，减少行政供养人员和行政开支。此外，建立有效的国民收入记录制度是形成调节收入分配的重要路径，特别是对官员及其家庭财产实行登记与公开制度。

当前和今后一段时期必须坚持富民增收与经济增长同步，报酬增长与劳动生产率提高相协调，总量增长与结构优化并重、市场调节与政府调控相结合，不断完善初次分配和再分配机制，精准提低、合理调高、积极扩中，突出农民、职工、中低收入者和困难家庭等重点群体增收。拓宽就业、创业、投资、社保和帮扶等增收渠道，有力破解经济增速下行压力加大背景下、城乡居民收入增长乏力问题。具体可采取如下措施：

第一，健全收入分配机制，形成公平合理的收入分配格局。一是坚定贯彻社会主义按劳分配为主的基本原则，切实提高劳动者在国民财富创造中的所得。二是强化政府主导作用，注重发挥以税收、社保、转移支付为主要手段的再分配调节功能。三是进一步规范收入分配秩序，完善现代支付和收入监测体系，建立个人收入和财产信息系统，保护合法收入，取缔非法收入，规范隐形收入（胡在铭，2016）。其中，建立有效的国民收入记录制度是形成调节收入分配的重要路径，特别是对官员及其家庭财产实行登记与公开制度。

第二，明确工资性收入的重要地位，促进工资收入的合理增长。一是加强城镇企业职工工资分配指导作用，充分保障工资指导线对企业收入分配的引导和调节作用，及时并适度调整最低工资标准，夯实困难群体的增收基础。二是全面推行工资集体协商制度，稳妥推行行业性、区域性工资集体协商，大力推动企业依法建立工会组织，发挥工会在维护职工合法权益中的重要作用，逐步解决部分产业内员工工资偏低的弊病。三是保障工资按时足额发放，发挥劳动法等相关法律的保护机制,启动工资支付预警办法,严厉打击拖欠农民工工资等违法行为。

第三,拓宽财产性经营性收入渠道,破解财富增长难点。一是增加居民财产性收入,拓宽民间资本投资渠道,完善投资入股、房屋租赁、产权交易等制度性建设,特别是保障农户宅基地用益物权,稳妥推进农民住房产权抵押、担保、转让等,扩大农民财产性收入。二是增加居民经营性净收入,政府通过实行结构性和普惠性减税措施,鼓励个人创业,发展多种形式规模经营,增加居民就业与增收机会。三是促进居民金融资本增收,普及理财知识,发展普惠金融,丰富各类金融投资方式与金融产品。四是提高居民的转移性收入,加大政府对民生领域的直接投入,特别是加强富农强农的扶持力度,不断提高农民补贴收入。

(四)财富再分配:建立覆盖全体国民的基本社会保障制度

发达国家的经验教训表明,无论是自由主义、保守主义还是社会民主主义,美、日、德等国都把完善社保机制,特别是提高福利转移支付的公平性,作为聚焦富民的重中之重。社保是民生之基,在社会保障方面不仅存在制度缺陷,也存在某些"短板",城乡社会保障制度尚需进一步整合完善。因此,必须坚持全覆盖、保基本、多层次、可持续方针,以增强公平性、适应流动性、保证可持续性为重点,不断夯实覆盖城乡居民的社会保障体系,更好地发挥社会保障"安全网"和"稳定器"的作用。具体可采取如下措施:

第一,进一步完善社会救助、社会保险和社会福利等社会保障制度。一是进一步完善长期生活救助、分类专项救助和临时应急救助的多元社会救助体系。二是进一步完善社会保险体系,建立普惠型国民年金制度。2005年世界银行提出非缴费型"零支柱"养老模式,即设立国民年金制度的建议对未来我国养老保障体制改革具有重要参考价值,国民年金制度具有运行成本低、设计简单、分配公平、促进社会团结等几大优点(陈友华、苗国,2015)。三是建立覆盖社会全体成员的统一的、基本的社会保障制度,切实保障法定参保对象应保尽保,帮助灵活就业与新业态人员有效参保。

第二,适当提升社会保障各项待遇水平。一是完善养老保险的个人账户,不断强化多缴多得、长缴多得的激励机制,根据经济发展与物价上涨水平,逐年上调企业退休人员与农村参保人员的养老金标准。二是增加城乡居民医疗保险与医疗救助的保障范围与比例,逐步实现就医更加优质便捷,提高护理院医保结算标准,积极探索建立失能人员照护保险制度。三是明显提高生育福利的津贴标准,大力发展托育服务体系,扶助计划生育特别家庭。四是弥补住房公积金制度的缺陷,统一公积金计缴比例、限定公积金计缴基数,提高个税起征点与公积金纳税,适度改变公积金"低存低贷"状况与享用条件设置。五是完善失业保险待遇动态调整机制。

第三,建立"普惠发展性"的社会保障体系,极力缩小城乡之间、区域之间与不同群体之间的待遇差距。站在解决现实问题角度,从养老保险、医疗保险、最低生活保障制度、老年福利政策等的城乡分割中,可以发现社会保障待遇的城乡差距巨大,需要加大投入并用全新的理念重新进行架构(陈友华、苗国,2015)。一是大力消解养老保险制度在城乡不同群体间"多轨制"的矛盾,尤其是推进机关事业单位养老保险政策的变革,破除体制分割与碎片化严重的问题。二是恰当处理社会保险、社会救助与社会福利之间的关系。在当前经济发展阶段,我国社会保障应当更多地遵循"雪中送炭"而非"锦上添花"的原则,在社会救助尚未编织起细密的"安全网"之前,不宜在城市地区和优势人群中发展过于丰厚的福利与保险政策。三是消除"奢华"养老与老年贫困并存的怪象。着力缩小老年群体内部养老金的待遇悬殊,国民基础养老金原则上应当做到无差别化或差异减小,方能体现社会保障的普惠性与公平性。四是解除"新农保"所导致的权利捆绑与弱势损害。这种"连坐"机制既显得不人道,又增加了"新农保"的执行成本(陈友华、苗国,2015)。

第四,高度重视社会保障的筹资机制与可持续发展。一是保证社会保障资金的收支相抵与精算平衡,一方面不断充实社保基金的蓄水池,防止其空转,另一方面适度降低社保费率,为企业与劳动者适当减负。二是充分挖掘社会资源,进而形成政府、市场、家庭与个人多主体共同担责、协同推进的国民福利体系。三是合理借助公益慈善、志愿服务、社会帮扶等渠道,帮助优抚对象、残疾人和困难群众,以适度缓解社会保障的资金压力。

(五)财富再分配:增加公共产品与公共服务供给

公共服务是政府的基本职责,是基于每一个国民的基本权益而设置的,它对于保障社会成员基本的生存、发展和尊严有着重要作用,是国家在风险管理领域的基础性制度安排。上学、看病、环境污染、食品安全等是当前我国广大居民普遍关心的问题,是城乡居民意见比较集中的领域。必须坚持普惠性、保基本、均等化、可持续方向,积极顺应人民群众对过上更好生活的期盼,加快健全完善政府主导、覆盖城乡、可持续的基本公共服务体系,着力增加公共服务供给,创新公共服务提供方式,在居民反映较多的教育、医疗和住房等方面持续取得新进展,不断提升城乡居民生活质量和幸福感。具体可采取如下措施:

第一,努力推进各级教育体系的完善与优化。一是有层次地发展学前教育、义务教育、普通高中教育、职业教育和高等教育,实现教育资源的均衡性与教育发展的多样性。二是积极响应"教育双减"政策,转变对儿童与青少年教育理念的同时,加强教育对社会公平与流动所起到的积极作用。三是适应"三孩"生育政策实施,尤其是在大中城市超前谋划新建、改扩建一批托儿所、幼儿园和中小学,合理配置教育资源。四是健全外来务工人员随迁子女的受教育保障机制。

第二,继续推进城市住房政策改革。一是稳定大城市土地与商品房价格,加强对人口集聚地区的资源配置,促使年轻人更好地在大城市安家落户与安居乐业。二是优化保障房布局和结构,推进廉租住房和公共租赁住房并轨运行,帮扶困难群体更好地解决居住难题。三是为进城农民工提供必要的居住帮助,将棚户区与流动人口充分纳入城市规划与资源配置之中,充分考虑棚户区拆除后原居民的安置问题(陈友华,2010)。

第三,加快完善现代医疗卫生体系。一是逐步形成基层首诊、分级诊疗、双向转诊的就医新秩序,推动医疗卫生资源的基层下沉与区域均衡。二是优化与整合城乡居民医保制度,加快推进多元办医格局的形成。三是助力"三医"联动,改革完善公立医院绩效考核办法和人事管理、收入分配制度。四是健全城乡居民大病保险制度,保障待遇重点向困难群众倾斜。

第四,统筹推进其他民生事业发展。一是持续推动基本公共文化体育服务的均衡化与普惠化发展。二是加快建设居家养老与机构养老相结合与有效衔接的现代社会养老服务体系。三是建立健全覆盖城乡区域的公共交通体系。四是强化食品药品安全、公共卫生防疫、社会治安防控,切实保障人民群众的生命与财产安全。五是借助数字化推动民生事业更上一个台阶,同步提升整个社会的治理能力和水平,但要警惕"技术赋权"所引发的"数字鸿沟"。

（六）财富又分配：鼓励企业与公民履行社会责任

第三次分配是以友善道德为支撑的志愿性的捐助分配,这是社会主义核心价值观的物化表现,是以往分配理论的延伸,更是实现共同富裕的重要补充（杨卫,2020）。第三次分配是社会主体自主自愿参与的财富流动和分配,反映的是企业和公民的价值取向与社会责任,也体现出一个国家和社会的思想境界与文明程度。为有效弥补初次分配和再分配在推动共同富裕进程中的不足,我国财富的第三次分配机制必须加以完善：一是弘扬中华民族乐善好施的传统美德,营造仁爱互助的社会氛围。二是完善税收政策,鼓励企业、社会团体及个人积极捐款。三是遵循第三次分配的规律,加强现有的慈善资金管理机构的管理。四是鼓励和引导公益基金会、志愿者组织的发展（贾康等,2018）。

要明晰第三次分配在共同富裕进程中的作用,特别是警惕以共同富裕之名强制富人与企业承担更多的责任。防止公益慈善与社会责任演变为对富人的财富掠夺,进而打击其财富创造的积极性,最终将社会矛头与不满情绪转嫁给富人,挑起不同群体之间本不必要的冲突。

五、结　语

本文通过对共同富裕的概念辨析与内涵探讨,给出了"共同富裕"的定义与测度标准：一是家庭年人均可支配收入达到或超过1万美元以上（按2020年国际美元换算的不变价格）；二是85%或以上的家庭年人均可支配收入达到上述的富裕标准,相对贫困发生率维持在15%以下。本文认为,共同富裕的衡量标准和指标逻辑,与全面小康十分类似。在测度与衡量共同富裕时,应当以家庭为基本衡量单位,遵循动态性、唯一性和统一性原则,避免GDP指标、均值指标、恩格尔系数、基尼系数的误用,充分考察共同富裕与贫富差距、相对贫困等相关概念的联系与区别。

基于对共同富裕的界定与测度,本文认为共同富裕的实现,主要面临着"蛋糕"很难迅速做大与"蛋糕"分配不合理两方面的挑战,前者表现为经济增速下行压力有增无减,后者体现为利益失衡与贫富悬殊导致诸多社会问题与矛盾相互交织。因此,共同富裕的实现路径本质上还是要回到"做大蛋糕"与"分好蛋糕"的经典命题之中:一是建立完善的财富创造激励机制;二是促进充分就业,解决个体和家庭主要收入来源的问题;三是初次分配中呼吁国家责任回归与利益让渡;四是再次分配中完善社会保障制度;五是增加公共产品与公共服务供给,特别是教育与医疗服务供给;六是第三次分配中鼓励企业和公民的公益慈善行为与履行社会责任。

从中华文化中"以天下物利天下人""损有余而补不足"共同富裕思想的萌芽,到空想社会主义者对共同富裕的理论假想与局部试验,再至马克思列宁主义者对共同富裕的科学化以及方向道路的明晰,到如今中国特色社会主义对共同富裕的理论开拓与实践探索(刘长明、周明珠,2020)。"共同富裕"的社会理想有一个"知不易""行更难"的目标,实现"共同富裕"更是任重而道远。

参考文献

[1] 陈丽君,郁建兴,徐铱娜.共同富裕指数模型的构建.治理研究[J].2021,4:5—16.

[2] 陈友华.迁徙自由、城市化与贫民窟[J].江苏社会科学,2010,3:93—98.

[3] 陈友华.全面小康的内涵及评价指标体系构建.人民论坛(学术前沿)[J].2017,9:80—89.

[4] 陈友华.人口新政及其经济社会影响[J].探索,2016,1:66—70.

[5] 陈友华,苗国.老年贫困与社会救助.山东社会科学[J].2015,7:104—113.

[6] 邓小平.邓小平年谱1975—1997(下)[M].北京:中央文献出版社,2004.

[7] 丁红军.后小康时代相对贫困的文化韧性治理[N].贵州民族报,2020-08-12.

[8] 胡在铭.我国中等收入陷阱解构:收入分配与库兹涅茨转折点[J].区域经济评论,2016,2:64—69.

[9] 贾康.共同富裕与全面小康:考察及前瞻[J].学习与探索,2020,4:77—81.

[10] 贾康,程瑜,于长革.优化收入分配的认知框架、思路、原则与建议[J].财贸经济,2018,2:5—20.

[11] 蒋永穆,谢强.扎实推动共同富裕:逻辑理路与实现路径[J].经济纵横,2021,4:15—24.

[12] 李安义,李英田."共同富裕"不仅仅是一个经济概念——再谈"共同富裕"内涵及实现方式[J].理论探讨,1996,6:52—52.

[13] 李实,陈基平,滕阳川.共同富裕路上的乡村振兴:问题、挑战与建议[J].兰州大学学报(社会科学版),2021,3:37—46.

[14] 林毅夫.8%的增长潜力中国可以再有20年[N].文汇报,2014-11-14.

[15] 凌昌玉.全面小康社会评价指标体系的构建[J].统计与决策,2003,10:6—8.

[16] 刘世锦.GDP增长转换是规律[J].资本市场,2015,4:9.

[17] 刘先春,宋立文.邓小平共同富裕思想的概念界定及其引申[J].重庆社会科学,2010,6:12—16.

[18] 刘长明,周明珠.共同富裕思想探源[J].当代经济研究,2020,5:39—49,115.

[19] 沈晖.转型时代"中国体验"视域下的社会心态[J].探索与争鸣,2012,2:20—22.

[20] 孙立平.贫富格局里的纠结[J].决策与信息,2011,4:22—24.

[21] 孙武安."共同富裕"只包含物质的内容吗?——与徐久刚先生商榷[J].理论探索,2004,6:42—43.

[22] 童星.社会主要矛盾转化与民生建设发展[J].社会保障评论,2018,

1:3—12.

[23] 王志凯,史晋川. 中国区域经济发展的非均衡状况及原因分析[J]. 浙江大学学报(人文社会科学版),2015,6:91—103.

[24] 魏后凯. 从全面小康迈向共同富裕的战略选择[J]. 经济社会体制比较,2020,6:18—25.

[25] 夏玉成. 共同富裕究竟离我们有多远?——对平等主义理论与实践的一些思考[J]. 长白学刊,2005,5:4—8.

[26] 许宪春,余航. 后小康时代的挑战和改革发展的着力点[J]. 中共中央党校(国家行政学院)学报,2020,2:52—58.

[27] 杨洁. 中国社会财富集中的制度成因及治理策略[J]. 理论与改革,2012,5:53—56.

[28] 杨卫. 中国特色社会主义分配制度体系的三个层次[J]. 上海经济研究,2020,2:36—42.

[29] 杨宜勇,王明姬. 更高水平的共同富裕的标准及实现路径[J]. 人民论坛,2021,23:72—74.

[30] 郑永年. 共同富裕与中国共产党的新使命[EB/OL]. 大湾区评论,https://mp.weixin.qq.com/s/Vbuz_E4Bfvy-1Wqvc7vGiw,2021-06-15.

从参与到满足：应急志愿服务行动实践与反思*

宗 昊　陈友华①

（南京大学社会学院）

摘　要：应急志愿者在疫情阻击战中发挥了重要作用，广大志愿者的服务动机及其变化也值得深入讨论。本文通过质性研究方法对应急志愿者的参与动机进行再划分，分析其动态交织的特点。由此，构建应急志愿服务中的"参与与满足"模型，追踪考察应急志愿者在志愿服务后参与动机的满足情况。研究发现：参与动机满足与否分别对应着情感能量的凝聚与离散两种转向，应通过增强权益保障、加强队伍建设以及注重价值观引导等方式，提高应急志愿者参与志愿服务的可能性与期待。

关键词：应急志愿者；应急志愿服务；志愿参与动机；参与与满足

一、引　言

2021年7月21日，南京市通报了7例本土新冠肺炎确诊病例和2例本土无症状感染者情况，与此同时，南京市开展全员核酸检测，并迅速采取了一系列疫情防控措施。对于突然暴发的疫情，应急志愿者经受了多方面考验，他们在减缓疫情蔓延、最大限度地降低突发公共安全事件不良影响的同时，默默地守卫着南京，一个月后，南京逐渐"痊愈"。

来之不易的疫情阻击战成果背后，离不开应急志愿者奉献的身影。实际

---

* 基金项目：本文系国家社会科学基金重大项目"实现积极老龄化的公共政策及其机制研究"（17ZDA120）的阶段性研究成果。原文出处：《中国志愿服务研究》，2021年第4期，第24—45页。

① 宗昊，江苏南京人，南京大学社会学院博士研究生，研究方向为传播社会学。陈友华，江苏如东人，南京大学社会学院教授，研究方向为人口社会学。

上,应急志愿服务早已超出了一省一市的范围,南京之后,福建、四川、上海等地也接连暴发了疫情。疫情是一场大考,对于应急志愿服务来说更是一面镜子。在此期间,应急志愿服务的形式和内容也不断发展、创新。

应急志愿服务与应急志愿者的定义与内涵是什么？从理解行动者的角度出发,着眼于应急志愿者的参与动机以及在志愿服务中的变化,分析突发公共卫生事件中应急志愿服务产生了何种积极的影响,又暴露出哪些潜在的问题？今后,应急志愿服务又该如何更好地发挥效用？本文将聚焦以上问题进行探究,旨在使应急志愿服务超越应急管理的视角,成为常态志愿服务的后备军。

二、社会交换理论下的应急志愿服务与应急志愿者

公益活动,是指以付出时间为主的志愿服务和以付出金钱为主的捐赠活动[1]。因此,从个体行动出发,志愿者愿意贡献出自己的时间和精力,无疑是基于自身的信念、道义、良知等因素,主动为社会提供无偿服务的人或人群[2]。

实际上,仅仅出于信念、道义、良知等因素定义志愿者,未免太过理想化。除却自觉自愿的利他奉献性质,也包括志愿者自身的精神满足,现代志愿活动更加强调主体动机、自我反思性和自治等能动性要素[3],即需考虑利己动机,无论是志愿者,还是被服务者,都面临着为实现目标而走在同一条"道路"的情境,对志愿本身而言,目标的实现则需要与社会中的他人进行互动[4],这与霍曼斯以及布劳等人的现代社会交换论理念不谋而合。

可见,志愿这一社会交换行为不仅受到文化规范的制约,也出于人的理性选择。因此,应被理解为:"个体在组织背景下经自身考虑后自愿为寻求帮助

---

[1] Femida Handy, Laurie Mook. Volunteering and Volunteers: Benefit Cost Analyses. Research on Social Work Practice, 2011, (4).
[2] 莫于川:《中国志愿服务立法的新探索》,北京:法律出版社,2009年,第9页。
[3] Anthony J. Spires. Chinese Youth and Alternative Narratives of Volunteering. China Information, 2018, (2).
[4] 周志娟,金国婷:《社会交换理论综述》,《中国商界》(下半月),2009年第1期,第281页。

的对象提供无偿服务的行为。"①志愿服务的内涵在社会交换理论的视角下,由先前的社会规范主导逐步丰富为主体理性选择与社会规范共存。

（一）概念与内涵

应急志愿者,当前学术界并未有清晰的定义,根据具体的实践情况,应急志愿者可以理解为应急准备、减灾和恢复中的志愿服务人员②,作为紧急状态下专业应急救援力量的补充③。宽泛地说,应急志愿者是在公共突发事件中提供志愿服务的人群。

当前国内研究中,根据参与者所属群体的不同,研究者将视角聚焦到社区应急志愿者、青年应急志愿者或是党员应急志愿者中的某一类人群中进行分析。应急志愿者人员构成多元,但无论是哪一类群体,都有着应急志愿服务的共性特征:相较于普通志愿服务来说,更强调其突发性与应急性。应急志愿者是突发事件的第一应对者,能够迅速展开救援保障等应急工作。实际上,南京此次从招募志愿者到核酸检测第一批志愿者上岗,仅仅只有数小时时间④。

本土化志愿服务的自我供给是应急志愿服务的主要来源。在公共突发事件发生后,社会进入紧张状态,公民常在未经动员的情况下自发参与应急志愿服务,角色扩张,每个人都可能是应急志愿者,当地的自救与互救在此刻比他救更为可靠。

有效沟通与服务保障构成应急志愿服务的主体框架。例如,具体到此次南京防疫过程中的全民核酸检测志愿服务,按照工作内容划分,应急志愿服务可以细分为:排队引导、健康监督、信息登记以及后勤服务等。应急志愿服务

---

① 李林,石伟:《西方志愿者行为研究述评》,《心理科学进展》,2010年第10期,第1653—1659页。
② 宋劲松,王宏伟:《美国应急志愿者管理制度及其经验借鉴》,《北京行政学院学报》,2012年第4期,第34—40页。
③ 杨桂英:《中国应急志愿者队伍建设初探》,《河南理工大学学报》（社会科学版）,2008年第4期,第465—468页。
④ 南京市玄武区团委接到招募志愿者任务后,下午5点发布志愿者招募通知,6点全部报满,7点整首批16个点位、100名志愿者全部到岗。引自"哟！玄武"微信公众号。

过程中不自觉地凝聚与增加了人们与社区、城市之间的社会资本,这一点不仅体现于服务提供,而且为应急状态下政策的执行、社会的运行带来积极的润滑作用①。

(二)研究综述

应急志愿服务在国内具体公共事件研究(SARS事件、"5·12"汶川地震、新冠疫情)中有较多成果。具体可分为以下两类:

一类以探究应急志愿服务的服务内容与管理体系为主,着重于应急志愿服务在突发性事件中的重要性,并提出针对性建议,以期加强社会应急能力建设。如"5·12"地震救援和灾后重建,从法律视角出发,应完善应急志愿服务立法的若干对策②;从"组织化建设"视角来看,应将不同动机的志愿者凝聚在组织内部③。又如新冠疫情期间,围绕体制改革,提出应通过标准化来实现应急志愿服务的社区化、乡村化、基层化④等。此类研究偏向于宏观层面解读应急志愿服务中的体系问题,分析应急志愿服务在管理体系上值得改进之处,但缺少对应急志愿者个体的关注。

另一类则主要探究应急志愿者的参与动机。有学者通过调查发现,在此次新冠疫情中影响社区应急志愿者提供相关服务积极性的首要因素为奉献精神⑤;同时,也不可否认志愿服务存在着利己动机,互惠公益同样占据着不小的比重⑥。

---

① 张强:《"机会窗口"与应急管理中政社合作"新常态"——全面认知新冠肺炎疫情应对中的社会参与》,《中国非营利评论》,2020年第1期,第2—7页。
② 莫于川,梁爽:《社会应急能力建设与志愿服务法制发展——应急志愿服务是社会力量参与突发事件应对工作的重大课题》,《行政法学研究》,2010年第4期,第21—29页。
③ 张勤,范如意,林菁菁:《组织化建设:志愿服务应急救援不可或缺的要素》,《理论探讨》,2016年第5期,第149—154页。
④ 张强,张元:《中国应急志愿服务发展现状与前瞻——基于新冠肺炎疫情应对的观察》,《杭州师范大学学报》(社会科学版),2020年第4期,第99—103页。
⑤ 汪伟全:《社区应急志愿者参与公共安全治理的影响因素分析——基于新冠肺炎疫情背景的Nvivo质性研究》,《社会科学辑刊》,2021年第4期,第46—55,215页。
⑥ 卓高生,孔德民,车文君:《大学生志愿服务动机功能理论的实证研究》,《统计与决策》,2014年第6期,第111—113页。

此类研究,微观上表现了应急志愿者的动机,但过度注重于动机的类型化、模式化区分,而忽视了其交织性;倾向于参与前的动机划分,意图视作群体共性与宏观层面进行勾连,却忽视了作为个体的应急志愿者在参与服务中以及参与服务后的动态性变化,志愿服务评价未免神圣化,并不完全真实。将迪迪埃·埃里蓬描述阶级的话语换个方式说:假如将志愿者比喻为"被动员的群体"或者说"可以被动员的群体",只宏观地或固态化地看待整个群体,那该群体便是完全理想化,甚至是英雄主义化的概念,与构成这一群体的每一个真实的人完全不同①。

因此,本文希望从理解行动者的角度出发,在社会交换理论的引导下,捕捉应急志愿者在应急志愿服务中的体验,从而透析微观与宏观上的问题,将两者尽可能串联起来。社会交换理论以特定的人性假设为基础,兴起于20世纪60年代的西方社会学界②,其基本观点是:行动者是理性的;理性行动者为求动机的满足与他者进行交换性互动;满足需求的一切都是社会交换的内容,即"报酬"③。社会交换中的"报酬"对行为取向有着重要的作用,具体于志愿服务中,如果志愿者在志愿服务中并未获得一定的成就感或是奖励,就会使其重新评估志愿行为的适当性。实际上,早在21世纪初,国外便有学者断言志愿服务存在社会交换,志愿者在服务过程中期待回报④。近年来,国内研究进一步延伸,将社会交换理论广泛应用于中国农村老年人长期照护⑤、慈善组织与公益事业等领域,并有学者指出,参与志愿服务所带来的志愿者个人内在需求的满足是其动员机制的核心⑥。在社会交换理论视角下,志愿者动机的满足与

---

① [法]迪迪埃·埃里蓬:《回归故里》,王献译,上海:上海文化出版社,2020年,第13—14页。
② 周志娟,金国婷:《社会交换理论综述》,《中国商界》(下半月),2009年第1期,第281页。
③ 乔纳森·特纳:《社会学理论的结构》(上),周艳娟译,北京:华夏出版社,2001年,第283—295页。
④ J. Wilson. "Volunteering," Annual Review of Sociology, 2000,(1),215-240.
⑤ 曹艳春等:《基于社会交换理论的中国农村老年人长期照护选择安排实证研究》,《科学经济社会》,2013年第2期,第17—22页。
⑥ 郭玉辉:《社会交换视角下佛教慈善组织志愿者动员机制分析——以台湾慈济基金会为例》,《西安电子科技大学学报》,2013年第5期,第53—59页。

否，与其行为取向以及后续志愿服务的动员机制有所连接与完善，但现有研究缺少整体性的框架叙述，亦即后文寻觅并重新建构的应急志愿服务中的"参与与满足"模型。

（三）研究方法

本文主要研究方法如下：一是查阅并分析应急志愿服务相关理论研究文献，特别是 SARS 及新冠疫情时期的疫情防控资料。二是笔者主动参与当地应急志愿服务，以南京市玄武区红山街道为主要田野点展开实证调查，收集实证资料。红山街道作为国家综合减灾示范社区、江苏省和谐社区建设示范街道①，在南京禄口机场暴发疫情后，该街道迅速做出一系列应急防控措施，值得深入探究与反思。三是通过实地、电话或微信访谈，与同期其他志愿者进行沟通交流，了解其参与志愿服务的动机、心态变化及后续感悟。四是通过社交软件（如微信群、QQ 群②）、网络媒体（如微信公众号③）等，收集具有代表性的社区疫情防控志愿服务的实践材料，进行分析研究。

从南京市第一轮核酸检测起，直至 2021 年 8 月 19 日南京市全域降为低风险地区，本文研究周期长达一个月，在此期间，笔者参与多轮核酸检测志愿服务，服务时长百余小时。本文共选取 15 名访谈对象进行研究，访谈对象皆是同期应急志愿服务活动中结识的伙伴，年龄自 14 岁至 57 岁不等，职业多元。访谈内容主要围绕"参与应急志愿服务的动机""在应急志愿服务中的体验""参与动机的满足与否"以及"对未来应急志愿服务的期待及建议"等问题进行深入交流。本文试图通过上述方式，及时总结应急志愿者的动机及在服务过程中的动机和心态变化，分析应急志愿服务在疫情防控中的积极作用以及存在的问题，提出优化对策建议。

---

① 南京市玄武区人民政府：红山街道机构设置，2021 年 8 月 20 日，http://www.xwzf.gov.cn/jdck/hsjd/。
② 资料来源于"2021 南京防疫志愿者"QQ 总群。
③ 资料来源于"哟！玄武"微信公众号（玄武共青团官方微信公众号）。

表 1　访谈对象信息表

访谈对象	年　龄	性　别	职　业
A	24	男	在读研究生
B	25	女	企业人员
C	24	男	在读研究生
D	17	女	在读高中生
E	16	女	在读高中生
F	14	男	在读初中生
G	28	男	教　师
H	27	女	教　师
I	40	男	区团委负责人
J	32	男	事业单位人员
K	55	男	机关单位人员
L	50	女	医护人员
M	57	男	教　师
O	48	女	自由职业者
N	52	男	安保人员

三、利他与利己：应急志愿者动态交织的参与动机

动机是指为了使行为达到某种目标，从而获得需求上的满足。动机激发和维持个人行为，是个体内在需求和外在因素共同作用的结果①。应急志愿者的参与动机也应强调自身内在需求与外部诱因的共同调节。内在需求不仅表现在化解个人困扰，还体现于实现自身价值、回报社会、个人发展等，外在环境则考虑到志愿者项目本身以及其他环境情况。

---

① 周晓红主编：《社会心理学》，北京：高等教育出版社，2008 年，第 82—83 页。

（一）利他与利己：应急志愿参与动机的再划分

出于内在需求与外在因素的考量，有学者将志愿服务动机划分为理想型、回报型、交往型、学习型和盲目型五种动机类型[①]，此种动机分类，较清晰地梳理了志愿者志愿参与的心理活动。但除却盲目型动机（指志愿者从事志愿活动更多考虑到外界环境或他人因素，主观上并没有明确的动机）中志愿者展现的随意性，其余四类动机无疑具有共同的神圣性特点。

理想型动机着眼于自我价值的实现。例如，"假期在家正好没事，想要做志愿活动，实现自身价值"（访谈对象 C），与之类似的是回报型动机，但其着眼于对国家与社会的贡献。在南京二次暴发新冠疫情之时，出于回报型动机参与志愿活动的将个人和城市的安危联系在一起，例如，"本身就是南京人，南京生我养我，想要在危机时刻为这座城市献上一点绵薄之力"（访谈对象 A），"这次的南京疫情，再次点燃了我回报社会的那份热情"（访谈对象 M）。

无论是实现人生价值或是渴望回报社会，理想型动机与回报型动机的主要出发点是帮助他人，即利他。交往型动机与学习型动机的侧重点是利己，在帮助他人的同时，更关注自身收获到的人际关系或新的技能。例如，"想通过核酸检测志愿服务工作，跳脱于书本了解志愿活动全貌"（访谈对象 D），"想在帮助他人的同时，认识更多志同道合的伙伴"（访谈对象 G），以及"志愿者群里有没有想要一起考研的"（QQ 群内发言）等。

可是，交往型动机与学习型动机的分类，并未全面、真实地揭示志愿参与的利己性。如果将社会交往与学习技能比喻为较"温和"的利己，那么就一定会有较"功利"的利己，志愿参与更多地与工作和学校评优挂钩[②]。在本次研究中，考察南京市玄武区防疫志愿者微信群，是否有证书、证书如何发放是应急志愿者主动在微信群发言中绕不开的话题，例如："请问之后会发带名字的证书吗？单位要用。""我 9 月 25 号就返校了，学校需要相关证书评优，什么时候可以领取呢？"（微信群内发言）等。

---

① 唐杰：《北京公众参与志愿服务动机研究》，《北京社会科学》，2008 年第 3 期，第 57—63 页。
② Dean & Jon. How structural factors promote instrumental motivations within youth volunteering: a qualitative analysis of volunteer brokerage. Voluntary Sector Review，2014,5(2)，231-247.

实际上,在参与志愿服务的同时,为自己谋取利益本就无可厚非,本文区分"温和"的利己和"功利"的利己,也并非对后者进行道德审判,只是想更真实地揭示应急志愿者参与志愿服务动机的全貌。因此,利己型动机理解为出于个人发展的目的进行志愿参与,则更为恰当(如图1所示)。

也有学者将利他型动机概括为以"责任感"为轴心的传统性动机,将利己型动机描述为以"发展"为轴心的现代性动机,并创设性地提出以"快乐"为轴心的后现代性动机[①]。在应急志愿服务中,"快乐"为轴心的后现代性动机并不常见,毕竟在突发卫生事件来临时,没有多少人会抱着"快乐""好玩""有趣"的态度面对突如其来的严肃灾害。

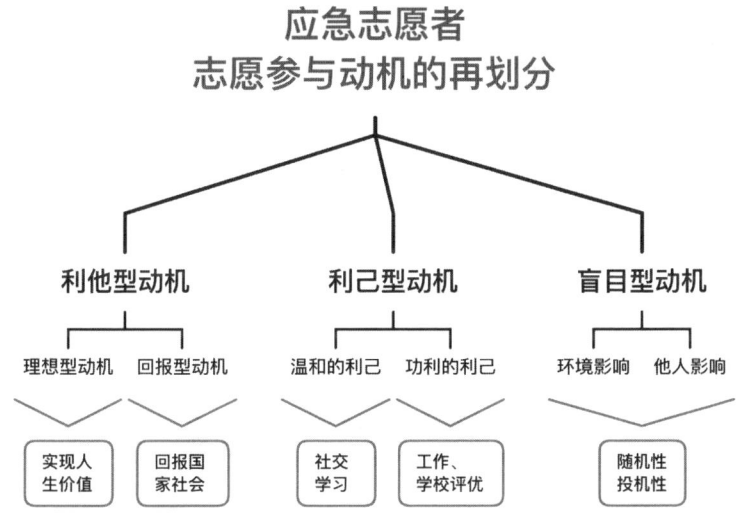

图1 应急志愿者志愿参与动机再划分

值得注意的是,接近性是应急志愿者志愿参与的主要考量因素。在新闻领域,接近性是新闻的价值评价标准之一,如果事件发生与受众的地理距离或心理距离较近,那么受众便更愿意关注。同理,南京二次暴发疫情,接近性是支撑应急志愿者投入一线志愿服务的巨大动力。例如:"虽然我不是南京人,

---

① 吴鲁平:《志愿者的参与动机:类型、结构——对24名青年志愿者的访谈分析》,《青年研究》,2007年第5期,第31—40页。

但在南京工作,想去附近做志愿者"(访谈对象 B),"我就住在十三中红山分校附近,我想马上去家附近的核酸检测点参与志愿服务"(访谈对象 H)。个人与社区自救成为应急志愿参与的关键因素①,疫情强化了社区的物理边界,也强化了社区的社会边界。在地理位置上,以社区和街道为单位,培训和组织市民参加应急志愿服务,是我国城市居民有序参与应急救援的主要形式。在心理距离上,这也可以理解为特定的集体关怀,志愿者更愿意帮助更有归属感的社群或是团体。

(二)神圣与凡俗:应急志愿参与动机的动态交织

乔治·桑塔耶那在《在英国的独白以及后来的独白》中有这样一句话:"与空气接触的有机物必须获得一层表皮,表皮并非心脏,这一点并不是对表皮的否定。"访谈对象在被研究时完全可以出于塑造完美形象的目的,闭口不谈其功利型利己动机。而所谓"熟人之间无秘密",信任关系的建立可以大大增强访谈对象提供信息的可信度,笔者的访谈对象皆是同期应急志愿服务活动中结识的伙伴,相较于直接对陌生的应急志愿者进行采访,处于同一阵线,有共同的志愿经历,更容易吐露心声,争取所调查整理的结果体现最大的真实。

表2 应急志愿者初期志愿参与动机一览

动机类型	利他型动机		利己型动机		盲目型动机
访谈对象	理想型	回报型	温和型 (如学习、社交等)	功利型 (如工作、学校评优等)	投机 盲从
A	√	√	√	√	
B	√	√		√	
C	√			√	
D	√	√	√		
E	√			√	
F					√
G	√	√	√		

---

① 江汛清:《国外应急志愿服务的特点及对我国的启示》,《青年探索》,2010年第2期,第1—5页。

(续表)

动机类型	利他型动机		利己型动机		盲目型动机
H	√	√	√		
I	√	√	√	√	
J	√	√		√	
K	√	√	√		
L	√	√		√	
M	√	√			
O	√		√		
N	√	√	√	√	

涂尔干曾说过，人一方面作为社会存在是神圣的，另一方面作为有机纯粹个体来说又是凡俗的，由此将全部事物分为"神圣事物"和"凡俗事物"两大类，并笃信两类之间不存在高低之分。社会交换理论也理解人类神圣和凡俗的两面性。文化人类学中的交换思想认为道德和规范在社会交换过程中产生，并约束着人们的社会交换，遵守道德规范的人们有其神圣性的一面；此外，社会交换理论认为一个人不可能在助人行为代价很高的情况下，仍然付诸实践①，因此，人亦是凡俗的。

将应急志愿者利他型动机和利己型动机进一步对应神圣和凡俗两面，可以发现两者是共存的（如表2所示）。除却访谈对象F是因为身边同学参加志愿活动，自己被动员参与外，其余访谈对象参与应急志愿服务并非由单一动机所驱使，而是利他型动机和利己型动机的结合。少则是两种类型动机的交织，多则同时包含四种类型动机。相较于媒体宣传中过分夸大志愿服务动机的崇高性，真实参与应急志愿服务的个体是"社会人"和"理性人"的结合。志愿服务进入的场域是一种日常生活，志愿者和服务对象实际上共同经历着日常生活中真切的内容②。

---

① 周晓虹：《社会心理学》，北京：高等教育出版社，2008年，第94页。
② 商亮，卢德平：《略论志愿服务的意义生成》，《中国青年研究》，2015年第10期，第44—47页。

研究还发现,神圣和凡俗不仅是共存的,还是动态交织的。这意味着动机不是一成不变的,而是不断演化的。用"↑"代表动机的提升,"↓"代表动机的减弱,"—"表示前后未发生较大改变,通过后期追踪访谈(如表3所示),在原本持有理想型利他动机的15名志愿者中,有10名志愿者表示自己的个人价值并未得到实现,实现个人价值的愿望在不断衰退;抱有回报型利他动机的志愿者,表示基本实现了最初回报社会的想法,并有一半以上的访谈对象觉得回报型动机正不断加强,这与"在国家需要时,尽一份绵薄之力,回报社会"的观念有关。对于温和型利己动机,几乎全部的访谈对象都表示在应急志愿参与过程中,收获了友谊并觉得很温暖;此外,应急志愿者似乎也更期待活动结束以后的纸质凭证。

表3 应急志愿者志愿参与动机变化

动机类型	利他型动机		利己型动机		盲目型动机
访谈对象	理想型	回报型	温和型 (如学习、社交等)	功利型 (如工作、学校评优等)	投机 盲从
A	↓	↑	↑	↑	
B	↓	↑		↑	
C	↑		↑	↓	
D	↓	—	—		
E	↓			↑	
F					—
G	—	↑	↑		
H	↓	—	↑		
I	—	↑	↑		
J	↓	—		↑	
K	↓	↑	↑		
L	↓	—		—	
M	↑	↑	↑		

（续表）

动机类型	利他型动机		利己型动机		盲目型动机
O	↓		↑		
N	↓	↑	—	↓	

  动机的动态变化实则应对情感能量的凝聚和离散两种转向（如表 4 所示），亦印证了社会交换中的整合和冲突。布劳指出社会交换包括"吸引—竞争—分化—整合（冲突）"四个阶段，并认为社会交换存在于关系密切的群体或社区中，是建立在相互信任的基础之上的[①]。简单来说，在相互信任的志愿服务群体中，如果群体内部的"报酬"结构发生了变化，或者志愿者改变了对志愿服务的期望，那么群体内部的冲突就会发生。需要说明的是，在相对友善的志愿服务群体内部，冲突显然不常发生，当情感能量离散时，更多地是以默默退出志愿服务群体的方式，替代剧烈冲突的发生。

  以访谈对象 C 为例，尽管在志愿参与之初，他是抱着实现自身价值，以及获得相关证书，以便学校评奖学金之便。但参与完第一轮全市核酸检测志愿服务后，在第二轮全市核酸检测志愿服务中，他说，"感觉自己这次参与不再是为了证书，而是很珍惜在志愿活动过程中收获到的友谊与感情"。由此可见，其功利型利己动机在衰退，而温和型利己动机在升温，很明显这是相对正向、体现志愿服务凝聚力的心态变化。

  在凝聚力的背后，还有一种相对负向的变化。以采访对象 J 为例，尽管在参与之初是有着单位的硬性要求，但实际上他还是抱着实现自身价值的想法去参加志愿服务。在第一轮全市核酸检测志愿服务后，他坦言，"感觉很不开心，负责拍照的时间比志愿服务的时间还长，自身价值并没有得到体现。下次还是只抱着功利的目的参加好了，不能有过多理想的期待"。由此可见，其理想型利他动机并未得到满足，并以一种极快的速度消减，而这种负向的、离散的心态变化又为何会产生呢？

[①] 刘少杰:《国外社会学理论》,北京:高等教育出版社,2006 年,第 131—142 页。

表 4　应急志愿者志愿参与中凝聚和离散转向

主范畴	主范畴内涵	次要范畴	次要范畴内涵	原始记录示例
情感能量①	指个体对于外界某种事物引起特定情绪的主观感受,本文表现为应急志愿者在参与相关志愿服务时所感受到的成就感或是失落感等情绪	凝聚	应急志愿者参与动机基本得到满足,志愿服务期待基本符合预期,且志愿服务中交流频繁,自我价值有所实现	当我给每一位来做核酸检测的人服务的时候,他们对我说"谢谢"时,我就感觉值了 能在国家需要的时候,尽一份自己的绵薄之力,成就感还是有的。我的最大体会是:只要心里有爱,青春恰自来
		离散	应急志愿者参与动机并未得到满足,志愿服务期待并不符合预期,且志愿服务中交流很少,关系僵化甚至破裂,自我价值并未实现	我们连防护服都没有,感觉很不安全 看到同事都在摸鱼,心里不是滋味 很多人都是来做个样子,感觉服务的热情都没最后拍照的热情多

四、凝聚和离散:应急志愿者志愿服务中的"参与和满足"模型

卡茨在《个人对大众传播的使用》中首先提出"使用与满足"理论,他将媒介接触行为概括为一个满足内心需求的连锁反应链。而在应急志愿服务领域,根据志愿者动机的满足与否,笔者提出志愿服务的"参与和满足"模型:

首先,应急志愿者出于利己型动机或利他型动机参与志愿服务(盲目型动

---

① 宋振韶,金盛华:《情感体验:教育价值及其促进途径》,《教育科学研究》,2009年第1期,第64—67页。

机由于随意性和投机性,并无明确的需求满足)。

其次,人们参与应急志愿服务有两个先决条件:一是参与志愿服务的可能性,即有多大可能参与志愿服务,前文分析的接近性和后文分析的保护和保险等,皆是可能性大小的衡量指标;二是志愿服务期待,即公众对志愿服务的期望和评价,是在过去参与志愿服务或是接受外界信息描述的经验基础上形成的。

第三,当基本满足条件后,志愿者会参与志愿服务。

第四,一般而言,参与后的结果有两种:一是动机得到满足,情感能量形成正向的凝聚;二是动机由于各种原因未能得到较好满足,情感能量形成负向的离散。

最后,无论交织的动机是否得到较好满足,都将影响到今后志愿服务参与的积极性,并且会根据此次志愿服务参与体验来修正志愿服务期待(如图2所示)。

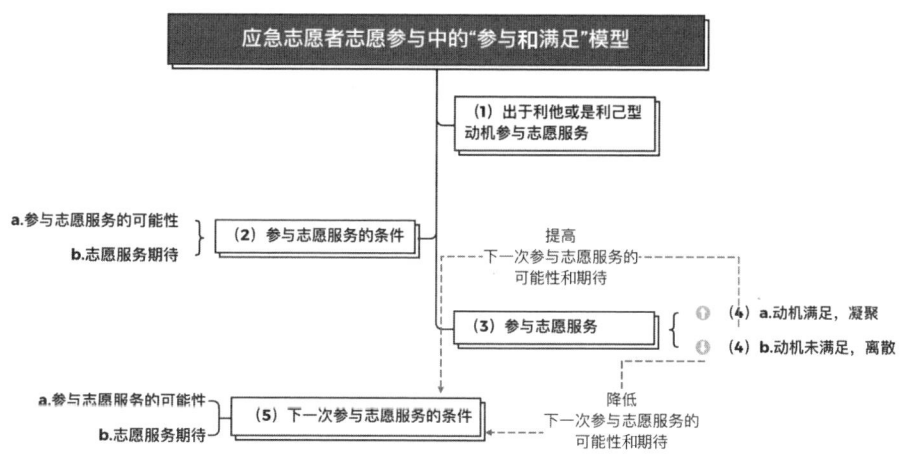

图 2 应急志愿者志愿参与中的"参与和满足"模型

在良性应急志愿参与中,应急志愿者之间、应急志愿者和服务对象之间、应急志愿者和社区志愿服务组织方之间产生高度的互动,凝聚共同见证战"疫"的情感共鸣,形成兰德尔·柯林斯所述的"互动仪式链"。毕竟志愿服务并不只有一次,大家渴望良性的互动仪式可以持续进行,激发应急志愿者投入志愿服务的积极性,使其投入二次志愿服务,促成"链"的传承①,而非离散致使断裂。以访谈对象 M 为例,其自始至终都充满热情,积极投入一轮又一轮的志愿服务,"当时疫情严重,很多资源都是在满负荷运转,我们多一个人去服务,政府就可以少一份操心,可以集中精力做好整体防控。在本轮疫情志愿服务中,我前后参加了 6 次志愿服务,每次都觉得很满足"。

(一)为何凝聚:身体在场和身份认同

新媒体环境下,互联网通过信息共享、超时空互动的动员方式,在短时间内激发出强大的动员力,正是网络和在线文档使得公民从无组织化走向自组织化②。在郑州暴雨时期,民间救援组织为了进行信息收集而制作在线表格《待救援人员信息》,并逐步生长为"多用途"的民间抗洪资源对接平台,让有用的信息流转起来,技术的发展也最大限度地弥补了有心救援郑州市民物理空间身体不在场的缺憾。"身体是我们在世界中的定位。"③身体不仅是一个物理实体,还可以通过在线的方式,保持个体清楚的定位和舞台。

此次南京二次暴发疫情,各社交媒体渠道第一时间通过在线文档、问卷推送招募志愿者。"请问在哪里登记,链接麻烦给一个""求报名链接""求报名链接,+1!"(微信群内发言),"真实存在的肉体在屏幕的一方,而语言和符号学的标记孕育了电子环境中再现的身体"④。应急志愿服务还没开始,志愿者们便跃跃欲试,在虚拟的在线文档里,跳动的头像不断更新着报名信息,共享了柯林斯所谓的"瞬间共有的现实"。

集结完毕后,应急志愿者从虚拟在场走向亲身在场。亲身在场使人们更容易察觉到他人的信号和身体表现,进入相同的节奏,确认共同的关注焦点,

---

① 宗昊,王军红:《互动仪式链视角下云直播建构的传播共振——基于央视频"火神山""雷神山"医院建设云直播的思考》,《新媒体研究》,2021 年第 14 期,第 86—89 页。
② 刘佳:《"国家—社会"共同在场:突发公共卫生事件中的全民动员和治理成长》,《武汉大学学报》(哲学社会科学版),2020 年第 3 期,第 15—22 页。
③ [法]莫里斯·梅洛·庞蒂:《知觉现象学》,姜志辉译,北京:商务印书馆,2001 年,第 191 页。
④ [美]凯瑟琳·海勒:《我们何以成为后人类:文学、信息科学和控制论中的虚拟身体》,刘宇清译,北京:北京大学出版社,2017 年,第 5—6 页。

进而产生群体认同和尊重。① "她是负责引导的嘛,我负责核酸信息登记,我写累了,就换她替我,我们效率可高了,后来第二次核酸检测志愿服务时,也是我们两个搭档"(访谈对象 C)。"我这边只要一挥手,门口的兄弟就会放人进来,我这段时间听得最多的两个字就是'十个'"(核酸检测一组十个人)(访谈对象 A)。

情感能量的凝聚,主要体现在回报型利他动机和温和型利己动机的实现和满足。这一时代下,身体虚拟和现实的共同在场重构了志愿群体的集体记忆。一轮又一轮的核酸检测,并不是志愿者神圣化的独家记忆,而早已成为应急志愿者、医护人员和南京市民的集体记忆,是哈布瓦赫所述,"一个社会共享往事的过程和结果"②。在这段集体记忆中,大家收获了弥足珍贵的情感能量,种下了抵御焦虑的"情感疫苗","它仿佛能够抗拒未来的威胁和危险,保护个体在面对让人消沉的境遇时还能保有希望和勇气"③。透过全市一轮又一轮的核酸检测,应急志愿者从在场到参与,从参与到共鸣,疫情背景下的群体团结感被激发,"南京人"乃至"中国人"的共同身份被强化,这是自身情感的凝聚,也是国家和民族认同的凝聚。

(二)为何离散:缺乏权益保障和挫折感

情感能量的离散,主要体现于理想型利他动机的无法实现和具体志愿服务中产生的巨大落差感。通过进一步探究,主要有外在和内在两方面原因:前者是缺乏对于应急志愿者本身的权益保障,后者是在面对群体内部人员消极做法时,易产生失落和挫折感。

志愿者权益保障可以分为"保护"和"保险"两个层面④,"保护"是"事先"层面,在此次南京核酸检测应急志愿服务中,"保护"不足主要体现在防护设施不到位,对于核酸检测现场可能造成二次感染,应特别重视防护物资的保障,包

---

① [美]兰德尔·柯林斯:《互动仪式链》,林聚任等译,北京:商务印书馆,2017 年,第 87 页。
② 李兴军:《集体记忆研究文献综述》,《上海教育科研》,2009 年第 4 期,第 8 页。
③ 安东尼·吉登斯:《现代性与自我认同:现代晚期的自我与社会》,赵旭东、方文译,北京:生活·读书·新知三联书店,1998 年,第 44 页。
④ 谭建光:《从保护到保险:疫情之下的志愿者权益保障》,《中国社会工作》,2020 年第 12 期,第 39—42 页。

括防护服、口罩、手套等。但从笔者参与式调查的实际情况来看,在前几轮核酸检测现场,只有负责核酸检测的医护人员才有防护服穿,而应急志愿者只能自带口罩。防护措施不到位引起应急志愿者的恐慌和不满,应急志愿者主动填补疫情防控工作中的服务空隙,但被动地承担了风险。例如,"说真的,我其实是想参加三轮甚至四轮核酸检测志愿服务的,但形势严峻,现场也没有足够的防护服,我真的有点担心"(访谈对象 B)。"我们为城市出力,可谁为我们的安全考虑?父母很担心我,所以下一次可能没法到岗了"(访谈对象 D)。

当然,"事先"的"保护"还包括风险告知和规范培训等,通过访谈发现,在应急志愿服务中,由于公共卫生事件的突发性和紧急性,应急志愿者在参与志愿服务前皆通过各类社交媒体获取信息,做好了风险评估工作。例如,"来之前肯定是做好心理准备的,如果太过于危险的话,出于对家庭负责,还是会先照顾好自己"(访谈对象 E)。此外,应急工作并不会太过繁琐和复杂,专业工作会有专业人士支援,具体到此次全市核酸检测志愿服务中,应急志愿者更多负责的是排队引导、健康监督、信息登记和后勤服务等工作,而核酸检测工作仍然交由专业医护人员负责。因此,在应急志愿服务中,应急志愿者最在乎的仍然是自身的健康和安全问题,如若防护措施不到位,会大大降低应急志愿者二次志愿服务的积极性,甚至会生成对当地社区的不满,并降低今后参与志愿服务的可能性,致使社区、政府陷入"塔西佗陷阱"。因此,针对应急志愿服务,应该真正做到"没有防护设备不上岗、防护安全措施不足不上岗"。确实,紧急情况下防护设备紧缺,但只要身处现场,尤其是核酸检测时,市民需摘下口罩进行检测,在近距离接触下,一定要为应急志愿者配置防护设备,避免核酸检测现场可能带来的二次传染。

"保险"是"事后"层面,志愿者遇到特殊状况时,需要"意外伤亡保险""相关疾病保险"等保障措施兜底解除其后顾之忧。在实践中,组织者关注到保险的重要性。例如:"各位志愿者,请下载 App'志愿汇',加入组织'共青团玄武区委员会',并免费领取'志愿服务保险'@所有人。"除此以外,各社交群还附上一份《志愿服务保险领取及组织加入》文件。实际上,登录 App 加入组织即可发现,加入组织领取保险的人数远小于各群内志愿者报名人数,应急志愿者自身的不重视以及组织方后续的提醒不足,潜移默化地给应急志愿群体带来了"隐忧"。

就应急志愿者本身而言,一旦在志愿服务中体会到失落和挫败感,将会显著降低其对志愿服务的信任,而这种离散通常又来自同属群体。奥尔森在《集体行动的逻辑》中提出,在公共利益条件下,个人投入集体行动的边际代价往往大于边际效益。出于个人利益和理性选择,人们会趋于"搭便车"的投机行为[①]。"其实,我们单位一共来了十几个人,主要负责排队引导和信息登记,但真正干活的就是我和另一个新来的,我们都比较年轻嘛"(采访对象J)。在这种情况下,不仅同一单位的应急志愿者感到不满,同一场地的其他应急志愿者也会有抵触情绪,在南京全市核酸检测志愿服务初期,人手相对紧张,每天几乎24小时轮岗,有"搭便车"的投机行为,意味着他者将会额外承担更多的工作。"我一直埋头苦干,但看到同事大多在摸鱼时,心里不是滋味"(采访对象B),"我们点位有个单位夜里来了十几个人,就两三个年轻人在忙,其他人在混时间,那怎么办呢?只能做好自己"(采访对象C)。

"年轻"的潜台词就是"资历不够",而"资历足够"的自然会将志愿服务工作交由年轻人去做,这又使志愿服务活动陷入"官僚主义"陷阱。"单位是党员优先报名嘛,但一个群体如果只有我们几个人干活的话,下次真的不太想报名了……帮助他人确实是快乐的,但总感觉和我理想中的志愿服务不一样"(采访对象B)。究其原因,群体参与应急志愿服务中的消极志愿者多数出于"被志愿"的情况,并非抱有明确的利他型动机或是利己型动机。因此,为了避免群体消极进行志愿服务,最有效的方式是限制群体规模。只有小群体才能更有效地安排每一位应急志愿者参与其中,利用"有选择的激励机制",排斥投机者。诚然,个体报名,动员组织较难;单位团体报名,组织者有抓手,便于招募志愿者和实施志愿服务,两者存在权衡和取舍的问题。但在鼓励个人报名应急志愿服务的同时,应该有选择地限制单位团体参与志愿服务的规模,不宜同一群体人数过多,这样才可以提高应急志愿服务的效率。

---

① 周雪光:《制度是如何思维的?》,《读书》,2001年第4期,第10—18页。

五、小　结

个体的生命之流与宏大的历史之流看似相隔甚远,但对于个体变化的真切描述,无疑可以更加妥善地处理人类体验的时间维度,微观现象是基础,宏观过程是由微观过程构成的。而作为身处现场的应急志愿者,更应注重其志愿参与的动机满足与否,关注其心态变化,从理解行动者的角度,总结应急志愿服务中积极的实践经验,修正潜在的问题。

在应急志愿服务中,互联网时代下数字技术的存在使得身体实现虚拟和现实的共同在场,重构了疫情背景下的集体记忆,身份认同被强化,构建成积极的互动仪式链,使得应急志愿者的参与动机得到较大满足,并深刻影响今后志愿服务参与的可能性及其期待。由于应急志愿服务中缺乏对于应急志愿者本身的权益保障,以及群体内部人员暴露出的"形式主义""官僚主义"等消极现象,致使应急志愿者产生失落感和挫折感。志愿服务本就出于自愿,并未有所约束,如若不能确保志愿者自身参与服务获得满足感、凝聚积极的情感能量,时间一长必然会出现懈怠,志愿服务"链"的维系和传承将会变成一件很困难的事情。因此,本文对应急志愿体系提出以下建议:

一是增强对应急志愿者权益保障的关注和重视,完善保险制度和政策保护措施。在此次疫情中,志愿者虽然都可以登录"志愿汇"App领取志愿服务保险项目,但对保险措施的宣传力度远远不够。一方面,志愿者以生命安全为第一准则;另一方面,组织者又疲于应对志愿服务的组织工作,这中间便缺少具体有效的沟通措施,使应急志愿者的安全需求得以实现。因此,建议从源头抓起,自成为应急志愿者的那一刻,便需要注册领取志愿服务保险项目,并配备相应防护物资,才可允许上岗。

二是加强应急志愿服务队伍建设。群体内部的信任是应急志愿者情感能量凝聚的关键因素。排斥投机者,避免"局外人"给群体带来的损伤;排斥集权者,避免组织内部出现权力和服从的被动机制。组织者需关注应急志愿者的心理,形成无"噪音"的沟通渠道,在群体内部预防问题出现或在问题出现时及时消解。

三是关注个体的参与动机,注重积极的价值观引导。在应急志愿服务中,只有当自我价值得以实现,应急志愿者才能够具备积极的情感能量,投身下一次志愿服务。故而,每次活动从开始到结束,都应做好相应的心理指导和宣传工作,内化志愿精神,激发志愿服务的荣誉感和使命感,促成"链"的传承。

新冠疫情背景下,每个人都经历着加缪《鼠疫》中所传达的"希望时间倒流或加速的流放感"。至于如何转换这份流放感,成为勇敢面对当下的积极的情感能量,是一个值得深思的问题。

参考文献

[1] HANDY F, MOOK L. Volunteering and Volunteers: Benefit Cost Analyses[J]. Research on Social Work Practice, 2011, (4).

[2] 莫于川. 中国志愿服务立法的新探索[M]. 北京:法律出版社,2009:9.

[3] SPIRES A. Chinese Youth and Alternative Narratives of Volunteering[J]. China Information, 2018, (2).

[4] 周志娟,金国婷. 社会交换理论综述[J]. 中国商界(下半月),2009,1:281.

[5] 李林,石伟. 西方志愿者行为研究述评[J]. 心理科学进展,2010,10:1653—1659.

[6] 宋劲松,王宏伟. 美国应急志愿者管理制度及其经验借鉴[J]. 北京行政学院学报,2012,4:34—40.

[7] 杨桂英. 中国应急志愿者队伍建设初探[J]. 河南理工大学学报(社会科学版),2008,4:465—468.

[8] 张强. "机会窗口"与应急管理中政社合作"新常态"——全面认知新冠肺炎疫情应对中的社会参与[J]. 中国非营利评论,2020,1:2—7.

[9] 莫于川,梁爽. 社会应急能力建设与志愿服务法制发展——应急志愿服务是社会力量参与突发事件应对工作的重大课题[J]. 行政法学研究,2010,4:21—29.

[10] 张勤,范如意,林菁菁.组织化建设:志愿服务应急救援不可或缺的要素[J].理论探讨,2016,5:149—154.

[11] 张强,张元.中国应急志愿服务发展现状与前瞻——基于新冠肺炎疫情应对的观察[J].杭州师范大学学报(社会科学版),2020,4:99—103.

[12] 汪伟全.社区应急志愿者参与公共安全治理的影响因素分析——基于新冠肺炎疫情背景的Nvivo质性研究[J].社会科学辑刊,2021,4:46—55,215.

[13] 卓高生,孔德民,车文君.大学生志愿服务动机功能理论的实证研究[J].统计与决策,2014,6:111—113.

[14] [法]迪迪埃·埃里蓬.回归故里[M].王献译,上海:上海文化出版社,2020:13—14.

[15] 周志娟,金国婷.社会交换理论综述[J].中国商界(下半月),2009,1:281.

[16] 乔纳森·特纳.社会学理论的结构(上)[M].周艳娟译,北京:华夏出版社,2001:283—295.

[17] WILSON J."Volunteering," Annual Review of Sociology[J].2000,(1),215—240.

[18] 曹艳春等.基于社会交换理论的中国农村老年人长期照护选择安排实证研究[J].科学经济社会,2013,2:17—22.

[19] 郭玉辉.社会交换视角下佛教慈善组织志愿者动员机制分析——以台湾慈济基金会为例[J].西安电子科技大学学报,2013,5:53—59.

[20] 南京市玄武区人民政府.红山街道机构设置[EB/OL].2021-08-20. http://www.xwzf.gov.cn/jdck/hsjd/.

[21] 周晓虹.社会心理学[M].北京:高等教育出版社,2008:82—83.

[22] 唐杰.北京公众参与志愿服务动机研究[J].北京社会科学,2008,3:57—63.

[23] Dean & Jon. How structural factors promote instrumental motivations within youth volunteering: a qualitative analysis of volunteer brokerage[J]. Voluntary Sector Review, 2014,5(2), 231—247.

[24] 吴鲁平. 志愿者的参与动机:类型、结构——对 24 名青年志愿者的访谈分析[J]. 青年研究,2007,5:31—40.

[25] 江汛清. 国外应急志愿服务的特点及对我国的启示[J]. 青年探索,2010,2:1—5.

[26] 周晓虹. 社会心理学[M]. 北京:高等教育出版社,2008:94.

[27] 商亮,卢德平. 略论志愿服务的意义生成[J]. 中国青年研究,2015,10:44—47.

[28] 刘少杰. 国外社会学理论[M]. 北京:高等教育出版社,2006:131—142.

[29] 宋振韶,金盛华. 情感体验:教育价值及其促进途径[J]. 教育科学研究,2009,1:64—67.

[30] 宗昊,王军红. 互动仪式链视角下云直播建构的传播共振——基于央视频"火神山""雷神山"医院建设云直播的思考[J]. 新媒体研究,2021,14:86—89.

[31] 刘佳. "国家—社会"共同在场:突发公共卫生事件中的全民动员和治理成长[J]. 武汉大学学报(哲学社会科学版),2020,3:15—22.

[32] 庞蒂. 知觉现象学[M]. 姜志辉译,北京:商务印书馆,2001:191.

[33] 海勒. 我们何以成为后人类:文学、信息科学和控制论中的虚拟身体[M]. 刘宇清译,北京:北京大学出版社,2017:5—6.

[34] 柯林斯. 互动仪式链[M]. 林聚任等译,北京:商务印书馆,2017:87.

[35] 李兴军. 集体记忆研究文献综述[J]. 上海教育科研,2009,4:8.

[36] 吉登斯. 现代性与自我认同:现代晚期的自我与社会[M]. 赵旭东、方文译,北京:生活·读书·新知三联书店,1998:44.

[37] 谭建光. 从保护到保险:疫情之下的志愿者权益保障[J]. 中国社会工作,2020,12:39—42.

[38] 周雪光. 制度是如何思维的[J]. 读书,2001,4:10—18.

我国现代慈善资源的动员机制*

朱 力 龙永红①

(南京大学社会学院,南京工程学院科技与产业党工委)

摘 要:立足于我国慈善事业发展的现状,探讨了决定我国慈善资源动员机制的三大要素:慈善组织的合法性、慈善组织的信任资本和慈善组织网络。认为这三种要素之间是相互促进的关系,彼此间的均衡发展将使慈善资源动员机制优化,动员效率达到最优。我国慈善资源的筹资动员机制,将更加注重社会交换和信息传播的策略。

关键词:现代慈善资源;动员机制

慈善资源是保障慈善组织运作的各类物质和非物质资源的总和,是慈善公益组织生存发展的首要因素和关键因素,如何有效动员和配置社会慈善资源,吸引社会力量的参与,填补政府不到位和"市场失灵"的某些空白,促进分配公正和社会正义是一个重要课题。从我国慈善资源动员的现状及其不足出发,分析我国慈善资源的动员基础、动员资本和动员网络,构建适合我国慈善事业发展实际的资源动员机制。

一、基本概念及问题的提出

罗伯特·佩滕认为现代慈善是"为公众谋福利的志愿行为",即通过志愿行为给予金钱(trea-sure)、时间(time)和智力(talent)来减轻他人(与自己没有

---

* 原文出处:《南京社会科学》2012年第1期,第62—69页。
① 朱力,南京大学社会学院教授、博导。龙永红,南京工程学院科技与产业党工委书记、研究员。

血缘或者法律关系)的痛苦,或改善社区的群体生活质量,包括促进社区的文化、教育和娱乐等。① 贝克尔认为"如果将时间与产品转移给没有利益关系的人或组织,那么,这种行为就被称为'慈善'或'博爱'"②。以上两种定义均突破了传统慈善扶危济困的狭义内涵,即指一切以爱心为基础的志愿性公益行为都被统称为慈善。传统的、以济危扶困为宗旨的慈善和现代的、倾向于以探究造成贫穷等社会问题的根源,定位于增进全人类的福祉之上的慈善是相融的。两者之间是一种狭义和广义间的差别而不是本质的差别。只有在传统慈善已得到充分发育并经过制度化和组织化之后,传统慈善才能更好地向现代慈善转型。因此,现代慈善主要指向通过某种组织化的途径自愿向他人或社会提供无偿救济和援助的行为。它超越了我国传统的熟人慈善与一对一的个体慈善,以社会责任伦理和陌生人伦理作为价值支撑。因此,除特别说明外,在本文中慈善均为现代慈善。

相应地,慈善资源通常是基于道德情感基础上为他人自愿投入或奉献的时间、技能和物资的集合,其汲取和输送的过程是社会公众道德爱心和社会责任的体现,不具有市场领域中自我利益最大化的驱动力,是需要动员和激励机制的。慈善资源有两大类:一类是物质性资源,如人、财、物等;另一类是非物质资源,即精神和关系类资源,如道德感召、权威、信任、网络关系等。对于非物质性慈善资源来说,我们是从其能够召唤、动员、联接和拓展人、财、物等物质性慈善资源的意义上来定位的。因而非物质性慈善资源是一个有对象指称的关系性概念,往往涉及两方或多方的关系模式。例如,权威资源涉及政府和慈善组织的双方关系;网络资源涉及政府、媒体和慈善组织的三方关系。

资源动员理论是由美国学者约翰·麦卡锡(John McCarthy)和迈耶·扎尔德(Mayer Zald)在经济学家迈克尔·奥尔森(Macur Olson)的"理性选择理论"基础上,针对如何解决行为者在新社会运动中出现的"搭便车"问题而提

---

① Robert L. Payton and Michael P. Moody, *Understanding Philanthropy——Its Meaning and Mission*. Indiana University Press, 2008: 15.

② 加里·贝克尔:《人类行为的经济学分析》,王业宇、陈琪译,上海三联书店 1995 年,第 321 页。

出的。① 奥尔森提出了选择性激励的办法来解决困境,强调通过组织化行动的力量来达成公共目标。"动员"是指一个社会群体征集物质的、非物质的资源,置于集体控制之下,通过集体行动,利用其资源来追求明确的集体利益目标。因此,动员不仅是资源积累,一旦产生动员行为,这些资源必须置于集体控制之下并被用于追求群体目标的实现。麦卡锡和扎尔德正是从现代社会运动组织的专业化(如创造议题和争取新闻报道等动员技术的运用)和资源动员的结构体制背景出发,探讨了组织对外部资源的依赖及其动员策略②。在此,笔者以资源动员的视角分析我国慈善资源的动员机制,基本分析思路是研究社会中各类慈善公益主体是如何运用一系列动员知识和技术影响个体,形成共同意识并作出慈善公益行动的选择的,这是现代慈善资源动员的关键,比如取得合法化身份获得认知解放、培育或改变社会大众、取得社会精英的支持等。因而,慈善资源动员机制是指为促进慈善事业持续稳定的发展,调动和发挥政府、企业、社会组织等各类社会主体力量,采取适当的策略技术来开发和培育各类慈善资源的活动模式。

二、我国现代慈善资源动员现状

我国慈善事业来自民间社会的慈善捐赠款物总额也逐年增多,自 2005 年以来非公募基金会快速增长,2006 年捐赠额为 100 亿,2008 年汶川地震中呈现了民间巨大的志愿力量,2010 年则增至 700 亿。在慈善事业发展中出现了新的景象:社会精英阶层开始全身投入慈善事业,如原民政慈善司司长王振耀、演员李连杰;有的企业家公开捐出大额财产;一些民间的草根组织,自发行动起来参与慈善活动,如网络组织"多背一公斤",通过网络集结实物并送到乡村,媒体称其为"微公益"。西祠胡同网站的"爱心之旅"通过车友的力量做慈善公益服务。但我国的慈善事业总体上与发达国家或者其他发展中国家相

---

① Sidney Tarrow, *Power in Movement: Social Movements and Contentious Politics*, New York: Cambridge University Press, 1998, p.16.
② 冯仕政:《西方社会运动研究:现状与范式》,《国外社会科学》,2003 年第 5 期。

比,公益慈善捐赠水平仍然偏低。相反的是,我国奢侈品消费总额呈快速增长均势,成为世界奢侈品消费大国。我国的慈善捐赠额不及奢侈品消费额的一半,这说明我国对公益慈善资源有很大的动员空间。

此外,我国慈善资源动员的行政依附性明显。这种行政性反映在慈善资源动员模式上,就是组织化动员机制强大。该组织化动员的特点是动员者和被动员者之间有一种隶属性的行政纽带;动员形式有政府发文件通知、政府领导人倡导、大型仪式活动等。每年由各地政府主推的"慈善月""慈善(心)一日捐""送温暖,献爱心"等活动,所募集的款物总量占据相当大的比例。行政动员模式具有动员力集中强大、效率高的特点,但也有包办替代捐赠者行为,甚至抑制捐赠者的主动性的负功能。被动员的组织将其作为考核绩效的一项指标,被动员的个人将其作为国家政府的一种行政行为,而并非出自对慈善公益价值理想的认同。慈善组织也出现了道德信任危机,2008年汶川地震救灾中红十字会的"天价帐篷",2010年五部委汇缴玉树捐款所带来的争议,基金会联名抗税等事件反映出打破慈善资源垄断,慈善去行政化而向民间回归的倾向。尤其是"郭美美事件"引发的对中国红十字会的质疑,人们提出了慈善资源运用的公开透明问题。

三、构建我国慈善资源动员机制体系

慈善资源的汲取其实是财富和技能在各个阶层流动的过程。它关涉的主体很多,影响因素也是多元而复杂的,任何一个环节的脱节都会制约慈善资源的动员效率。从慈善公益组织的外部环境、内部治理和内外沟通这三个方面来看,合法性、信任度、资源网成为慈善资源动员机制的三大要素。合法性是外部制度环境资源,信任度形成信任资源,资源网形成价值交换资源。这三大要素之间构成一种循环交互的加强作用。慈善公益逐渐成为国家与社会中稳定的、共享的价值观念,慈善事业在整个社会中就具有较高显著性,其合法性就越强,越有助于捐助者和志愿者对慈善事业和慈善组织的认同,慈善资源动员的范围(关系网络)越有可能扩大。信任度来源于慈善机构的高度责任感与负责的行为,促进慈善组织行为与其社会使命相一致,一致性越高就越能满足社会公众的社会期待,也越能增强其合法性认同,提高其对政府、捐赠者和志愿者的吸引力,从而改善资源动员的网络结构关系。慈善资源动员网络关系的规模越大,动员范围越广,动员强度越高,持久性越长,公众与志愿者介入的机遇越多,在社会各领域中的显著性增强,其合法性也相应提高。可见,这三大要素之间有一种不可分的相互依赖、相互加强的体系。

(一)慈善资源动员的基础:合法性

合法性是指其具有被社会规范、制度允许、承认的身份和被社会成员认可、接受的心理基础。慈善组织的合法性,即指那些诱使或迫使组织采纳符合外在制度政策所规定的组织行为与观念模式。它约束组织的行为,也可以帮助组织提高社会地位,得到社会承认,从而促进组织间的资源交换;还可通过影响资源分配和利益产生激励,鼓励组织采纳那些社会上认可的做法而获取外部资源。文化期待和观念习惯对于慈善事业来说是一种社会合法性,主要是从文化道德角度来定位的,积极恰当的期待与观念可视为慈善事业发展的道德资源。法规政策和权威主张可形成制度的合法性,这些主要是从等级和服务的角度来定位的,因而可将其概括为慈善事业发展中的一种权威资源。

制度的合法性主要表现为法律合法性。法律合法性源于国家的社会管理需求,要求慈善组织的宗旨、慈善活动符合法律规范。自1981年开始,我国开始陆续成立各类基金会等慈善公益组织,直到1989年才有了最初的《社会团体登记管理条例》的颁布实施,在此之前,各类社会团体没有归口民政部门登记,由各个部门自行批准设立,人员、编制和经费由部门解决,实质上等同部门的内设机构,具有行政合法性而不具备法律合法性,党政领导干部兼职现象普遍。1998年颁布了修订后的《社会团体登记管理条例》;1999年颁布《公益事业捐赠法》;2004年实施《基金会管理条例》;2008年通过《企业所得税法》进一步加大了对企业捐赠慈善事业给予税收优惠的支持力度。这些均构成了慈善资源合法动员的制度化依据,该法律法规的修订完善过程,即慈善实践发展也很快得到更多社会认同的过程,从而有利于慈善资源聚集。我国慈善公益法律制度设计主要以限制性为主,如慈善公益组织"双重登记管理体制",一方面易造成"行政依附"倾向,官办性质慈善组织可能会向政府提出增加编制和拨款,改善办公条件等要求,从而难以提升机构的市场开发能力,也挤压了民间慈善公益组织的资源空间;另一方面,也有可能由"双重管理"变成"双不管",业务主管机关和登记管理机关在遇到问题需要解决的时候,互相推诿、敷衍塞责,使简单问题复杂化,造成慈善资源劝募市场的混乱。

行政合法性在本质上表现为一种支配—服从的等级结构。我国慈善公益组织大多自上而下地内生于政府部门,是政府职能尤其是民政职能的一部分,因而官方色彩比较浓厚,其主要负责人大多是由从领导职位退下来或由机构改革后分流出来的原政府党政官员担任,具有政府人员编制和行政级别,形成了天然的行政合法性。不具备行政合法性的民间慈善组织几乎不能获得体制内的资源,也不能与行政合法性强的组织竞争慈善资源。民间慈善组织因没有行政合法性,发展受到了极大的影响,不能成为慈善的主要力量。目前,慈善组织的行政合法性也是动员汲取资源的重要方面。按照国际惯例,行政合法性作为原有体制的一种惯性——是需要改革的对象,未来慈善事业应该以社会组织为主。

社会合法性是慈善资源动员得以可能的重要基础。慈善资源动员的社会合法性,即社会成员普遍地认同、接受慈善事业,它是一种社会心理基础和社会文化氛围。在于触动公众的爱心与良知,激发社会责任感,以利他、关爱、互助等精神价值来维护良好的社会关系,其动员目标和过程只有充分围绕慈善道德价值体系,才能更充分地激发人们的慈善意识,并真正参与慈善活动,社会也才会获得持续性的慈善资源。中国青少年发展基金会实施的"希望工程"的成功与其环绕着的道德光环是分不开的,如教育改变命运、国富民强的精神寄托、善良消费以得到内心的满足、实现自我价值、道德救赎等。这种教育观念主张和道德体验的召唤获得了社会的广泛承认,"希望工程"才得以持续资源的投入与运作。

在我国慈善资源动员的现阶段,以上这些合法性之间是相互加强并互补的。法律合法性是慈善组织的身份标识,往往与其是否能拥有税前扣除资格的行为强相关,而税前扣除资格是汲取社会慈善资源的重要杠杆。不过,国家仍然是合法性的首要提供者,带有国家权威性的象征符号在慈善资源动员中保有很大的空间。因而,行政合法性则成为获取体制内慈善资源的关键前提。

官办性质的慈善组织维持现有的行政合法性意向与民间慈善组织寻求行政的合法性行动取向同样强大,而如此的合法性结构关系又容易使公众对慈善产生不信任而抑制捐赠的积极性,这就形成了合法性的悖论。走出这种悖论有赖于国家在社会合法性的前提下,像民营经济发展模式那样放开对慈善公益组织的管理,让其能真正承担政府转变职能释放出的公共事务,以弥补市场失灵的漏洞。

(二)慈善资源动员资本:信任度

制度环境为慈善资源动员提供合法性基础,这是慈善资源动员的外部条件。同样,慈善组织在诚信方面享有盛誉将更能吸引合作伙伴和资源,所以慈善组织能否建立信任,维护声誉对于动员资源是非常关键的。信任是社会资本的一种形式,对于市场中的经济组织来说,信任也许更多地来自熟识的网络及互惠的交易,它通过效率机制来达成。但对于慈善组织来说,公众的信任更多地针对有社会责任的慈善行为。市场效率机制的基本假设是无论消费者还是组织,他们的行为都为追逐私利的动力所驱使。而达到这一目的的最佳途径是提高效率,即用最少的投入获得最大的产出。效率是测量分配资源有效性的一个标准。如果某种资源的分配方案是自愿参与的各方都愿意接受而没有人愿意改变,即达到总体利益最大化,那么这种方案就是帕累托最优。慈善公益组织作为捐赠主体与受赠主体之间的中介组织,其角色是资金受托人,资金资源的投入者是政府、企业和公众;而目标和项目执行后的"产出"并不是经济学中的利润,而是公共物品。非营利的慈善组织在法律上常常被给予一种特殊地位,因为它服务于公共目的和公共利益,它是以使命而不是以利润为目标的。其责任并不局限于法律或规则的限制与遵守,更重要的是公共利益与公共信任的维持。它非常强调非营利组织对"利益相关者利益进行积极协调的责任意识,强调其所承诺的社会性责任(或公共责任),且成员的互动多基于理念的契合与信任的依存"[①]。因此,慈善组织是否有强烈的维护其信誉的道德使命感,是否能以更好的方式帮助和改善他人的生活境遇,是否有增进人类福祉的宗旨和目标是慈善组织信誉的关键。慈善资源动员的效率机制不是取

---

① 江明修:《非营利管理》,(台北)智胜文化事业有限公司,2002年,第24—28页。

决于利益最大化的理性选择,关键是如何确保该组织能有效地履行其受托人职责和资源代管职责,确保捐赠资源受到保护并被审慎使用于符合该组织所申明的和预期的目标,以此赢得捐赠者、合作伙伴和受助者的充分信赖,放心捐出资源并参与,我们可将其称之带来信任资本的"责任"。

组织的目标和宗旨、组织的专业化程度、财务公信力和透明度是有责任的慈善组织需具备的三个重要方面。

慈善组织的目标和宗旨驱动着慈善资源动员的过程。组织领导必须令人信服并清晰地阐述旨在改善生活的宗旨和使命,而且这一使命必须是所有活动和决策的驱动力,即使命和慈善活动的运作相一致,才能赢得公共信任。如果慈善公益机构空喊口号,而不脚踏实地围绕组织所倡导的使命和主题,给社会公众带来切实的服务和实惠,让使命体现在组织的基本战略和决策中,确保组织各项活动的开展并最终完成组织的使命,那么就可能使该组织偏离使命甚至倒退,出现田凯所讲的"组织的外形化"结果,即组织的结构形式和实际运作方式明显不一致现象[①]。田凯主要从我国当前的慈善组织和政府机构运作逻辑相似的角度来说明慈善组织的外形化现象。慈善组织也可外形化为营利性组织运作机制,产生利用慈善资源来谋取利润的慈善陷阱,比如挪用侵吞善款。

组织的专业化程度是慈善组织吸引潜在捐赠者的重要方面,正如企业提供的产品质量的高低决定其回报率一样。它主要表现为以捐赠者为主的专业思想、领导能力的专业化、人员参与的专业化、管理方法的专业化及基于事实的专业化决策。

财务的公信力和透明度所关注的问题是:慈善机构是否遵循道德而光明磊落?慈善资金是否发放到应该受助的群体或者组织当中?慈善机构是否能让捐赠者很容易找到关于该组织的关键信息?慈善机构是否让捐赠者能轻松获取机构的财务信息?因为慈善组织的善款并不属于机构所有,它只是以组织化形式代为保管与使用。因此,董事会监督、充分公布财物信息并独立查

---

① 田凯:《非协调性约束与组织运作——一个研究中国慈善组织与政府关系的理论框架》,《中国行政管理》,2004年第5期。

证、有效的内部控制是实现慈善组织公信力的必然要求。

(三) 慈善动员的路径：资源网

慈善组织往往负有多重责任，不仅需要对组织运作过程中的合作伙伴、服务对象、内部员工和志愿者负责；也需要对董事会、捐款人，与政府主管机关负责。这种多重责任的身份同时赋予慈善组织一个复杂的关系网络结构。社会关系网络理论最初是为个体行动者机遇效应提供了一种理解视角，认为个人是一个网络中的"结"，而不是"点"，个人是带着其他群体的关系和其他人来发生关系的。在这个意义上，慈善组织的关系网络主要是组织成员可以用来达到组织目标的所有网络联系的总和。边燕杰认为，"这种关系网络蕴含了在社会行动者之间可转移的资源。任何社会行动者都不能单方面拥有这种资源，必须通过关系网络发展、积累和运用这种资源"[1]。这是一种微观视角的网络观。不过早在2000年，边燕杰也提出了企业社会资本的概念，认为企业通过纵向联系、横向联系和社会联系来汲取稀缺资源的能力是一种社会资本[2]，关系网络理论从微观向宏观延伸。同一年，普特南（Putnam）将关系网络理论应用在行会、互助会、合作社、工会，甚至是足球俱乐部和识字会等社会组织，认为关系网络是具有高度生产性的社会资本，稠密的社会交换网络将增加游戏理论中所说的关系的重复和联系，从而将增加社会信任水平。正是这种社会资本使得遵守规范的公民共同体能够解决他们的集体行动问题，更好地促进经济繁荣和民主治理[3]。因慈善组织所具有的"公共性"与"多重责任"的身份位置，从宏观的角度探讨慈善资源动员机制中的关系网络时，也宜从宏观层面来进行分析，也就是将慈善公益组织作为社会关系网络结构中的一个"结"。

我国慈善公益组织很明显地表现出官办与民办的两元区分，两者在资源动员和获取方面有着很不相同的关系网络。充分借用行政合法性以自上而下的组织化网络对辖区内相应单位进行劝募，通常是官办性质慈善组织主要动

---

[1] 边燕杰：《城市居民社会资本的来源及作用：网络观点与调查发现》，《中国社会科学》，2004年第3期。

[2] 边燕杰：《企业的社会资本及其功效》，《中国社会科学》，2000年第2期。

[3] 帕特南：《使民主运转起来——现代意大利的公民传统》，王列、赖海榕译，江西人民出版社，2001年，第189页。

员机制。在这种关系网络结构中,"单位(含社区街道、企业)成为网络'结点',动员主体不是面对匿名潜在的捐赠者,而是辖区内与行政体制有一定隶属关系的确切对象。这种资源动员的网络结构可称之为'组织化网络关系'"。这种网络结构利用"行政力"的权威性和影响力,积极发展理事会成员,聘请会长、副会长,在社会各个层面拓展公共关系,尤其在新闻界和企业界建立人脉,为慈善事业的发展打造有效的资源聚集平台。在实践过程中,上述关系产生交叉和互相影响,形成资源动员的集中、有力、强势的效果。但也容易引起摊派效应,给捐赠者带来排斥和逆反心理;对慈善机构的自主性形成障碍,造成慈善机构的"依赖性",甚至"惰性"。

民间慈善机构则通常以"项目网络机制"为主要筹资模式。慈善筹款的"项目化"就是事先定好资金的主要目标人群和事项,然后面向海内外机构进行宣传和策划。如某基金会项目运作资金则分布于全国 31 个省、200 多个市县区,每个项目在相应地区都有"项目办"及其志愿工作者,这些"项目办"往往依托项目区划设在相应政府部门,如卫生厅(局)、扶贫办、科协等。因此,"项目"网络覆盖了捐赠者、捐赠区域和项目区域的政府机构及其志愿者,能有效达到让公众广泛认同其组织的理念与宗旨,在全国范围内让潜在捐赠者了解慈善组织在做什么与怎么做,如此,他们才有动机与意愿主动提供捐赠和服务。这种项目筹资网络机制的建立前提是对慈善资源的市场流向有确切的了解,从而决定哪些目标群体最需优先考虑,并通过积极的信息反馈建立与这些重要捐赠者的有力关系网络,这是一种借鉴市场经济中的营销规则和方法的筹资网络。

"组织化网络机制"和"项目网络机制"两类资源动员方式实质上都得到政府的支持,只不过前者具备一种天然的合法性;而后者通常依赖于组织的规模和能力去开拓与政府部门的合作关系。"组织化网络机制"通常以特定单位和行动者为目标,依赖体制内行政程序进行资源动员,具有较强的被动性,突出表现为行政服从型动员模式特点。而"项目网络机制"通常以匿名的捐赠者为目标,以类似市场分析和营销的模式进行资源动员,具有较强的主动性,主要以目标激励和情感粘合为主要特征。前者的弊病在于"行政力"介入所产生的"依赖性"和"惰性";对于后者,因其以较大范围内所有社会成员为对象,如果涉及的项目领域过宽,则体现不出核心项目和品牌项目的竞争优势,而可能失去潜在的捐赠者,打造又"精"又"专"品牌项目,才能形成持续的竞争优势与品牌资源。尤其困扰的问题是,这两类筹资的不同网络机制间几乎没有任何互动与沟通。有没有可能搭建一种平台让官办与民办慈善组织在筹资经验与运作上共同分享,在活动项目中以某一慈善组织为主办者,其他组织作为支持性组织的形式参与,从而提高互动,造成声势,形成联盟而共赢呢?这其中的关键,可能在于政府职能转变的程度及其对慈善事业与国际接轨的态度和创新实践。

在慈善组织与媒体的关系网络上,也明显地呈现出官方机构与民间机构的两极特点。对于任何慈善公益组织来说,培育组织外媒体关系和建构自身媒体议题并"造势"是拓展资源的重要方面。它意味着慈善公益组织需利用每一种合适的媒体,如电视台、广播电台、印刷媒体、因特网等主动向公众传播一种鼓舞人心、平等沟通和始终如一的组织文化信息。官方慈善公益机构往往利用自身的行政合法性来建构这一网络,与当地官方媒体建立合作关系;而民间慈善公益机构通常必须以自身行动的有效新闻价值点获得官方媒体的关注,这通常非常有限。因而,民间机构充分利用了新兴媒体的力量,对组织活动与项目的信息传播进行有效"包装""策划",通过"花絮""故事""感人事迹"等方式,以图片、多媒体作品使公众对"有人需要帮助"这一事实有所意识和察觉,唤起公众的同情心和责任感,并形成公益慈善参与行为。据马萨诸塞州达特墨斯市场研究中心(The University of Massachusetts Dartmouth Center for Marketing Research)2009 年的研究报告,美国慈善机构的社会媒体运用相比 2007 年、2008 年仍然远远领先于商业和学术领域。超过 97% 的慈善机构离不开博客、播客、留言板、社会网络、视频博客、维基百科和 Twitter 等社会媒体的运用[1]。这些大的慈善机构用这种新的有趣的方式将员工、志愿者和捐赠者连接到一起;并通过这种方式紧密联系、快速响应,带来了令人惊讶的成绩。注重信息传播技术,尤其是网络传播力量将是我国慈善公益组织资源动员的未来发展方向之一。

---

[1] Charities'Adoption of Social Media Study-Center for Marketing Research-University of Massachusetts Dartmouth. http://www1.umassd.edu/cmr/studiesresearch/charitystudy.cfm.

四、结　语

　　合法性、信任度和资源网组成了现代慈善资源动员机制的三大要素,它们之间相互加强补充。当各要素间达到相得益彰的均衡状态时,即每一个要素的成熟进步相应地给其他要素带来促进作用,那么,慈善资源动员的效率也就达到较高水平。在合法性要素中,关键是政府需要从权威的意义上和道德高度为慈善事业提供社会认同,公众和组织为追求这种合法性基础必然提高慈善事业在国家与社会中的地位,从而引导社会资源向慈善领域流动。在信任要素中,慈善公益组织从信任和声誉的意义上为慈善事业提供认同和拓展空间。在关系网络要素中涉及政府、企业、慈善组织和公众的多边关系,它们彼此间的网络密度越高,慈善资源动员的效率就越高,但若彼此间的边界和职责不清晰,也有可能降低资源动员的效率,比如政府过多地介入慈善公益组织事务,或者慈善公益组织过多地依赖政府拨款,两者都会给资源动员带来负面效应。从我国目前慈善资源动员的实践来看,资源动员不仅取决于捐赠者和各类志愿者的理性选择,即对其在某一慈善行为中所获取的收益和所付出代价的权衡,道德资源(社会合法性资源)的运用和权威资源(制度合法性资源)的运作同样占据了重要的位置,两者相互强化和建构,即合法性动员占据着显著地位。这一模式在带有官方性质的慈善总会中尤为显著,形成了"业务行政领导＋服从"为主的动员管理体制。而民间慈善组织通过项目运作网络来提升资源动员能力,倾向于"项目契约＋公信力"为主的动员管理体制。目前,达到这一组织动员能力的机构仍然非常少。

　　综上所述,我国现代慈善资源动员生态形成了官办与民办两极化态势,依赖政府的行政驱动力来进行资源的被动聚集是官办慈善组织资源动员的主要模式。民办慈善组织通过激发捐赠者的内在需求,并使慈善资源得到高效配置来获取信任而聚集资源,这一路径由于官办慈善组织对资源的垄断而得不到充分有效的循环,多数面临生存危机。如何形成慈善资源动员的有序竞争生态,保障各类慈善组织拥有平等的动员机会是当前我国慈善事业发展体制改革的关键。这涉及官办慈善组织向体制外社会化资源拓展转型的问题,也关乎民办慈善组织如何以实力吸引权威资源争取正当性价值问题,以及政府和慈善公益组织如何搭造合作伙伴关系等问题。因此,目前应着力做好以下几件事情:(1)改革僵化的双重管理体制,以典型培育和枢纽式管理的方式推动社会组织的积极发展。如政府对以公共事业为目标的民间慈善组织,采取登记备案制度,而不是现有的双重监管制度。(2)积极推动官办慈善组织人、财、物与国家行政系统的脱离,承认和支持慈善组织的独立性并提供资助,如政府采购、建立社会组织评估系统。(3)加快与慈善组织特性相适应的一系列组织制度建设,如一致的人力资源管理和流动机制,独立的财会、审计制度,票据体系,人员在社会中统一的保险、社会保障体系等。这些制度使慈善组织融入整个社会结构和法律框架之中,获得显著的合法性。

慈善信托事业发展现状、困境与对策

薛 云 王文娜 李 梅①

(南京大学社会学院)

摘 要:2016年9月,我国首部《中华人民共和国慈善法》(以下简称《慈善法》)正式实施,并将慈善信托单独列章,明确指出:慈善信托属于公益信托,是指委托人基于慈善目的,依法将其财产委托给受托人,由受托人按照委托人意愿以受托人名义进行管理和处分,开展慈善活动的行为。《慈善法》的颁布实施,为我国规范慈善信托业务有序运行,促进慈善信托事业健康发展提供了根本的法治保障。近年来,江苏在慈善信托这一新的载体上进行了有益的探索,为便于分析研究,本文以南京市为例,剖析慈善信托发展的特征、优势以及面临的挑战,并提出丰富慈善信托类型、完善慈善信托评估体系、加强慈善信托推动、强化慈善信托监督等方面的政策建议。

关键词:慈善信托;财产登记

2016年我国首部《慈善法》正式实施,首次专章对慈善信托做出规定,标志着我国慈善信托规制体系初步建成。2017年7月银监会、民政部联合制定《慈善信托管理办法》,标志着我国慈善信托法制体系的建立。信托业与慈善事业有着天然相亲的基因和图谱,信托制度的独特优势和专业的资产管理能力能很好地与慈善事业互补、拓宽渠道、汇聚慈善资源、提高慈善效益。目前,慈善信托在我国的发展仍然面临着诸多障碍和阻力,本文重点回顾与概括了当前我国慈善信托行业的发展现状与面临困境,并对具体问题提出了针对性的对策与建议。

---

① 薛云,南京大学社会学院工作人员。王文娜,南京大学社会学院工作人员。李梅,南京大学社会学院在读博士生。

一、慈善信托行业发展起源

慈善信托从概念上源于英美法体系。在中世纪的英国,一方面由于意识形态上基督教的捐献文化的繁盛,导致善意捐赠十分流行。另一方面,由于教会势力的庞大,垄断了几乎所有的捐赠财产。为了限制这种日益庞大的教会势力对封建君主权力的威胁,代表君主利益的议会逐渐通过立法来限制教会的捐赠行为。这成了慈善信托制度相关立法的起源(邱细钟,2003;解锟,2010;周贤日,2017;李亚运,2017)。

慈善信托是一种规制慈善行为的法律制度。作为一个法律概念,慈善信托最初起源于英国伊丽莎白女王一世颁布的《1601年慈善用益法》。在这部法律中,用益制度就是最初慈善信托制度的雏形(王金东,2012)。通过法律的制定与实施,英国创造了慈善活动的监督机制以及专门从事慈善事业的基金会等合法组织。此后,英国又不断地更新与推动慈善活动的规范化、专业化发展,相继颁布实施了《1888年永久营业和慈善用益法》《1960年慈善法》《1993年慈善法》《2000年受托人法》《2004年慈善法案》等,进一步完善和补充了慈善信托制度。

关于英美慈善信托的定义,自慈善信托制度在英国产生以来,无论是立法上还是实务中,从来没有停止对其的争论。但这种持续的争论并未对慈善信托制度本身的运转造成太大影响,究其原因,英国法律体系中衡平法的思想无疑起到巨大作用。从社会意义上来说,法官在裁判一项信托的设立和可否获得慈善信托的地位时,也多从其设立目的来考量。因为设立慈善信托的本意,就在于造福大众、济贫关怀等目的。

美国在《信托法重述》中,定义慈善信托是关于财产的一种信赖关系,该财产是因当事人意思表示而设立,同时委托他人管理该财产,并使其负有为慈善的目的而处理该财产的权利。美国的慈善信托法具有一定的进步意义,相比英国相关法律对于信托定义的模糊化操作,美国对于信托的定义更进一步限制了法官的自由裁量权。总而言之,英国与美国对于慈善信托的定义存在高度的一致性,即将慈善信托视为一种信托资产,这种资产是为了某种慈善目的而设立的,为不特定的公众设立信托关系。

在慈善信托的发源地英国,慈善信托实际上指的是一种与私益信托(atrust for private persons)相对应,为了公益目的(public purposes)或者慈善目的(charitable purpose)而设立的一种信托类型,是为将来不特定的多数受益人而设立的特殊形式之信托(McMurdo,2013)。在英国始终没有一种信托叫作"公益信托"(public good trust/public benefit trust),尽管慈善信托是为了"公益"目的(实际上就是慈善目的)(Barratt,2006)。美国、澳大利亚等也如同英国一样,一直沿用"慈善信托"而非"公益信托"的概念。我国法律上的"公益信托"从概念上源自日本法上的"公益信托",而日本法上的"公益信托"实为对应英国法上的 charitable trust,即"慈善信托"。所以,从学术界主流观点来看,都认为我国的"公益信托"概念直接来自日本的"公益信托"概念,而间接来自英国的"慈善信托"概念。不过中国、日本和韩国皆一衣带水,传统福利文化的相容度高,都普遍认同"慈善"是扶危济困、仗义疏财和扶弱抑强之举;而发展教育、文化、科技、卫生事业,促进环境保护等,则属于"公共利益"的范畴。正因为如此,中国、日本及韩国在移植英美慈善信托制度时,普遍感到本国传统语境下的"慈善"概念已经不足以涵盖英美国家的"慈善"的意义,也不足以表达其即将建立的制度的内涵,必须以新概念取代之,"公益"一词就成为较佳的选择。

从制度建设上看,我国原本并没有和信托制度相关的法律,后学习借鉴英美法系的做法,结合实际情况,在2001年颁布了《中华人民共和国信托法》(以下简称《信托法》);与之相似的是,我国原本也并没有专门的慈善基本法律制度,后学习、借鉴其他国家的做法,结合时代的需要,于2016年颁布了《慈善法》。

二、我国慈善信托事业发展现状

(一)我国慈善信托发展特征

自《慈善法》颁布后,在国家政策的鼓励支持下,越来越广泛的社会公众释放出探索、参与慈善信托的期望和热情,我国慈善信托事业获得快速的发展。

根据 2020 年 1 月中国慈善联合会信托委员会发布的《2019 年慈善信托发展研究报告》(以下简称《发展报告》),截至 2019 年 12 月 31 日,全国共备案慈善信托 273 单,财产规模 29.35 亿元,慈善信托数量逐年递增。与此同时,2019 年明确以扶贫为目的的慈善信托共计 51 单,较上年增加 3 单,财产规模达 2.6 亿元,是上年的 2.3 倍。整体而言,我国慈善信托呈现以下特点:

一是慈善信托数量增长而规模下降。2019 年我国新增慈善信托数量 119 单,较 2018 年增长 37%。2019 年财产总规模新增 9.33 亿元,较上年下滑 18%,其原因在于:(1)更多领域和专业的企业和个人希望通过小规模慈善信托探索出慈善信托在其专业领域内的可行性,从而设计了小而专的慈善信托。(2)慈善信托设立门槛较低,财产规模跨度大、灵活性强,可以满足不同群体、多个领域的个性化需求。

二是慈善信托地域分布不均衡。截至 2019 年年底,我国共有 25 个省、直辖市和自治区备案了慈善信托,在财产规模方面,甘肃、河南、江苏位居前三。当年新增慈善信托分布在 20 个省、直辖市和自治区。2019 年有 65 单慈善信托备案单位集中在东部地区,占比 55%,其次为西部地区,备案 40 单,占比 34%,中部和东北地区共备案 14 单。西部地区慈善信托发展较快,同比增长 54%;备案资产规模 5.8 亿元,占比 63%,同比增长 12 倍。

三是慈善信托期限以短期为主。全年短期(5 年及以下)慈善信托共计 59 单,占比 50%,较上年增加了 21 单,同比增长 55%。中长期、无固定期限及永续慈善信托较上年数量略有增加,增长速度低于短期信托。慈善信托的期限一方面与财产规模有关,一方面初始规模较小,但后期不断有资金注入,其财产总规模会不断扩大。慈善信托的期限与慈善目的相关,定点扶贫类慈善信托以国家特定政策为导向,期限以 3 年居多,体现其阶段性任务特点。

四是自然人委托人数量翻倍。2019 年新增慈善信托的委托人中包含自然人的共 23 单,涉及自然人数量 126 人,自然人数量较上年增加了一倍,设立慈善信托数量较上年增加了 77%。其中委托人全部为自然人的有 14 单,较上年增加 5 单,涉及自然人 90 人,信托财产规模为 1357.33 万元。企业仍是慈善信托委托人的主力。2019 年委托人全部为企业的慈善信托数量占总数的 45%,若包含混合委托人中的企业,占比会更大。

五是受托人仍以信托公司为主。2019年慈善信托的受托人有信托公司、慈善组织以及双受托人三种形式。其中87.4%的慈善信托由信托公司单独担任受托人，双受托人占11.8%，慈善组织担任单一受托人模式仅为0.8%。

六是配套政策制度日渐完善。继2016年颁布《中华人民共和国慈善法》和2017年实施《慈善信托管理办法》后，各省市地方性慈善信托管理办法陆续出台。2020年1月8日民政部发布了《慈善信托信息公开管理办法》(征求意见稿)，《办法》在信息公开的主体、公开平台、公开的具体内容和时限等多个方面对上位法的规定进行细化，将有效促进慈善信托的规范运作，提升社会公信力。

2022年1月中旬，中国慈善联合会首次与中国信托业协会联合发布《2021年中国慈善信托发展报告》(以下简称《报告》)。《报告》显示，2021年我国慈善信托数量及规模实现平稳增长。从备案单数和规模来看，截至2021年12月31日，全国累计慈善信托备案突破"700单"大关、达773单，财产规模达39.35亿元。其中2021年新设立慈善信托共计227单，财产规模达5.71亿元，较上年增加32.48%；从地域来看，共有19个省、直辖市、自治区的民政部门备案过慈善信托；从慈善信托的财产规模来看，北京市备案的慈善信托财产达2.2亿元，名列第一；其次是浙江省、广东省，慈善信托的财产规模分别为1.06亿元和0.70亿元。

《报告》显示，2021年我国慈善信托具有如下特点：一是慈善信托发展平稳增长。2021年新设慈善信托单数略有下降，但规模止跌回升，并产生亿元级慈善信托一单。该慈善信托为"中信信托·2021芳梅教育慈善信托"，备案规模为2.0001亿元。近年来，慈善信托在超大额公益资金受托服务上虽然未实现爆发式增长，但凭借其独立性强、能永久相续、透明度高的优势，已逐渐得到社会的青睐。二是慈善信托涉及地域不断扩大。2021年全国共有19个省、直辖市、自治区民政部门备案慈善信托。总体来看，我国大部分地区已经开展慈善信托，但地区之间发展仍不均衡。三是受托人持续增多。2021年有4家信托公司、46家慈善组织首次受托备案慈善信托。受托人的增多表明人们对慈善信托的热情不减，更多机构积极探索慈善信托的实践模式，有利于慈善信托在政策突破后蓬勃发展。此外，慈善信托发展呈现社会组织委托人比重增加、慈善信托期限愈趋灵活、慈善信托目的多重化、银行托管稳固发展、律所在监察人中保持主导地位等特点。

《报告》认为,慈善信托有望成为金融与公益跨界合作的新模式。慈善信托在缩小财富鸿沟、发挥第三次分配作用,助力共同富裕方面具有多重独特优势:一是实现慈善财产风险隔离,确保慈善财产安全;二是创新慈善财产来源渠道,更好地撬动社会资本以资金、股权等多种形式参与慈善事业;三是能够提供慈善财产专业化管理与服务,实现保值增值与合规透明运作;四是赋予委托人更多参与权和决策权,更好地监督慈善财产的管理使用。

(二)南京市慈善信托发展特征

慈善信托因其平台优势可以拓展慈善财产来源,灵活优势可以丰富慈善财产类型,金融优势可以提升慈善资产收益,管理优势可以优化慈善项目运行,因此,慈善信托越来越受到基金会的青睐。2016 年《慈善法》推出慈善信托制度,激发了沉寂已久的公益信托实践。近年来,江苏在慈善信托这一新的载体上进行了有益的探索,出现了快速发展的良好势头。为便于分析研究,本文以南京市为例,剖析慈善信托发展的特征、优势以及面临的挑战。

近年来,南京市围绕贯彻落实党的十九大精神和《慈善法》,以机构转型、队伍建设为重点,打造兼容并蓄发展格局,引导多方力量参与慈善,慈善事业呈蓬勃发展之势。慈善信托作为慈善事业的一部分,也呈现出持续稳定发展的良好态势。截至 2020 年 9 月末,南京市已备案了 16 单慈善信托,财产总规模 2157.07 万元,省内居第二位。南京市慈善信托主要呈现五个特点:

一是起步比较早。早在 2011 年,南京市紫金信托秉承"源于社会,回报社会"的社会责任理念,深入践行公益事业,将信托引入慈善,成立江苏省内首支慈善信托计划"紫金·厚德"慈善信托,救助困难家庭中的大病儿童及残障儿童。目前"紫金·厚德"系列已经累计成立 11 期,募集资金超过 970 万元,救助困难家庭的大病儿童 500 余人次,帮助患儿重获健康,帮助他们的家庭回归正轨。

二是"紫金·厚德"已形成慈善品牌。紫金信托以"让慈善成为一种生活方式"为理念,积极推动"紫金·厚德"信托计划做大做强。十年来,"紫金·厚德"系列慈善信托计划获得了诸多荣誉奖项,"紫金·厚德"已经成了一个颇具知名度的慈善品牌。

三是委托对象范围不断拓宽。慈善信托项目委托人,不仅有慈善组织,还有机构及个人,体现出参与的多样性。继紫金信托和南京市慈善总会"紫金厚德"系列产品后,2018年12月28日,南京市慈善总会吴毅文慈善信托发布仪式在南京农业大学举行,这是我省首个由慈善组织担任单一受托人的慈善信托。吴毅文慈善信托是南京农业大学毕业生、河海大学已故教职工吴毅文老师以其遗产作为信托财产,委托南京市慈善总会设立的慈善信托,定向用于资助贫困在校大学生,河海大学出版的公益图书免费发放给中小学生;救助0到16岁的因患重大疾病陷入困境的少年儿童,信托财产规模总计904万余元,对于慈善组织探索慈善信托运作模式、运用金融手段管理慈善财产具有重要的创新和实践意义。

四是创新能力不断增强。2020年年初,面对突如其来的新冠肺炎疫情,"紫金·厚德博爱抗击疫情"系列慈善信托先后成立助医、社区帮扶、中日友好等5个慈善信托项目,累计募集资金580余万元,已执行慈善项目11个。紫金信托与恒丰银行、江苏银行合作发行抗击新冠肺炎慈善信托基金,捐赠部分产品收益作为善款,用于关爱参与新型冠状病毒疫情防控的一线医护人员。项目得到了公司的合作伙伴、爱心企业、高校校友会等组织的认同,他们也纷纷主动与紫金信托联系,在紫金信托设立抗击疫情专项慈善信托。紫金信托还与日本三井住友信托银行上海分行基于慈善信托公开、透明、高效的特点,设立了"紫金·厚德博爱中日友好抗击疫情慈善信托",用于支持武汉雷神山医院的抗击疫情工作,这也是国内首单境外企业作为委托人的慈善信托。

五是监督监管检查有力。南京市民政局能够按照《慈善法》《慈善信托信息公开管理办法》《江苏省慈善信托备案管理实施办法》要求,每单慈善信托均能按信托文件约定支出善款,能按《慈善法》规定公布年报。南京市民政局委托第三方机构对慈善信托资金收支情况进行全面审计,对慈善信托项目的受托人履职情况、慈善信托财产及其收益情况等进行专项行政执法监督检查,为慈善信托事业的合规持续发展提供了保障,南京市慈善信托模式正显现出良性循环的可持续倾向。

三、慈善信托事业：困境与阻力

2016年，我国《慈善法》颁布，虽然对慈善信托进行了规范，但相关配套政策不够完善，无法为慈善信托的快速发展提供充分的保障，受政策制度以及公众认知度不高的影响，南京市慈善信托发展存在一定的不足和困难。

一是慈善信托业务总量较小，有待进一步推动。慈善信托是一种新型的慈善方式，在调动市场力量的同时，也整合了社会资源。根据"慈善中国"公开的信息，自2016年9月1日《慈善法》实施至今（2020年9月20日）南京市已备案了16单慈善信托，财产总规模2157.07万元。而同期杭州市备案了46单慈善信托，财产规模100974万元；北京市备案了38单慈善信托，财产规模共14826.57万元；上海市备案了16单慈善信托，财产规模共13998.98万元；苏州市备案了10单慈善信托，财产规模共9199.9万元。与这些城市慈善信托发展的数量、规模相比，南京市还有一定的差距，未来仍有很大的发展空间。

二是业务品种相对单一，业务范围有待进一步拓宽。根据银监会《慈善信托管理办法（银监发〔2017〕37号）》，慈善信托开展活动范围可以为：扶贫、济困；扶老、救孤、恤病、助残、优抚；救助自然灾害、事故灾难和公共卫生事件等突发事件造成的损害；促进教育、科学、文化、卫生、体育等事业的发展；防治污染和其他公害，保护和改善生态环境；符合《慈善法》规定的其他公益活动。南京市慈善信托资助群体以往主要集中在教育领域和弱势儿童群体，虽然也设立了抗击新冠肺炎慈善信托基金，但扶贫、济困；扶老、救孤、恤病、助残、优抚以及防治污染和其他公害，保护和改善生态环境等领域未涉及或涉及较少。

三是家族信托发展缓慢。步入2019年，我国已进入财富传承需求爆发的初期，目前信托公司承载财富传承功能的家族信托业务需求旺盛。根据招商银行《2020年中国家族信托行业发展报告》，中国家族信托意向人群数量呈快速增长趋势，年复合增长率达到35%，我国家族信托意向人群约24万人，预计2023年将突破60万人，家族信托意向人群具有区域集中的特点，全国家族信托意向人群超过1万人的省市有7个，继广东、北京、上海之后，江苏排名第四。南京作为江苏省会城市，家族信托起步较早，2014年，紫金信托就推出了紫金私享产品,但规模较小。

四是一些政策制约因素依然存在。税收优惠是全国慈善信托行业的一大痛点。虽然目前法律规定慈善信托经民政部门备案可享受税收优惠,但缺乏财税部门颁布的执行细则,无法将慈善信托的税收优惠落到实处。南京市也不例外,截至目前,尚未作出具体税收优惠政策规定,与慈善信托相配套的财务会计制度缺失,信托公司作为受托人无法开具捐赠发票、无法进行税前扣除,甚至入账困难等情况,这在一定程度上影响了个人和企业设立慈善信托的意愿,制约了慈善信托发展速度。

四、突破慈善信托困境的对策建议

(一)加大组织推动力度

慈善信托在解决社会贫困问题、推进现代慈善的发展进程中起到相当重要的作用。江苏省社会经济发展水平较高,金融资源丰富,应加大宣传、组织、推广力度,推动慈善信托事业加快发展。在金融机构层面,"慈善+金融"跨界合作能激活大量社会财富投身慈善,要充分发挥金融资源汇聚的效应,持续推动省市信托机构的业务发展,提升金融机构推进慈善信托的积极性。在社会及个人层面,要加强宣传激励,表彰先进,形成全社会参与慈善事业的浓厚氛围,鼓励有能力的企业及高净值客户积极主动地履行社会责任,致力于以慈善信托助力慈善财产保值增值以及社会责任的承担,助力社会价值和个人价值的实现。

(二)搭建统一共享平台

慈善信托在我国是新兴事物,慈善组织作为慈善信托受托人,面临着开展事务管理工作的新挑战。《慈善法》已明确各省市民政部门在慈善信托监管中的核心地位,民政部门应切实履行工作职责,为慈善信托事业发展搭建信息交流与发展平台。一是民政系统的慈善信托从业人员要加强学习,了解更多的投资管理规定,熟悉慈善信托业务,更好地给予有意向开展慈善信托的金融机构、企业和个人提供业务指导和服务。二是要联合银保监、财政和税务等部门,定期通报信托项目情况,打通各部门间管理信息的壁垒,将管理信息归集到政务统一平台共享。三是要加强信托公司和慈善组织之间的合作。慈善组织擅长资金募集和项目实施,能与信托公司之间实现优势互补。应鼓励信托公司参与到慈善信托业务,把慈善信托做得更大,促进我国慈善事业的发展。

(三)完善相关规章制度

一是建立慈善信托受托人行业自律规则,为慈善信托建立单独的业务操作指引,对慈善信托的发起、备案、后续管理、项目清算等环节建立尽职操作规范。二是明确相关操作内容。主要是:明确信托财产登记制度机构范围,以便按种类评估价值;优化慈善信托备案的行政管理,以便适应网络化、信息化发展的背景下慈善信托业务发展需要;修订慈善组织会计制度内容,在慈善组织会计制度中应当增设慈善信托的会计科目,用于反映慈善信托资产的取得、运作、收益及处分等财务情况。三是落实慈善信托的税收优惠政策。针对委托人、受托人、受益人以及慈善信托本身制定相应的税收优惠政策,以提升社会各界参与慈善信托的积极性,破除相关制度性的障碍与壁垒(刘迎霜,2015)。

(四)加强监督检查管理

信托业务是一种以信用为基础的法律行为,慈善信托因其期限长、领域宽、链条长、利益诉求多样、专业技能要求高等因素,是复杂且风险管理难度较高的信托活动。2017年《江苏省慈善信托备案管理实施办法》出台,使江苏成为全国第一个专门为慈善信托制定规范性管理办法的省份,为今后探索更透明、更具公信力的慈善事业固化了运作机制,提供了法律支撑。在目前信托行业风险不断暴露的情况下,应积极引导各慈善信托参与方认真执行国家和江苏省慈善信托管理规定,坚持风险为本,加强慈善信托的监督和管理(王玉国、杨晓东,2017),确保慈善信托规范化、阳光化运行。尤其要高度重视慈善信托的金融属性,充分借鉴现行信托公司经营和监管的良好做法,既要大力推动慈善事业发展,又要积极预防和控制金融风险(刘坤,2011)。

参考文献

[1] 金锦萍. 论公益信托制度与两大法系[J]. 中外法学,2008,20(6):

828—850.

[2] 王建军,燕翀,张时飞.慈善信托法律制度运行机理及其在我国发展的障碍[J].环球法律评论,2011,7.

[3] 王金东.英美慈善信托法律制度研究[D].大连:大连海事大学,2012.

[4] 解锟.英国慈善信托制度研究[D].上海:华东政法大学,2010.

[5] 周贤日.慈善信托:英美法例与中国探索[J].华南师范大学学报:社会科学版,2017(2):116—132.

[6] 李亚运.英国慈善信托力求近似原则初探[D].武汉:武汉大学,2017.

[7] 邱细钟.公益信托制度研究[J].2003,5.

[8] 刘迎霜.我国公益信托法律移植及其本土化:一种正本清源与直面当下的思考[J].中外法学,2015,27(01):151—169.

[9] 王玉国,杨晓东.慈善信托在中国的发展和业务模式分析[J].西南金融,2017(05):65—70.

[10] 刘坤.英国慈善法律制度对我国慈善立法的启示[J].社团管理研究,2011(02):56—59.

[11] McMurdo, Margaret. Faith, Hope and Charity: The Resilience of the Charitable Trust from the Middle Ages to the 21st Century[M].qut Law Review,January,2013;Gary Watt,Briefcase on Equity&Trusts(Second Edition 影印本),武汉大学出版社,2004,6:59.

[12] BARRATT J. PublicTrusts[J]. The Modern Law Review,2006,7.

慈善组织中的反利益输送机制：
美国实践及其对中国的启示*

徐 勇①

（南京市委党校公共管理教研室）

摘 要：美国拥有世界上最大规模的慈善事业，这与其卓有成效的反利益输送机制密不可分。当下中国慈善组织正经历着一场由寻求合法身份与注重数量积累向提升组织能力与注重品质建设的变革，这场变革能否取得成功在相当程度上取决于相关领域的制度建设水平，而反利益输送机制的建设则是其中的关键部分。他山之石可以攻玉，美国在反利益输送机制建设方面所取得的诸多成就可以为我国提供诸多借鉴，如细致缜密的立法规制以及完善的责任追究机制等。

关键词：慈善组织；利益输送；假公济私交易；利益冲突

一、引 言

2011年，随着中国红十字会"郭美美事件"、中国青少年发展基金会"中非希望工程事件"、中国慈善总会"贩售捐赠品事件"以及河南省"宋庆龄基金会投资房产和发放贷款事件"的相继披露，有关慈善组织商业化经营及其可能存在的利益输送问题逐渐浮出水面，并一度成为中国公共舆论空间的重要议题。无论是对于中国慈善事业的实际践行者，还是对于政府主管部门来说，如何防止和遏制慈善领域中利益输送现象的滋生和蔓延都是一个关系到未来中国慈

---

* 基金项目：本文为孔繁斌主持的国家社会科学基金项目（09BZ0225）的阶段性研究成果。
原文出处：《理论与改革》，2011;（06）。
① 徐勇，南京市委党校公共管理教研部副教授、博士。

善组织能否实现可持续发展的严肃议题。

利益输送本是公司治理中的一个专门术语,泛指股权集中的上市公司,控制性股东通过利用自身的优势地位,将上市公司的现金资源和利润转移到大股东及其所控制的附属公司中,从而对外部小股东的利益构成侵害的行为,其形式多种多样,如支付高额报酬、资产销售、转移定价、借款担保、剥夺公司机会,甚至是直接的盗取和侵占等。① 慈善组织中的利益输送,主要是指本属于实现公共利益之公器的慈善组织被某些个人或集团用来实现自身私利的现象。美国拥有世界上最大规模的慈善事业,这与其卓有成效的反利益输送机制是分不开的。20 世纪 60 年代,美国曾经出现过两份针对慈善组织(尤其是私人基金会)的调查报告,其中一份由国会议员帕特曼发布,而另一份则来自财政部。两份报告对慈善组织中的各种利益输送现象进行了充分揭示。其中,帕特曼调查发现,很多大公司成立基金会主要不是为了实现公共利益,而是为了实现公司的自身利益,它们与其基金会之间存在着非常严重的利益输送现象。在现实的运作过程中,利益输送的形式可谓是五花八门,如基金会从大公司买进财产然后租还给大公司,从而为后者提供了足够的现金流而无须进入竞争性的资本市场;基金会给大公司或捐款人低息贷款,从而使它们能够撇开银行和资本市场;等等。② 部分地基于上述两份报告,美国政府于 1969 年通过了新的税法,首次对慈善领域中的利益输送现象进行系统性遏制,如基金会一般不得持有任何一家公司 20% 拥有投票权的股票;严禁资助选举和足以影响立法的政治游说;捐赠给其他非营利组织的款项必须符合公益目的,接收单位须在一年内将此款项用于原定目的等。③

1969 年通过的这部税法在美国慈善事业史上是一个重要的分水岭。在此之前,美国慈善事业走的是一条粗放型的发展道路;而在此之后,美国慈善事业则日渐规范化。半个世纪以来,随着美国慈善事业的快速发展,该领域中的反利益输送机制日趋成熟,逐步形成了一套以董事信义义务规制、反对额外收

---

① 贺建刚:《大股东控制、利益输送与投资者保护》,大连:东北财经大学出版社,2009 年,第 1 页。
② F. 伦德伯格:《富豪与超级富豪》,蔡受百、姚曾廙合译,北京:商务印书馆,1993 年,第 434 页。
③ 资中筠:《财富的归宿:美国现代公益基金会述评》,上海:世纪出版集团、上海人民出版社,2006 年,第 54 页。

益交易和假公济私交易机制为核心内容,以信息披露机制为程序要件,以国内税务局和州首席检察官为监管主体的较为完善的反利益输送机制。

二、对额外收益交易的规制

额外收益交易,是指公共慈善组织通过直接或间接的方式向无资格人提供(或供其使用)的经济收益及其价值超过了组织所得到的回报的交易行为。这里的无资格人,是指在交易结束日前五年内的任一时间能对机构事务有重大影响的个人或组织,主要包括(1)机构领导层有选举权的成员;(2)总裁、首席执行官、首席运营官、财务人员和首席财务官,以及其他任何有上述权力和责任的人(不论其有无头衔);(3)无资格人的家庭成员;(4)无资格人拥有超过35%控制权的实体;(5)其他能够对机构施加重大影响的所有个人或实体。[1] 在确定某项交易是否属于额外收益交易时,所有发生在双方及其所控制的实体之间的回报和收益都应当予以考虑。此外,组织向其实质捐赠人提供补贴、贷款、薪金或者其他相类似支付的行为也被称为额外收益交易,其所涉金额应当缴纳相应税金。

当额外收益交易发生后,无资格人须通过最大限度地取消额外收益的方式来纠正此类交易,以及采用其他必要措施确保组织所处的财务状况至少与无资格人依据最高信义义务标准进行交易行为时的财务状况相当。尽管说,在纠正额外收益交易行为时,组织无须废除基本的协议,不过,交易各方需要就未来费用问题对正在执行中的合同进行修改。

纠正额外收益交易的具体形式为无资格人向慈善组织偿付现金或准现金,其具体数额与额外收益及其利息之和相当,利率以不低于正常的联邦利率为限。之所以规定用现金或准现金作为纠正额外收益交易的偿付手段,主要是为了防止无资格人借助于此实现资产转移。譬如说,无资格人用自有房产抵充现金进行偿付就不被允许,因为这相当于向慈善组织出售财产,以偿还

---

[1] 贝奇·布查特·阿德勒:《美国慈善法指南》,NPO信息咨询中心主译,北京:中国社会科学出版社,2002年,第35页。

债务。

不过,在征得慈善组织同意的情况下,无资格人可以通过归还从额外收益交易中所得之财产的方式来进行偿付。该财产视同现金或准现金,其价格按被归还时的公平市场价格与额外收益交易发生时的公平市场价格两者中的较小者来计算。如果被返还财产的价格少于纠正额外收益交易应付的费用,那么,无资格人就必须追加现金支付额以补充其不足部分;相反,如果该财产的价格超过了纠正额外交易应付的费用,那么,慈善组织则可以通过支付现金的方式来填平该差距。①

三、对假公济私交易的规制

假公济私交易,是指发生在私人基金会与无资格人之间的交易。根据美国法律,私人基金会中的无资格人包括(1)机构的巨额捐赠者;(2)基金会管理者,如基金会官员、董事或者具有相应责任或权力的人、对一种行为或疏忽负有责任的基金会工作人员;(3)对巨额捐赠实体拥有20%以上所有权者;(4)上述三类人的家庭成员包括配偶、父母、祖父母、子女、孙子(女)、曾孙(女)及其子女;(5)上述四类人在公司、合伙机构和信托基金中分别拥有35%以上的投票权、利润分红和收益股权;(6)政府官员。②

根据税法4941条规定,当某一交易行为被确认为假公济私交易后,国内税务局将向无资格人和参与交易的基金会管理人员分别征收涉案金额10%和5%的税。其中,后者的最高额为2000美元,除非其参与交易的行为是非故意的或者的确是出于某种合理的理由。

如果假公济私交易不能在规定期限内得到纠正,国内税务局就会对无资格人以及无意纠正交易现状的基金会管理人员分别征收涉案金额200%和50%的附加税。其中,针对后者所征收的附加税最高额为10000美元,而针对

---

① 美国国内税务局网站:http://www.irs.gov/charities/charitable/article/0,id=123303,00.html,2011-08-18。

② 贝奇·布查特·阿德勒:《美国慈善法指南》,NPO信息咨询中心主译,北京:中国社会科学出版社,2002年,第40页。

无资格人征收的附加税则没有最高限额。此外,若参与交易的无资格人不止一个;那么,所有参与各方将负共同连带责任。①

近年来,随着慈善组织的日益壮大,为防止此类组织沦为利益输送的工具,中国法律逐步加强了对该领域中交易行为的规制。譬如,《基金会管理条例》第 22 条就明确规定"基金会理事遇有个人利益与基金会利益关联时,不得参与相关事宜的决策;基金会理事、监事及其近亲属不得与其所在的基金会有任何交易行为"。无疑,该条款会对慈善领域中利益输送现象的滋生起到一定的防范和遏制作用,不过,其缺陷也是比较明显的。譬如,"不得参与相关事宜的决策"是否意味着他们也不能参与讨论,一些理事尽管不参与决策,但依然可以凭借与其他理事之间的讨论来影响后者的决策行为,因此这方面还需要进一步明确。此外,从立法意图来看,该条款之所以对理事监事及其近亲属与基金会之间的交易行为进行禁止,主要是为了防止这些人借助于自身对组织的影响力而达到假公济私的目的。不过,若某项具体交易确实有利于基金会,那么对其进行禁止可能就是不太合适的,如某个理事向其所在基金会提供无息贷款或者以远低于市场平均水平的价格为基金会提供服务的行为等。因此,相关规制应当建立在对交易性质细加区分的基础之上,凡是有利于基金会的交易就应当被允许,而勿论与基金会发生交易的行为主体是谁。不仅如此,该条款对禁止与基金会发生交易行为的对象限定不尽周延。在现实中,对基金会具有重要影响力的还大有人在,如组织的缔造者、大额捐赠者,以及他们的近亲属及其控股企业等。尽管这些人不属于条款中规定的理事、监事及其近亲属,但是他们对于组织的行为通常具有强大的影响力,因此在这些人与组织之间的交易行为中发生假公济私的可能性丝毫不亚于前者。从这层含义上来看,该条款在实践中将难以对纷繁复杂的假公济私交易进行有效遏制。鉴于此,中国法律在这方面还应进一步细化,扩大规制对象范围,将所有对基金会具有重要影响力的个人或组织列为反假公济私交易的规制对象。再者,该条例尽管明确规定董事等相关利益人不可与基金会之间发生交易行为,不过,

---

① 美国国内税务局网站:http://www.irs.gov/charities/foundations/article/0,id=137678,00.html,2011-08-16。

它对相应法律责任的规定仍不够完善。在具体实施过程中,这种缺乏将不可避免地会对该条例的反利益输送功能构成极大削弱。最后,如果说《基金会管理条例》对反假公济私交易的规定只是比较粗陋的话,那么,与该条例并行的《社会团体登记管理条例》和《民办非企业单位登记管理条例》则完全没有这方面的规定,这不能不说是中国慈善领域相关法律的一个重要缺陷。

四、有关慈善组织董事信义义务的规定

除了额外收益交易和假公济私规制之外,美国法律还从慈善组织内部治理的角度出发对可能存在的利益输送现象进行有效规制,相关条款主要体现在有关董事信义义务的规定方面。所谓信义义务,是指一方承诺将为了另一方的最佳利益而行为或为了双方共同的利益而行为。负有信义义务的受托人有责任通过各种方式不自私地行事,以自身最好的知识和技术服务于他人或者机构。① 在实践中,慈善组织的董事对信义义务的违反主要体现在两个方面:一是对注意义务的违反;二是对忠诚义务的违反。

所谓注意义务,是指慈善组织的董事应当与商业组织的董事一样对自身工作尽心尽责,管理好组织的各项事务,如果不能做到这一点,则应承担相应的责任。在处理慈善组织董事注意义务的问题上,美国法律采用"一般谨慎"标准,即董事应当像"一般谨慎之人"那样履行自身职责。1987年修订的《非营利法人示范法》在"董事的行为标准"一节中明确规定:"董事应尽处于相同位置的一般谨慎之人在相似的情形下的注意义务。"加利福尼亚州的法律也要求董事履行职责时应做到"出于善意(行事),以公司的最高利益为重,周密调查研究,谨慎行事,就像普通谨慎的人在类似情况下所做的一样"。如果董事的行为过于草率以致对慈善组织的资产构成危险,那么该董事就会因此而担责,除非他有足够的证据证明自己已经尽力。当然这种尽心尽力并不意味着董事在进行所有决策行为时都必须事必躬亲,而是说他在进行这些决策之前确实已经进行了周密的调研,或者说其行为是在听取了相关权威专家建议的基础

---

① 金锦萍:《非营利法人治理结构研究》,北京:北京大学出版社,2005年,第144页。

上做出的。在这种情况下,如果董事还是"不能完全履行其职责,其行为或者工作疏忽导致公司公益或慈善目的未能实现,不承担任何责任"。

所谓忠诚义务,是指在慈善组织的利益与董事个人的利益相冲突的情况下,董事须以组织利益为重,而利益冲突交易则是对董事履行忠诚义务的重要测试。董事的利益诉求在于实现自身利益的最大化,而慈善组织则追求公共利益的最大化,因此双方在交易过程中就不可避免地存在利益冲突。根据美国税法的相关规定,公共慈善组织与私人基金会对此规定的适用方面不尽相同。对于公共慈善组织来说,董事与组织之间的交易行为只要符合相关的交易程序和要求以及全面的审查(主要审查内容为整个交易活动是否存在额外收益),那么,此类交易就是被允许的。对于私人基金会来说,由于董事属于法律上规定的无资格人,他与基金会之间所发生的交易行为本质上就属于假公济私交易。正如上文所言,此类交易属于法律上所禁止的行为。譬如说,同样是慈善组织向董事的有偿贷款行为,如果该组织属于公共慈善组织,贷款行为只要能够被确认为没有为该董事提供额外收益,符合市场的公平交易原则,那么它就是被允许的;如果该组织是私人基金会,那么根据反假公济私交易的有关规定,此交易行为就是被禁止的。当然,如果董事向私人基金会所提供的贷款是无息的,那么该交易则被允许。类似的规定同样适用于下列情况:董事向私人基金会捐赠财产或者允许其免费使用财产,董事免费为基金会提供物品、服务或者设备等。

美国法律中有关董事因违反信义义务所应承担法律责任的规定也相当明确。根据相关规定,如果因董事疏怠导致慈善组织利益损失,那么,作为公共利益托管人的州首席检察官就有权要求相关理事对组织的损失做出赔偿。正如上文所言,如果董事参与额外收益交易或者是假公济私交易并从中获益的话,那么,他将受到无资格人相关条款的约束,并承担相应的法律责任;即使参与上述交易行为时该理事并没有从中获益,若其行为是故意的,那么亦会受到相应之惩罚。

近年来,在中国,以理事会治理为核心的慈善组织内部治理机制逐步形成,理事会的角色也开始由早期的"当摆设"向"有所作为"过渡。随着理事会在慈善组织治理中地位的日渐提升,现行法律法规也加强了对理事会及其成员行为的规范力度,其中一些规定就主要出于反利益输送的考虑。譬如,为防止理事会被个别家庭所控制以及慈善组织以高额薪酬将组织资源输送于理事的现象发生,《基金会管理条例》对理事会的构成与理事的薪酬进行了规定。根据规定,非公募基金会的理事会中相互间有近亲属关系的理事其总数不得超过理事总人数的1/3;而在公募基金会中,具有近亲属关系人不得同时担任理事。在基金会领取报酬的理事,不得超过理事总人数的1/3。监事和非专职理事不得从基金会获取报酬。此外,正如上文所言,该条例还规定基金会理事遇有个人利益与基金会利益关联时,不得参与相关事宜的决策,理事及其近亲属不得与其所在的基金会发生任何交易行为。

不过,中国现行法律法规对于理事信义义务及其法律责任的规定还存在诸多缺陷,从利益输送的角度来说,有三点应当予以关注:其一,这些规定重在强调理事的忠诚义务,而对注意义务的关注不够,对于可能导致慈善资源损失的理事疏忽和怠工行为则基本上没有任何规制。在实际运行中,该缺失将不可避免地对理事履行法定义务起到一种负面的激励功能,使得更多的理事疏于监管、怠于决策。其二,一些有关理事义务的规定显得比较僵化,不利于慈善组织的资源获取,如《基金会管理条例》对理事与基金会间的交易行为采取的禁止性规定就是如此。尽管说,此规定有利于防止某些理事借交易之名将组织资源据为己有,但是,它同时也阻碍了其他一些有利于慈善组织的交易行为的发生,如理事低于市场价向慈善组织提供劳务、贷款、租赁等。其三,对于理事违反上述义务的法律责任的规定严重缺失,仅有的少量条款也过于笼统或者过于宽松。譬如,《民办非企业单位(法人)章程示范文本》规定:"理事会决议违反法律、法规或章程规定,致使本单位遭受损失的,参与决议的理事应当承担责任。"显然,此规定是相当笼统的,它既没有解释单位损失到何种程度参与决策的理事才应当承担责任,也没有就理事到底应当承担何种责任作出更细致的说明。而《基金会管理条例》中的有关规定则显得过于宽松。该《条例》中只有第43条对理事因违反相关义务所导致的法律责任进行了规定,"基金会理事会违反本条例和章程规定不当,致使基金会遭受损失的,参与决策的理事应当承担相应的赔偿责任。基金会理事、监事以及专职工作人员私分、侵占、挪用基金会财产的,应当退还非法占用的财产;构成犯罪的,依法追究刑事责任"。换言之,对于侵占了慈善组织资源的理事来说,唯一的法律后果就是将本不属于自己的东西"退还"给组织(犯罪除外);而对于那些因自身决策不当并致基金会遭受损失的理事来说,只有当其决策行为确实违反了相关规定的情况下才需要赔偿,而对于消极怠工或疏忽大意导致的资源流失则无须承担任何责任。由于缺乏真正的惩罚性规定,该条款在实践中难以起到惩罚和警示的作用。

五、信息披露机制

公信力是保证慈善组织健康发展的重要前提,而合理高效的信息披露机制则是慈善组织获得和维持公信力的重要保证。借助于外部监督,信息披露机制可以很好地实现其反利益输送的功能。自 1943 年税收法案首次要求慈善组织递交年度信息报表以来,经过半个多世纪的努力,美国逐步形成了一套行之有效的信息披露机制,即"披露—分析—发布—惩罚机制",简称"DADS 机制"。

第一步,信息披露。根据相关法律规定,除教会之外,所有公共慈善组织每年都必须填报由国内税务局印制的 990 表或 990-EZ 表(后者适用于年度毛收入低于 50 万美元或总资产低于 125 万美元的小型慈善组织),而私人基金会则需填报 990-PF 表。若该慈善组织有非相关商业活动的应税收入,还需要填报 990-T 表。上述报表要求慈善组织填报与其财务和经营状况相关的诸多信息,其中的很多信息就与反利益输送的目的相关,如年度收支状况、主要成员的薪酬和福利、所有形式的涉及内部人员的金融交易和信贷信息等。除此之外,如果该组织曾因违法乱纪行为遭到惩罚,相关信息也必须在上述表格中得到反映。按照相关规定,所有这些文件都必须在该组织的会计年度结束后的第 5 个月的前 15 天填报完备。

第二步,信息分析。由于上述文件对普通公众而言过于专业,他们很少能够据此直接对慈善组织的具体经营状况做出合理判断并实施有效监督。信息被披露之后,由一些专业的机构对这些信息进行分析,并以通俗易懂的方式加以表述,对慈善组织的有效监督就显现得尤为重要。在美国,有很多这样的组织来帮助公众进行信息分析,其中比较有影响力的组织如民智捐赠联盟和慈善导航。这些机构依据国家慈善机构信息中心和商务发展局慈善咨询服务机构制定的优秀组织评定标准,对慈善组织的运行状况做出分析和评价,从而对公众捐赠和监督加以引导。对于公众而言,经过分析后的信息远比原始文件中的信息要通俗易懂得多,从而更加有利于公众对慈善组织的监督。

第三步,信息发布。国内税务局将为想要了解上述文件信息的公民开放这些文件。为了公民能够更方便地获得这些信息,国内税务局通常会将这些文件制成缩微胶片存放于公共图书馆,以供公众查询[①];或者与基金会中心、明智捐赠联盟以及慈善导航等组织合作,通过后者将慈善组织的相关信息在网络上公布,以便公众更加快捷地获得这些信息。当然,公民也可以直接向国内税务局索取这些文件的复印件。除了国内税务局之外,慈善组织也必须向任何要求了解其信息的人提供该组织的免税申请副本、最近三次退税情况以及除捐赠人名单之外的所有附件副本。若该申请是由本人亲自提出,组织则必须尽快得以答复;若以书面形式提出,则须在30日内得到答复[②]。

第四步,惩罚。无论是国内税务局还是慈善组织,它们之所以对公众发布这些信息,不仅是为了提升组织公信力,同时也是法律要求的结果,因此,若其没有履行上述义务,将会承担相应的法律责任。该步骤对于整个DADS机制的有效运行至关重要,这一点正如赫茨琳杰所言,如果只有以上三个步骤而没有惩罚,整个体系就会失效[③]。

首先,在信息披露阶段。如果某慈善组织没有及时、完整和正确地填报990等报表,也没能提供合理的理由,它必须每天为此支付20美元的罚金(大组织为100美元),其最高额为10000美元(大组织为50000美元)与组织年度总收入5%当中的较小者。若该组织连续3年没有填报上述报表,其免税地位将自动取消。惩罚对象不仅包括违规的组织,同时也包括相关责任人。若慈

---

① 倪国爱,程昔武:《非营利组织信息披露机制的理论框架研究》,《会计之友》,2009(4):第11—14。

② 贝奇·布查特·阿德勒:《美国慈善法指南》,NPO信息咨询中心主译,北京:中国社会科学出版社,2002年,第91—93页。

③ 里贾纳·E.赫茨琳杰:《非营利组织管理》,吴振阳译. 北京:中国人民大学出版社、哈佛商学院出版社,2000年,第8—18页。

善组织服从上述惩罚,国内税务局可能会指定一个日期要求该组织必须在此之前递交报表或正确的信息。如果组织不能按时递交,那么,该组织的管理者或者其他的责任人将会遭到惩罚,除非他能够提出合适的理由以免除该惩罚。若多人共同导致上述结果的发生,那么他们将负共同连带责任。惩罚的具体额度为每超期一天交纳罚金10美元,最高额为5000美元。

其次,在信息发布阶段。如果在规定期限内,慈善组织没有应公众要求公开其年度报表或免税申请表,将自最后期限之日起每超过1天缴纳罚金20美元,最高限额为10000美元;如果故意拒绝公众检查报表或免税申请表及其复印件,组织将被处以5000美元的罚款。此外,如果某慈善组织从事募款活动,这些活动也应当接受公众的质询;如果组织没有在规定时间内回应公众的这种咨询,那么该组织将被处以1000美元的罚款,其最高额为每年10000美元,除非组织的这种行为是基于合理的理由;而若组织故意不接受公众咨询,那么上述惩罚额度将更高,且没有最高限额[①]。

在中国,1999年颁布的《中华人民共和国公益事业捐赠法》首次对慈善组织的信息披露问题进行规范,其中第22条明确规定"受赠人应当公开接受捐赠的情况和受赠财产的使用、管理情况,接受社会监督"。不过,该法并没有就披露的具体途径和内容,以及披露的时间限定作出更加明确的规定。自此以后,随着中国慈善事业的日渐成熟及其社会影响力的逐步提升,中国社会有关进一步加强慈善组织信息披露机制建设的呼声也日益强烈。在这种情况下,2000年以后,尤其是《基金会管理条例》颁布以来,中国政府逐步加强了慈善组织信息披露机制的建设,相关的法律法规陆续出台。在众多有关慈善组织的法律法规中,明确载有信息披露条款的主要有《基金会管理条例》(2004)、《民间非营利组织会计制度》(2005)、《基金会信息公布办法》(2006)、《民政部关于进一步加强社会捐助信息公示工作的指导意见》(2009)等。尽管说,这些规定对于促进中国慈善组织信息公开化和透明化,提升慈善组织公信力,以及阻滞利益输送现象的滋生起到相当重要的作用,不过其中的缺陷也是显而易见的,

---

① 美国国内税务局网站:http://www.irs.gov/publications/p557/ch02html#en_US_2010_publink1000199986,2011-08-29。

如缺乏统一的信息披露标准和规范性指标、缺乏对信息披露的分析和评估,以及缺乏相应的奖惩规定和标准等。

由于没有统一的信息披露标准和指标,慈善组织则可以根据自身需要进行选择性披露,那些对组织不利尤其是事关利益输送的信息(如财务信息、管理层薪酬信息、内部交易信息等)很难成为组织的公布内容。一项由中民慈善捐助信息中心发布的研究报告,佐证了上述观点。该研究发现,尽管说,在基本信息、内部管理信息、业务活动信息和财务信息中,最大比例的受访组织认为财务信息是最重要的应披露信息,不过,实际的监测数据显示在上述受访组织中财务信息的透明度最低。除了财务信息之外,管理层的薪酬信息的透明度也很低,在所有受访的慈善组织中,没有一家组织公开这方面的信息[1]。显然,这些关键信息的缺失将在相当程度上削弱慈善组织信息披露的实际效果,对于该领域中的利益输送也很难起到有效的遏制作用。

随着中国政府对慈善组织年检制度的日益重视,以及相关领域会计制度规范化进程的加快,慈善组织递交给政府主管部门的各种材料也越来越专业化,其中的很多材料非经专业人士(如律师、会计师等)则难以理解。尽管说,对于中国慈善组织的未来发展而言,材料的专业化可能是一个必要的步骤,不过,由于缺乏专业信息评估和分析机构(如美国的慈善导航)的帮助,这些专业化的语言很难转化为普通民众能够理解的直观信息。在这种情况下,即使组织将相关信息公布于众,后者也很难借助于这些信息对慈善组织的实际运营情况做出合理判断和有效监督。这一点正如有的学者所指出的那样,在这种条件下,慈善组织的年度报告和信息披露只是服务于政府的监管和统计功能,无法发挥公民社会的监督作用[2]。

在当下有关慈善组织信息披露议题的研究文献中,有关奖惩规定及其标准缺失问题与后果的讨论几乎也是一片空白。事实上,现行与慈善组织信息披露相关的绝大多数法律法规基本上只是对慈善组织需要履行的信息披露义

---

[1] 中民慈善捐助信息中心:《2010年度中国慈善透明报告——全国慈善信息披露现状抽样调查》,http://www.donation.gov.cn,2011-08-05。

[2] 李莉,陈秀峰:《试论中国公益基金会的监督机制及完善》,《社团管理研究》,2008(12):第22—27页。

务进行了规定,但很少对组织违反此项义务所要承担的责任加以规定。纵使有个别条款进行了这方面的规定,其具体内容往往也显得过于僵化和宽泛。此外,由于仅仅将组织本身作为惩罚对象,而缺乏对直接责任人的惩罚,该规定的实际运行效率也就将大打折扣。

六、慈善组织的监管者

任何法律如果缺乏有效的执行都会流于形式,这一点对于慈善组织领域中的法律而言同样如此。美国慈善法律中反利益输送机制之所以能够在实践中起到实效,这与监管系统的有效运行是分不开的。在美国,具体负责慈善类相关法律执行的监管机构主要是国内税务局和州首席检察官。在具体分工方面,两者各有侧重,又相互配合。

国内税务局的具体工作职责是审批慈善组织的免税申请,通过各种渠道获得的可靠信息对慈善组织开展的各项活动进行审查,并依其结果作出相应的奖惩决定,其中包括是否继续赋予被调查的慈善组织以免税地位。

与国内税务局不同,州首席检察官则扮演了公共利益托管人的角色,其职责主要在于保证慈善组织的资产安全并尽力实现资产增值。为实现此目的,该机构会对慈善组织的日常运行进行广泛监督,其监管权主要包括"审查账目,委托管理人,判定损害范围,为保护公共利益而申请对非营利组织管理者、董事、代理人、雇员和其他人员的禁制令"。首席检察官可以就慈善组织交易行为的合理性与合法性提出疑问;当其认为某董事的行为会导致慈善组织陷入危险之境地,就有权对其提起诉讼,请求法院依据衡平法保护组织的财产;而如果董事的行为严重违反注意义务和忠诚义务,那么,州首席检察官还可以启动 quowarranto 公诉程序来解散该组织[①]。

根据中国的法律,慈善组织的监管机构主要有两个:一是各级民政部门,二是业务主管单位。因此,该模式通常被称为慈善组织领域中的双重管理体

[①] 税兵:《非营利组织董事责任规则的嬗变与分化——以美国法为分析样本》,《政治与法律》,2010(1):第137—146页。

制。根据该体制,慈善组织在民政部门登记注册之前,首先需要找到一个业务主管部门。在实践过程中,为了避免麻烦,作为"理性人"的业务主管单位通常情况下都不太愿意主动担当某个慈善组织的业务主管单位。而一旦出现这种情况,"社团的合法登记就出现了困难"[①]。不过,当两者之间存在某种利益上的关联时,该情况则另当别论,如慈善组织为该政府机构的人员分流提供渠道,或者为其离退休干部提供岗位等。从这个角度来说,双重管理体制已经成了中国慈善组织反利益输送机制建设的一个重大障碍,打破该局面对于未来中国慈善组织的健康发展刻不容缓。

七、结　语

经过三十年左右的发展,中国慈善事业已初具规模,其在国民经济中的地位日渐提升。随着越来越多的社会资源进入该领域,其中的利益纠葛渐趋复杂。与实践领域中的快速发展相比,相关立法和执法工作则明显滞后,从而为慈善领域中利益输送现象的大量滋生提供了适宜的土壤。基于此,中国的慈善事业急需进行一场重要的变革,即由过去寻求合法身份与注重数量积累的阶段向提升组织能力与注重品质建设的阶段的转变。这场变革能否取得成功在一定程度上取决于相关制度设置能否对此种变革需求作出及时且恰当的回应,而完善反利益输送机制则是其中的关键组成部分。

他山之石可以攻玉,作为世界上慈善事业制度颇完善的国家之一,美国在反利益输送机制中细致缜密的立法规制、完善的责任追究机制,以及代表公众利益的独立的监督、监管机制等,可以为我国慈善事业的反利益输送机制建设提供诸多有益借鉴。

---

① 刘智峰:《社团管理的许可与放任》,《法学研究》,2004(4),第 148—160 页。

英国社会企业的发展历程、规制体系与启示

金世斌

(江苏省政府研究室)

摘　要：利用商业手段实现社会公益目的的社会企业,是英国社会治理鲜明突出的亮点,被认为是有效解决社会问题的一剂良方。英国社会企业起步较早,政策比较完善,监管十分严格,发展态势良好,在社会治理创新、公共服务供给和经济包容性增长等方面,发挥了重要而独特的作用,一些做法和经验值得我们学习借鉴。

关键词：英国；社会企业；发展历程；规制体系

一、英国社会企业的发展历程与主要特征

英国是全球社会企业的发源地。最早可以追溯到1844年罗奇代尔公平先锋社,该社按股集资开设商店、建立工厂,为社员提供就业机会并按股分红。这一成功典范被国际合作社联盟视为现代合作社的雏形、"合作社原则"的奠基者。20世纪70年代经济危机爆发后,英国进行了一系列的社会改革,为社会企业发展提供了契机。20世纪90年代,"具有民间组织情怀"的工党上台执政后,面对经济社会问题开启了社会企业发展的大幕。2002年,新工党确立了首个社会企业单位,出台了一系列被描述为"使能环境"的社会企业政策,社会企业作为一种可供选择的商业模式,成为贸工部的"工作锚"。(李健,2018) 2004年,通过立法明确了社会企业的法律地位,在政府设立了监管社会企业的

---

* 原文出处：《中国发展观察》,2020(Z4),第121—125页。

① 金世斌,江苏省政府研究室社会处处长,研究员。

部级机构,社会企业发展进入快车道。截至2018年年底,英国已经有10万多家社会企业和200多万雇员,产值高达600亿英镑。2018年6月,时任首相特雷莎·梅在首相府举行的一场圆桌会议上强调,社会企业影响着公共服务经济,是社会重要的一环。

什么是社会企业?2002年,英国贸工部首次提出官方定义:社会企业是具有某些社会目标的企业。按照组织的社会目标,营利再投放到业务本身或所在社区,而不是为了股东和所有者赚取最大利润。英国社会企业联盟将社会企业定义为"运用商业手段、解决社会问题、实现社会目的"的机构。社会企业既不是纯粹的企业,也不是一般的社会组织,它通过商业手法运作,赚取利润用来贡献社会;其所得盈余用于扶持弱势群体、促进社区发展并维持自身的可持续发展。英国社会企业业务领域十分广泛,商业模式灵活多样,可以注册成多种法律形式,比如,社区利益公司、工业与储蓄协会、担保有限责任公司、社区企业、合作社、发展信托基金公司、友好社团、慈善交易部门等,其中社区利益公司是专门为社会企业设置的商业模式。尽管社会企业形式不同,但都需要满足三个基本条件:(1)必须是企业,(2)必须由社会目标驱动,(3)必须把大部分利润重新投放到该企业运营或社会使命中。总的来看,英国社会企业呈现以下鲜明特征(于魏华,2015):

(一)社会公益目标

社会企业与普通企业的最大区别在于,其成立目的就是为了推动解决某些社会问题,比如平等就业、公平教育、健康医疗、环境治理等。英国在2005年制定的《社区利益公司条例》中要求,申请注册社区利益公司,必须在其申请材料和公司章程中明确载明社会目标。虽然普通企业也积极履行社会责任,但其首要任务是为股东或所有人谋取最大的经济利益;社会企业获取利润主要是为了维持企业本身的正常运转,其成功标准是有无增加社会效益。比如,成立于1948年的伦纳德·切希尔公司,一直专注于残疾人服务,已在54个国家建立了200多个分支机构,在过去的财政年度,帮助了9000个残疾儿童进入学校学习,11000个身体残障人士得到培训并找到工作,在接下来的4年将帮助10万亚洲和非洲身体残障人士提高生活水平。

（二）商业运作模式

社会企业不同于传统的非营利组织,其收入并非主要来源于政府补助或捐款,而是依靠商业运作模式,通过向消费者提供服务或产品来追求财务上的自给自足并有所盈余,用获得的收益去实现社会目标。社会问题的解决往往需要很高的成本,社会企业虽不以营利为目的,但必须要寻求可以持续营利的商业模式来造福社会。而要实现自我造血功能,社会企业和普通企业一样,要打造成功的商业模式,在产品或服务方面创造自己的竞争力。比如,作为教会组织的圣马丁教堂除办有 3 个慈善组织外,还办了 2 个社会企业,圣马丁信托专门为建筑维修、乐团发展、慈善事业募集资金;圣马丁公司通过圣马丁乐团演出、出租场地、制售文创意礼品、销售咖啡和简餐等,取得了相当不错的经营收入,解决了 130 多人的就业问题,这些收入又反哺了慈善事业发展。

（三）资产锁定原则

为保证社会企业在商业运作中不偏离其社会目标,英国政府要求社会企业必须遵循资产锁定原则,即将资产锁定到社会利益,其获利及资产不能分配给股东,必须永久由企业持有,并且要继续投入项目或社区发展。根据《社区利益公司条例》相关规定,如股东赎回和回购自己的股票,只能得到其股票的票面价格(即使在公司清盘的情况下);公司的资产不能变卖给营利性公司,只能捐赠给公益性组织或转交给政府部门。

（四）个人发展优先

社会企业更多地关注人的成长和内心体验,强调人是社区最重要、最活跃的因素,帮助个人发展应先于利润和规模,"授人以鱼"不如"授人以渔"。社会企业力图通过挖掘提供产品及服务本身所蕴含的"尊重、关爱和美",提升客户价值,促进个人完善,进而为解决社会问题创造有利条件。比如,Track2000 回收中心将回收的家电和家具等旧货维修之后,以低廉价格卖给或捐给低收入人群,并以回收的旧物为教学模具,为有特殊需要的群体如残障人士、失业人员等提供技能培训,帮助他们自食其力。

（五）自治管理为主

自治性对社会企业发展具有基础性作用。在英国,社会企业由成员自愿创立,按照组织内部管理程序开展活动,实行自我管理、民主决策,在项目运作和事务决策方面享有自主性,不受制于任何其他组织和部门。以合作社为例,凡是符合社员条件的人只需交纳一笔股金即可入社,只有社员才有参与合作社管理的权利,拥有选举权和被选举权,并且在决策时有发言权。(陈雅丽,2014)这种模式能够充分调动每个人的积极性和主动性,敏锐把握社会需求,较快地找到组织发展和社会公益的契合点,用创新思维最大限度地整合社会资源,为社会企业发展注入生机和活力。

二、英国推进社会企业发展的规制体系

无论是社会企业的合法性还是制度化,英国都走在世界的前沿。在英国,社会企业不仅是一个概念范畴,更是一套政策工具组合,形成了比较完整的规制框架政策体系。主要包括以下几个方面:

(一)政府监管方面

为支持社会企业发展,2001年英国贸工部设立社会企业工作小组,确立了三项战略目标:为社会企业发展营造支持性环境;使社会企业发展成为运转良好的事业;建立社会企业的知识和价值体系。2004年英国政府成立了社区利益公司监管局,专门负责社会企业管理,其主要工作职责包括:审查申请成立社区利益公司的要件是否符合标准;通报在英国公司注册署的成功注册申请,以便颁发营业执照;鼓励适合的公司采用社区利益公司模式;为成立和监管社区利益公司提供指导;对社区利益公司实施宽松的监管,尽可能减少干预。2006年5月,英国政府将内政部下设的行动社区理事会和贸工部下设的社会企业工作小组合并,在内阁办公室成立了第三部门办公室,以更大力度推进包括社会企业在内的第三部门组织发挥积极作用。2010年卡梅伦首相上台后,改第三部门办公室为公民社会办公室,职能没有太大变化,仍直属内阁办公室。

(二)战略推动方面

2002年《社会企业:走向成功的战略》启动实施,标志着英国政府首个社会

企业战略问世,其主要任务是为社会企业发展创造有利环境,使社会企业成为更有作为的商业运营体,建立社会企业的价值。2006年,英国12个政府部门联合制定了《社会企业行动计划:勇攀高峰》,明确了政府在进一步推动社会企业发展上的职责,包括培育社会企业文化、帮助社会企业获得正确的信息咨询和适当的金融服务、促进社会企业更多地参与政府合作等。2010年,卡梅伦政府启动"大社会"项目,并发布新发展战略,以支持社会企业、慈善组织、志愿组织和社区团体更广泛地参与提供公共服务。可以说,政府将社会企业发展提高到国家战略层面,是英国社会企业得以大规模快速发展的基础和前提。

（三）立法规制方面

为了规范和促进社会企业发展,英国议会对相关法律进行了修改和更新。2004年10月29日,英国议会批准《公司(审计、调查和社区企业)法案》,该法案增设一项新的公司类别,即社区利益公司,这是专门为社会企业创设的一种法律身份。根据该法,社会企业必须具备两个条件:以社会利益为企业创建的出发点;坚持宽松的资产锁定原则,但分红不能超过企业收益的35%。2005年6月30日颁布《2005年社区利益公司条例》,进一步明确了社区利益公司成立、变更、分红、年度报告、上诉等具体要件和程序。2012年2月28日,英国议会通过《公共服务(社会价值)法案》,这部里程碑式的法案要求公共部门在购买服务时,不仅要关注经济效益,还必须考虑社会价值和环境价值。

（四）财政支持方面

自1997年起英国政府开始大力推广公益创业和社会企业,内政部投资成立"风险资本基金",向社会企业提供金融支持和商业指导。2002年英国政府注资1.25亿英镑建立"英格兰未来建设者基金",用于资助社会企业发展,提升社会企业运营能力。2012年英国政府启动"投资预备项目",主要包括两个方面:(1) 1000万英镑的"投资和合同预备基金",由Social Investment Business管理,主要支持较成熟的社会企业对接50万英镑以上的社会投资;(2) 以及1000万英镑的"社会孵化器基金",由BigFund管理,主要针对社会孵化器机构,帮助他们向初创期的社会企业提供投资和支持。

（五）税收减免方面

2002年英国政府出台"社区投资税收减免计划"，给予社会企业的投资者最高达25%的减税待遇，以激励更多的社会资金投向社会企业，特别是投向处于劣势的社区。2014年又出台实施"社会投资税收减免计划"，鼓励向社企业（包括慈善组织）进行投资，当年投资额的30%所得税可减免，投资者不必为英国公民，只要符合税收减免条件即可；如果将营利再投资到社会企业，可以降低其资本收益税，包括资本持转抵免和资本收益处置抵免。

（六）公共采购方面

创新公共服务购买机制，优先采购社会企业的产品和服务。2004年贸工部制定了"全国地方政府公共采购三年计划"，以帮助地方政府规划设计和充分利用外部采购来提供公共服务。2013年开始实施的《公共服务（社会价值）法案》强调在公共服务采购过程中，应实现社会价值最大化，从而大大增加了社会企业赢得政府合同的机会。有的地方甚至在公共采购制度中明确表示，在不违反公平、平等竞争的原则下，政府服务购买应优先考虑那些为本辖区居民提供培训和创造就业的社会企业。（陈伟东、尹浩，2014）当前，从公共服务合约中获得的收入占英国社会企业总收入的50%以上。

（七）社会融资方面

在英国较常见的社会投资方式有债务融资、股权融资和准股权融资。2010年首批社会影响力债券发行，该债券提供了一种有效的手段，为社会企业和慈善机构从资本市场筹集资金，以解决积习难改的社会问题，政府根据获得资助后社会企业的工作绩效，向投资者支付债券利息。2012年，英国政府推出"大社会资本"，总额高达6亿英镑的资金来源于英国银行体系内的4亿英镑休眠账户资金和2亿英镑商业银行投资。这是全球第一家社会投资银行，主要为成果基金、社会股票交易所和影响力风险投资基金等社会企业融资中介机构提供资金。2013年6月，伦敦证券交易所成立了全球第一个社会证券交易所，可再生能源、医疗保健、净化水、可持续交通、教育等领域12家社会企业挂牌上市，市值5亿英镑，英国社会投资又迈出了历史性的一步。

(八) 中介服务方面

英国有数百家中介机构,为社会企业提供培训和筹资机会,推动政策制定,吸引媒体关注,开展研究评估。其中,颇具影响力的有:2002年成立的英国社会企业联盟,是面向社会企业的全国性机构,现有1000多家付费社会企业成员,以及2万多家社会企业组成的附属网络。2000年成立的公益创业家基金会,由7家领先的非营利机构发起建立,发放了由英国千禧年委员会资助的1亿英镑赠款,该基金会着力推广和培养社会企业家,通过其奖励计划每年为数百个对象提供资金,助其创办社会企业或扩大发展。由罗伯茨企业发展基金会推动成立的社会投资回报评估网络(SROI Network),将严谨分析注入社会企业领域,开展社会影响力评估,以帮助社会企业使用适当的衡量基准、指标和外部标准,评估和改善社会、经济和环境方面的成果。(马湄丽、白康瑞,2013)社会企业标记公司、英国合作社联盟等也是行业内重要的全国性支持组织。

(九) 能力建设方面

贸工部负责统筹社会企业的业务支持和培训计划,确保英国企业联合会、中小企业局和贸工部适用于其他企业的培训计划都面向社会企业开放。政府还建立了"业务通"网站,为社会企业员工提供商业资讯和特定培训。2006年英国政府启动实施"能力建设者"项目,其中包括面向社会企业员工提供各种类型的指导和培训,以提高社会企业竞标和执行服务项目的能力。贸工部还资助成立了"社会企业培训支持联合会",汇集多家社会企业培训机构,为社会企业员工提供大量的培训课程,及时发现并解决社会企业遇到的业务问题。内阁办公室、经济社会研究委员会和巴罗吉百利信托成立了第三部门研究中心,致力于第三部门能力建设和知识分享。英国政府还与大学密切合作,开设社会企业课程,鼓励大学生投身社会企业,发掘和培养青年社会企业家。

(十) 宣传推广方面

英国政府通过多种渠道,积极宣传和奖励社会企业成功案例,以提高社会企业在政府、金融界和商业部门的影响,加强民众对社会企业及其精神的理解和支持。比如,布莱尔首相倡议"社会企业成为每一个商业部门从业者的主流职业选择"。第三部门办公室聘请成功的社会企业家担任"社会企业大使"。贸工部定期组织社会企业之旅,邀请各界领袖到先进社会企业实地参观考察。贸工部、NatWest 银行和苏格兰皇家银行设立了国家社会企业奖项——"企业化方案奖",其他政府支持的奖项还有"内城 100 奖""社会企业新星奖"等。英国地方、区域和国家级别的媒体都对社会企业进行了大量的持续报道。与此同时,英国政府还积极与世界各国交流经验,推广社会企业发展的英国模式。(李健,2018)

三、借鉴英国经验推进我国社会企业发展的对策建议

党的十九大指出,新时代我国社会主要矛盾已经转化为人民日益增长的美好生活需要和不平衡不充分的发展之间的矛盾。人民群众不仅对物质文化生活提出了更高要求,而且在民主、法治、公平、正义、安全、环境等方面的要求也日益增长。党的十九届四中全会强调,要创新公共服务提供方式,鼓励支持社会力量兴办公益事业;坚持和完善共建共治共享的社会治理制度,建设人人有责、人人尽责、人人享有的社会治理共同体。随着改革开放,我国第三部门逐步发展壮大。根据民政部发布的社会组织数量信息,截至 2018 年年底全国共有社会组织 81.6 万个,其中社会团体 36.6 万个、民办非企业单位(社会服务机构)44.3 万个、基金会 7027 个,(于俊如,2019)社会组织在经济社会发展中的独特作用日益显现。

作为弥补政府失灵、市场失灵和志愿失灵的一种新型组织形式,社会企业被人们看作社会经济的构成要素之一,近 30 年来愈发得到世界各国政府的重视。由于它还能辅助达成可持续发展目标,受到了联合国的大力支持。社会企业作为一种合作型行为在中国有着历史渊源,比如,封建社会时期农民合作应对洪涝和饥荒等自然灾害,例如 20 世纪三四十年代的工合运动,等等。2004 年,社会企业概念及相关研究被引入我国并开始受到业内关注。在国际机构、国内基金会和社会投资基金的推动下,业内先后开展了一系列社会企业培训和考察交流活动,设立了中国社会企业与影响力投资论坛、社会企业奖、社会企业支持基金等。2015 年以来,中国慈善展会已连续 4 年对超过 1400 家

企业和机构开展认证,其中通过认证的社会企业为228家(2015年7家,2016年16家,2017年106家,2018年109家,2015—2018年累计认证238家,其中有10家重复认证),遍布全国26个省、直辖市、自治区的71个城市,涵盖环保、无障碍服务、社区发展、公益金融、养老、教育、弱势群体就业、农业、扶贫、互联网、公共安全、妇女权益等14个社会领域。调查显示,2017年中国"自觉意识"的社会企业(所谓"自觉意识"社会企业,是指根据各种社会企业名录,统计出自己认同社会企业身份且被行内认可的社会企业)数量约为1684家,近半数(占44%)的受访社会企业成立于2015年及以后,营销与品牌管理、法律税务管理、人力资源管理、财务管理、利益相关方沟通与关系管理、战略管理、生产管理7个方面的商业运营能力评价偏低。在政府支持方面,2014年广东省佛山市顺德社会创新中心出台《顺德社会企业培育孵化支援计划》;2018年成都市政府颁布全国首个社会企业扶持政策《关于培育社会企业促进社区发展治理的意见》,同年北京市成立社会企业发展促进会并制定了《北京市社会企业认证办法(试行)》;2019年成都市武侯区出台《成都市武侯区社会企业扶持办法(试行)》,从主体、业务、财税、资源、创新5个方面对社会企业进行扶持。应该说,我国既有发展社会企业的现实需求,也有发展社会企业的条件与可能。但与英国相比,我国社会企业发展才刚刚起步,在公众认知、政策支持、企业认证、投资运营、市场监管等方面,还有许多工作要做。学习借鉴英国的成功经验,可以为培育、规范和引导我国社会企业积极有序地发展提供重要借鉴和有益启示。具体建议如下:

(一)强化公众认知,为社会企业发展营造良好社会环境

社会企业是一种当代理念,以国家为背景,区别于传统商业和非营利活动,融合了社会目的、市场导向、业绩标准等社会及商业特点。目前,我国政府和公众对社会企业的认知程度还比较低,很多只停留在传统的慈善组织层面,对社会企业本质和特征缺乏深刻了解。强化公众对社会企业的认知,是推动我国社会企业发展的前提和基础。一方面,结合我国具体国情,探索研究社会企业的相关理论,梳理总结世界各国发展社会企业的成功经验,归纳提炼社会企业发展的一般规律,为我国社会企业的制度设计提供理论指导。另一方面,

积极宣传推广我国社会企业的成功范例,通过推介有影响力的社会企业家或设立社会企业奖项,加强公众对社会企业的认知,提升公众的公益精神,引导公众进行道德消费,培育适合我国社会企业生存发展的良好生态。

(二)明确行业标准,让更多组织机构获得社会企业身份认证

制定社会企业认定标准,解决社会企业"身份"问题,使社会企业可以被清晰地识别和授信,是一项重要的基础性工作。目前,全球有 20 多个国家已经建立了比较完整的社会企业认证体系。要借鉴国外成功经验,结合我国工商注册制度改革,从资本、人员、产品、服务等方面明确标准,降低社会企业准入门槛,放宽社会企业以企业法人注册,允许非法人社团组织成为社会企业。同时,将社会企业纳入特殊社会组织的管理范畴,按照一定标准对社会企业实行公益认证制度,为社会企业提供易于识别的法律身份,保证社会企业沿着社会公益方向发展。(刘文俭,2015)特别需要指出的,认证是为了推动社会企业更好发展,结果运用非常重要。没有实质推动价值的"形式认证",设置条条框框约束社会企业的多样性,不但不能为社会企业发展做贡献,还可能扼杀其生命力,这一"围栏效应"值得警惕,不能为了认证而认证。(罗文恩、黄英,2019)

(三)完善财金政策,对不同社会企业实施差别化的政策支持

社会企业作为一种特殊企业类型,在其发展初期的探索培育阶段,应在现有的法律法规和政策体系之外给予社会企业专门的财税金融支持政策。在财政支持方面,鼓励各级政府设立不同层次的种子引导基金,建立社会企业专项资金,对符合条件的社会企业给予项目、资金支持;对尚未成熟的社会企业,在一定时期内提供必要的事业费和运营费;对相对成熟的社会企业,逐步过渡到以资本市场的资金供应为主,使社会企业适应严格评估的融资市场环境,从而构建稳定的资金支持体系。同时,加大政府向社会企业购买服务力度,探索慈善、福彩、体彩等公益资源进入社会企业。在税收支持方面,对照小微型企业税收政策,制定优惠力度更大、差别化的社会企业税收政策。在金融支持方面,针对社会企业特点完善金融支持政策,引导银行业金融机构加大服务力度,为符合条件的社会企业提供金融服务。鼓励股权投资基金支持符合条件的社会企业项目,推动社会企业发展。探索建立社会投资市场,逐步构建社

影响力债券、影响力投资、社会证券交易所、社会影响力投资者、社会投资回报等促进社会价值创造的社会投资体系。

（四）加快平台建设，着力构建立体式社会企业综合服务体系

充分利用互联网、人工智能、大数据、区块链等新技术的发展，以倡导社会创新理念、推动品牌体系建设、提升专业赋能、建构跨界合作网络、优化社会投资环境为目标，建立全国统一的社会企业综合服务平台，服务社会企业对外宣传，以及能力提升、业务拓展、交流合作、金融对接，提高社会企业的信息获取率和生产率，通过数字技术赋能社会价值共创。建设社会企业信用平台，依法归集、整合、发布社会企业的登记（备案）、行政处罚、年度报告等信息，提升社会企业群体的品牌意识，争取社会各方的广泛认知与支持。支持建立各类孵化平台为社会企业提供孵化服务，鼓励城乡社区利用闲置场地和闲置设施为社会企业提供办公场地、办公设施服务。积极搭建社会支持网络平台，支持银行、担保、保险、证券、信用、评估、培训、就业等中介机构围绕社会企业有针对性地开展服务，建立多元化的跨界合作机制，促进社会企业间形成各种伙伴关系。

（五）创新监管方式，规范和引导社会企业健康有序发展

建立健全社会企业信息公开披露制度，依法加强对社会企业市场运营的经济属性监管，创新社会企业社会属性监管体系，引导和督促社会企业主动公开承担公益项目和公共服务信息、业绩信息、利润分配信息等，按要求公开发布年度社会责任报告、影响力评估报告，以及遵守企业章程和评审认定标准、履行社会承诺、规范企业运行等方面的情况。将不符合监管要求或经第三方复审不再符合评审认定标准的社会企业，移出社会企业名录，不再具备申请社会企业评审认定的资格，不再享受社会企业相关政策支持。完善社会监督机制，支持建立社会企业联盟，共享知识和经验，加强行业自律，引领和规范社会企业行为。发挥会计师事务所、律师事务所等专业服务机构和社区的作用，强化对社会企业及其行为的监督。

（六）突出能力建设，持续提升社会企业的社会影响力

社会企业的兴起，离不开优秀的社会企业人才。在许多英国大学的本科

和研究生课程设置中,社会企业是不可或缺的重要一环。普利茅斯大学对4大洲12个国家的200多个高等教育机构调查发现,75%的受访机构目前至少积极参与一个社会企业,其中一半以上参与了国际社会企业合作,只有2%的受访机构从未与社会企业合作过。为此,我们建议:一方面,立足当前,借助各高等学校、职业技术学校、高技能人才基地等资源,以及国外社会企业中介机构力量(如英国社会企业联盟、社会投资回报评估网络、公益创业家基金会等),有针对性地开展社会企业培训服务,着力提升社会企业从业人员的专业知识和服务技能。另一方面,着眼长远,鼓励和支持高校加强社会企业教育体系建设,探索开设与专业课程体系有机融合的社会企业课程,把社会企业教育与实践项目纳入日常教学计划,引导年轻一代把社会企业作为自己的职业选择,培养专业化公民经济、社会经济创新创业人才。此外,积极鼓励高校、企业和智库机构,联合建立以社会经济为主题的研究中心,推动我国社会企业产学研一体化发展(郭豪楠,2019)。

慈善组织透明化运行机制研究述评*

毕素华①

(江苏省社会科学院)

摘 要:慈善组织的运行情况,直接关系到民众对其的体认,因而具有特别意义。在关于慈善组织透明化运营机制的研究方面,国外学者从理论和实证两个角度进行了大量的研究。相较于西方长达数百年的慈善运营的历史以及丰硕的研究成果,现代意义上的中国慈善事业的实践时间较短、根基较浅,对其学术意义上的研究和关注亦有所缺乏。本文通过对国内外关于此研究的分析比较发现,国外学者对实证研究的取向日渐浓烈,这无疑为我国今后慈善组织透明化运行机制研究提供了参考的对象。

关键词:慈善组织;透明化;运行机制;比较研究

中国慈善的理念和实践源远流长,这使得慈善在当今中国的发展具备了坚实的理论、价值和实践基础。然而,随着人们对"慈善组织透明化"的要求越来越高,国内外掀起一股对"慈善组织透明化"的研究热潮。国外对"慈善组织透明化"关注较早,目前已经形成了一系列研究成果,既有理论上的探讨和模型的建立,又有大量的实证研究;而国内对其关注较晚,研究尚处于不成熟阶段,目前尚未形成关于慈善组织透明化的相关理论,对其研究集中于实证研究。本文对国内外有关慈善组织透明化运行机制研究进行文献综述,并做简要分析比较,以期为国内研究提供借鉴。

---

* 原文出处:《学会》,2014年第5期(总第306期),第5—13页。
① 毕素华,《江海学刊》杂志社副社长,《学海》主编,研究员。

一、国外慈善组织透明化运行机制研究现状

国外学者对慈善组织透明化的关注较早,围绕慈善组织应不应该成为慈善行为主体、慈善组织有哪些慈善行为策略以及慈善组织水平的影响因素等形成了一系列研究成果。

19世纪和20世纪早期,传统主流经济理论占支配地位。在该理论看来,企业是一个纯粹的经济实体,企业管理者的唯一责任就是为股东尽可能多地创造利润。秉承这一理念,企业管理者理所当然地认为慈善行为侵蚀企业相对稀缺的资源,占用企业的资金会损害企业利润,即企业慈善行为与经济目标是不兼容的。这一理论的代表人物有美国著名经济学家哈耶克和弗里德曼。哈耶克认为:企业的首要职责是提高效率、赚取利润。企业以最低廉的价格提供最大量的商品,就是在履行其社会责任,否则企业、股东和全社会的利益就要受到损害。弗里德曼认为:企业有一个并且只有一个社会责任,即在法律和规章制度许可的范围之内,利用它的资源从事旨在增加它利润的活动,如果管理者接受企业社会责任观念,而不是尽可能地为股东创造价值的话,那就几乎没有什么倾向能如此彻底地破坏自由社会的基础了。慈善捐赠等活动只能是股东或职员个人的事,绝非企业所应承担。综上所述,传统主流经济理论认为企业的慈善行为与其经济目标是相冲突的,慈善行为不是企业应该承担的,而只是企业成员的个人行为。这一时期,企业的慈善行为是企业家的道德自愿行为,充满各种偶然和不确定因素。

与传统主流经济理论不同,战略性企业慈善行为论代表人物迈克尔·波特认为企业慈善行为与其经济目标是可以兼容的,慈善行为不仅有利于社会,也有利于企业。他尤其强调企业慈善行为对企业竞争环境的四个方面都将产生重要影响。第一,在对生产要素的影响上,企业慈善行为可以改善教育和培训状况,为企业提供大量高素质的劳动力,可以有效地提升所在地研发机构水平、行政机构效率、基础设施质量以及自然资源生产效率。第二,从需求条件的角度看,战略性慈善行为不仅可以影响本地市场规模,还可以有效地改善本地市场质量。第三,从企业战略与同业竞争的角度看,战略性慈善行为对于创

建更有效率和公开、透明的竞争环境至关重要。第四,从相关和支持性产业的角度看,战略性慈善行为可以推动簇群和支持性产业的进一步发展。

波特的战略性慈善行为理论打破了传统的企业慈善行为与经济目标相冲突的观点,为企业从事慈善行为提供了理论上的准备。但是,改善企业竞争环境的目标过于宏大、很难达到,对企业的激励也很有限。卡罗尔·科恩等人提出了更具可操作性的公益——品牌战略论,即企业通过从事公益和慈善活动提升企业产品品牌,其实质是将通常被视为义务的企业慈善活动转化为有价值的企业资产,从而实现公益与商业目标的双赢。成功的公益——品牌战略将对企业雇员和消费者产生积极影响。一方面,可以赢得企业雇员的忠诚。科恩等人研究发现在承担公益事业的企业中,88%的雇员因了解到企业的慈善行为而提高对企业的忠诚度,53%的雇员主要是因为企业承诺关注各种社会问题而选择留在企业工作。另一方面,可以赢得消费者的青睐。消费者越来越多地从社会公益的角度选购商品,人们在决定购买和推荐何种商品时常常要看企业是否热心公益事业。这一理论不仅能兼容社会公益和企业商业目标,而且商业目标变得更为具体、直接和切实可行,对企业有较大的吸引力。

海克·布鲁克和弗兰克·沃尔特在考察了企业慈善行为后提出企业慈善行为的四分图模型,拓展了人们对企业慈善行为的认识。他们发现企业进行慈善行为决策时大多基于两个维度考虑:市场导向和竞争力导向。市场导向,是指企业围绕利益相关者的期望来决定慈善行为的具体方案;竞争力导向,是指从核心竞争力出发来考虑如何进行慈善事业,以此来与公司本身的核心业务相互帮衬。他们以"市场导向"和"竞争力导向"两个维度将企业慈善行为分成四种类型。一是外聚型企业慈善行为。这种慈善行为仅考虑市场导向,主要是被外部需求和利益相关者期望所驱动,往往与企业自身的核心业务无关。该类慈善行为将为企业带来良好的声誉,但也有其不足。由于慈善行为与企业自身的核心竞争力没有丝毫关联,此类慈善行为往往显得较为肤浅,没有自身的特色。更严重的是,企业为了进行此类慈善事业,将从主营业务中单独分离一部分资金和管理资源,可能造成企业战略模糊。二是内聚型企业慈善行为。这种慈善行为仅考虑竞争力导向,企业主管将经营活动和慈善事业融为一体,利用自身的资源,如产品、服务和员工的技能来进行公益活动,但这种慈善行为容易忽视外部利益相关者的需求，错失塑造企业声誉的机会。三是离散型企业慈善行为。这种慈善行为既未考虑利益相关者的需求，也未考虑自身竞争力的发展。此类慈善行为既不符合企业的利益，也没有满足外部利益相关者的需要。四是战略型企业慈善行为。这种慈善行为兼顾了市场导向和竞争力导向，既满足了利益相关者的需求，又能利用企业自身独特的资源和能力来造福社会。企业通过此类慈善活动，有机会思考如何将核心竞争力应用到新的商业领域，有利于激发员工的热情，刺激消费者的需求，提高了在劳动力市场的吸引力。更重要的是，企业通过慈善行为向外界传递了自身的目标和愿景，突出了企业的特性。显然，最理想的类型是战略型企业慈善行为，只有当企业慈善行为既能增加社会福利，又有利于企业商业发展时才是可持续的。在关于慈善组织水平的影响因素方面，西方学者通过实证研究发现影响企业慈善行为的因素很多，包括企业规模、行业、高层管理者（价值观、权限、股权数、民族）、董事会结构、公司财务状况、税收和共同体同态现象等。由于各位学者采集的样本的标准不一，选取的指标也不尽相同，在有些影响因素的研究上得出的结论也是不一致的。

首先是企业规模、行业等因素方面的研究。凯蒂亚（Kedia）和昆茨（Kuntz）对美国得克萨斯州的银行业进行实证研究发现，企业慈善行为与企业规模大小无关；但麦克艾尔瑞（McElroy）和齐格弗里德（Siegfried）认为企业规模大小与企业慈善行为水平有正相关性；马丁（Matin）通过对加拿大企业的调研发现，大企业进行慈善行为的概率较高，但小企业的捐赠力度（即捐赠金额占税前收入的比例）要大于大企业。

尤西姆（Useem）认为，与公众接触较多的行业（如保险、零售、旅馆业）的捐赠水平要高于那些采矿、建筑等与公众接触较少的行业；斯蒂芬（Stephen）和安德鲁（Andrew）对英国 FTSE 指数约 650 只样本股进行研究，共取得 334 家公司的完整数据，并以此分析企业规模、组织透明度、行业性质等对企业捐赠支出的影响。研究发现，企业规模、组织的透明度与企业捐赠支出是正相关的。大企业会对慈善事业进行更多的捐赠；组织透明度和企业规模对企业捐赠的影响程度相近；行业性质对企业捐赠行为有重要的影响，资源型行业中的企业比基础性行业中的企业捐赠得要多。坎贝尔（Campbel）和施莱克（Slack）

认为,公众对公司的感知程度(PublicVisibility)是影响企业慈善行为水平高低的因素之一。

其次,部分学者认为高层管理者、董事会结构也是影响因素之一。国外学者对企业高层管理者与企业慈善行为关系的研究,主要体现在高层管理者的价值观、兴趣、股权集中程度、民族性等方面。勒纳(Lerner)和弗里塞尔(Fryxel)对《财富》"500强"中的220位CEO调查发现,企业慈善行为与CEO个人的价值观有着很强的正相关性。坎贝尔(Campbel)等人对决策者的个人态度与企业慈善行为的关系进行论证,认为两者关系非常密切,富有同情心的高层决策者令企业更积极地参与到慈善事业中。韦伯(Werbe)和卡特(Carter)使用160家企业基金会的样本数据研究了CEO影响企业慈善行为的问题。研究认为:CEO在参加企业基金会会议时,会将个人兴趣带入慈善行为的决策中,如果CEO缺席了基金会会议,那么他个人的兴趣对企业慈善行为的影响就会减少,但不能完全消除。艾金森(Atkin-son)和戈拉斯克维奇(Ga-laskiewicz)经过研究发现,CEO拥有企业的股份越多,企业的捐赠就会越少;企业的股权越集中,对CEO的监督力度越大,CEO的权限越小,企业的捐赠越少。汤普森(Thompson)和胡德(Hood)也证明了少数民族成员对企业慈善行为的积极作用,他们向500家小企业的法人代表派发问卷并收回有效问卷169份,发现少数民族的企业家更热衷于企业慈善事业,并将更多的资金捐向了宗教组织。

王(Wang)和科菲(Coffey)选取78家《财富》"500强"的企业为样本,实证研究了董事会结构与企业慈善行为的关系,发现董事会中内部董事越多,女性和少数民族成员越多,企业慈善行为越多。海兰德(Helland)和史密斯(Smith)运用代理成本理论解释企业捐赠行为,研究发现企业董事会人数与企业现金捐赠数量、成立企业基金会是正相关的;同时,他们研究得出董事会外部或者独立董事的比例越高,并不会导致较少的企业捐赠,以此认为董事会的构成对企业捐赠没有重大影响。

公司的财务状况直接反映公司的运转以及所持有的财富,因而也成为一些学者的研究对象。约翰逊(Johnson)调查研究了产业结构和业绩对企业慈善行为的影响并得出结论:税前利润是企业慈善行为主要的决定因素。马克和凯利通过实证分析,也得到了同样的结论。海兰德和史密斯研究发现债务对企业捐赠行为的影响是负面的,债权人有效控制的、高负债率的企业很少采用现金捐赠,并且也很少建立企业基金会。出乎意料的是,部分研究表明,企业慈善水平与财务表现并无强相关性。格里芬(Griffin)和马洪(Mahon)研究了化工行业中的6家企业,发现其慈善表现和财务表现并无相关性,并认为是一些内部因素左右着企业慈善行为的水平。赛弗特、莫里斯和巴茨通过对130家企业慈善行为和财务表现的实证研究证明,企业慈善行为与财务表现并不相关,但同时发展企业慈善行为水平与企业可利用的资源(现金流)有一定的正相关性。

当然,还有一些其他因素影响着企业的慈善行为。帕梅拉(Pamela)和罗伯特(Rober)分析了税收激励对慈善行为的影响程度,并提出许多建议,如改变边际税率结构、允许纳税人利用标准抵扣额通过捐赠减少应纳税收入、废除不动产税等。查尔斯(Charles)对捐赠的经济学问题进行研究,尤其分析了收入和税收因素对捐赠的影响,将收入和价格变量一并运用到统计学模型中,以测定它们对捐赠额度的定量影响。马奎斯(Marquis)、格林(Glynn)和戴维斯(Davis)等人在提出共同体同态现象概念的基础上认为:单个企业慈善行为与它所处的共同体中其他企业慈善行为有雷同之处,因为共同体内部的企业之间会相互影响、相互模仿。

二、国内对慈善组织透明化运行机制的相关研究

改革开放后,我国的慈善事业才开始复苏。目前,我国的慈善事业发展并不成熟,国内对企业慈善行为的专门研究还相当少,主要有以下几个方面:

首先是从慈善组织内部管理的角度进行的研究。目前,国内从企业内部管理的角度出发研究企业慈善行为的只有同济大学经济与管理学院徐雪松博士的博士学位论文《企业慈善行为研究》。该博士论文在明确什么是企业慈善行为和梳理国内外对企业慈善行为的相关研究成果的基础上,描述了企业慈善行为的历史沿革,既有纵向的企业慈善行为的历史与现在,又有横向的中外企业慈善行为的比较。然后在问卷调查和统计分析的基础上阐明企业慈善行

为的动因,即企业为什么会从事慈善。接着又分析了企业慈善行为的方式,即企业慈善的领域、资源和途径有哪些以及如何选择,企业慈善行为的过程管理,即如何从慈善行为的发展过程进行管理,企业慈善行为的功能,即企业慈善行为对企业内部管理职能有哪些促进作用。最后阐述了企业慈善行为的评估,即如何评价企业慈善行为。该博士论文通过对上海各种行业企业的问卷调查得出我国企业慈善行为的动因,按照重要性进行排序为:提升企业形象、帮助弱势群体、响应政府号召、解决社会危机、塑造产品品牌、融洽社区关系、贯彻领导者的慈善意识、提高员工的凝聚力、进行产品促销、吸引优秀人才、免除部分税收和受竞争对手捐赠的影响。我国企业慈善捐赠的领域主要是扶贫、教育和救灾,慈善捐赠的资源主要是现金、本公司产品和志愿者,慈善捐赠的途径主要是自己做和与慈善组织或者政府部门合作、委托给慈善组织去做。该博士论文站在企业内部管理的角度,阐述了企业如何从项目前、项目中、项目后三个阶段对企业慈善行为进行管理,并建立了基于企业慈善理念—慈善方式—慈善管理—慈善效果的慈善行为综合评价模型来评估企业的慈善行为。

部分学者对慈善组织公益捐赠行为及其类型进行了总结和归纳。为探讨中国企业的公益捐赠行为,中国社会科学院社会政策研究中心公司捐赠研究课题组于2000年对上海市1999年营业额前1000名排名中的503家公司的公益捐赠行为进行了问卷调查,最终形成了《上海企业捐赠社会公益研究报告》①。问卷调查发现:92.4%的公司自成立以来有过公益捐赠行为,66.6%的公司1999年有过公益捐赠行为。1999年公司的捐赠水平(捐赠金额相当于其当年营业收入额的百分比)为0.392%。其中,国内私营企业的捐赠水平最高,为0.87%;三资公司次之,在0.36%与0.62%之间;国有公司捐赠水平最低,为0.29%。公司的捐赠金额(含产品实物折合成金额)与其当年营业收入的相关系数是0.372,呈一定程度的正相关。

研究报告以公司的捐赠意识和捐赠行为为核心,将公司的捐赠行为分为

---

① 卢汉龙:《上海企业捐赠社会公益研究报告》,载马伊里、杨团:《公司与社会公益》,北京:华夏出版社,2002年。

五种。一是积极主动型,有较强的捐赠意识和自主行为,每年或连续多年有捐赠公益事业的行为,其中现金捐赠高于社会平均水平,将回报社会作为公司文化的一部分,并善于运用税收优惠政策,这一类型的公司大约占公司总数的10%。二是积极被动型,指那些对社会公益有相当的捐赠意识,但大多是靠外力推动,其中行政性要求是重要动因,这类公司以国有大公司和近年发展起来的股份制公司居多,此类公司大多也已建立或准备建立制度、订立计划来处理捐赠事务,占公司总数的15%。三是一般型公司,有捐赠行为但没有捐赠意识,它们与积极被动型公司的差别在于:(1) 捐赠数目小,形式单调,无个性或创意;(2) 制度化不够,纯靠外力(一般是政府或上级部门指派)推动,这类公司占总数的60%,是大多数。四是消极无奈型,这类公司大多是出于经济能力的原因而无法产生捐赠行为,大约占公司总数的10%。五是消极抵触型,一些有经济能力的公司,但它们从不同角度认为社会公益事业应该由政府来负责,公司的责任就是依法纳税,此外不应再承担公益捐赠等义务,这一类型的公司大约占公司总数的5%。

该研究揭示了虽然公司捐赠的数量在中国已具备相当规模,但是由于缺乏系统捐赠理念的指导,公司的捐赠往往是较被动的,多数公司捐赠并非出于公司的自主意识。这种状况对于公司建立社会责任意识、发掘和配置社会福利资源都有着显著影响,同时也影响公司与整体社会经济环境的协调和可持续发展。

在中外慈善组织捐赠行为的比较研究方面,国内学者也作出相应的努力。国内有学者运用问卷调查的研究方法对中外企业的慈善捐赠行为进行比较研究。张传良的《中外企业慈善捐赠状况对比调查》[①]通过对国内企业和跨国公司的问卷调查,得出中外企业慈善捐赠行为主要有以下不同:(1) 跨国公司的捐赠自主性高于国内企业。国内企业在进行慈善捐赠时更多地受到外部因素的影响,如政府的行政动员、慈善机构的劝募、各种媒体的动员等。而跨国公司进行慈善捐赠时更多地从内部因素出发,将影响企业发展的各种利益相关者考虑在内,如企业高层的重视、符合企业发展战略和规划、吸引消费者开拓

---

① 张传良:《中外企业慈善捐赠状况对比调查》,《中国企业家》,2005年第17期,第32—34页。

市场、树立良好的企业形象等。(2) 在捐赠的方向上,国内企业以扶贫和赈灾为主,而跨国公司多为有计划捐赠,教育科研占有较高比重。(3) 在慈善捐赠的运作上,跨国公司要比国内企业成熟。国内仅有少数企业设立专门负责慈善捐赠工作的部门,有专门的慈善捐赠资金预算。而在跨国公司中,这一比例要高得多。(4) 国内企业对慈善捐赠效果的评价稍低于跨国公司,续捐意愿低于跨国公司。有部分国内企业认为捐赠完全没有达到目的,而跨国公司却认为达到了预期目的。国内企业对捐赠效果的评价偏低,造成企业继续捐赠意愿降低。(5) 大多数跨国公司非常清楚与捐赠相关的税收减免政策,而国内企业则大多数不了解该政策的存在。

田雪莹、蔡宁的《企业慈善捐赠行为研究——基于上海企业的实证分析》[①]选取上海近 5 年有过捐赠记录的 87 家企业进行问卷调查,其中国有企业 39 家、民营企业 20 家、外资企业 28 家。通过统计分析,主要得出以下结论:(1) 在企业捐赠动机上,国有企业和民营企业大多是纯公益性捐赠动机,而外资企业大多是长期利益动机。我国企业的捐赠活动还停留在单纯的"做好事"层面,没有形成成熟的慈善意识和社会投资理念,捐赠动机策略性不强,被动捐赠的行为较多。而外资企业以获得长期利益为目标,追求企业和社会利益双赢,积极主动地进行捐赠,捐赠指向相关利益者,因此捐赠效果也相对较好。(2) 在企业捐赠结构上,国有企业大多选择金钱捐赠,形式较为单一;民营企业则多采用金钱与本企业产品捐赠相结合的方法;外资企业则以资金、设备、产品和技术捐赠几种方式并行见长。国内企业最主要的捐赠方向是扶贫和赈灾,而外资企业捐赠的着力点则放在教育科研上。进一步分析得出,国内企业捐赠的领域与本行业的相关程度不大,而外资企业在选择捐赠领域时,大多会选择企业所在行业或相关领域进行捐赠,注重捐赠的策略性。(3) 在企业捐赠管理上,外资企业比较重视捐赠的计划性,会根据公司或基金会的年度预算来制定每年的捐赠计划,而国内企业则缺乏系统的捐赠计划。与国内企业相比,外资企业较多地设立了专门负责管理企业慈善捐赠活动的部门。

---

① 田雪莹,蔡宁:《企业慈善捐赠行为研究——基于上海企业的实证分析》,《科技进步与对策》,2009 年第 20 期,第 108—111 页。

在慈善组织捐赠的税收优惠政策及其对慈善组织捐赠的激励研究方面，吴俊彦、郭建等人在此方面的讨论值得关注。

吴俊彦在《探讨我国公司慈善捐赠的税收优惠政策》[①]中，从财务会计的角度描述了我国慈善组织捐赠的税收优惠政策，分析了其不足，最后提出了我国慈善组织捐赠税收优惠政策的完善思路。文章指出，我国企业捐赠税收法制建设滞后，与西方发达国家相比，我国企业慈善捐赠税前扣除比例偏低，且不允许结转；企业慈善捐赠享有优惠的公益性组织有限，直接捐赠不允许税前扣除；实物捐赠无法进行评估，企业慈善捐赠财务列支混乱。在此基础上，文章中提出完善的思路：进一步提高企业慈善捐赠税前扣除比例，允许结转；建立对公益性机构的认定及监督机制，在此基础上增加享有捐赠人优惠的慈善组织；建立规范的捐赠物资估价制度和体系，税收减免程序应化繁为简，推出捐赠发票。

郭建博士学位论文在《社会捐赠及其税收激励研究》[②]中，从经济学的角度首先分析了社会捐赠的内在动机和外在影响因素，探讨社会捐赠供给决定机制，在此基础上对税收因素进行了分析，指出主要是利用微观经济学理论分别就个人所得税、企业所得税和遗产税对社会捐赠影响等诸因素的作用机理及产生的效应进行了研究。接着对发达国家的社会捐赠税收激励进行了考察和评析，然后以山东省256家企业和青岛市322位个人的问卷调查为基础，分别从个人和企业两个主体深入探析了中国社会捐赠的特征及其影响因素，研究了中国社会捐赠税收激励的实施效果。得出绝大多数个人不了解捐赠税收激励，极少数人享受过捐赠扣除政策；大部分人认为，目前30%的捐赠扣除比例较低；绝大多数企业较熟悉捐赠税收激励，但认为3%的扣除比例过低；一半以上企业表示，扣除比例如果提高至12%，将会进一步鼓励企业的捐赠行为。文章得出结论：中国目前还没有完全形成鼓励企业和个人捐赠的税收激励，提出了优化中国社会捐赠税收激励的构想。

同样，国内部分学者与国外相似，也对慈善组织行为的影响因素进行了深

---

① 吴俊彦：《探讨我国公司慈善捐赠的税收优惠政策》，《财会研究》，2010年第2期，第28—30页。

② 郭建：《社会捐赠及其税收激励研究》，济南：山东大学博士学位论文，2008年。

入挖掘和探讨。

国内有学者对我国企业慈善行为的影响因素进行了实证研究。陈宏辉、王鹏飞的《企业慈善捐赠行为影响因素的实证研究:以广东省民营企业为例》[1],以利益相关者理论为基础,从企业内部的资源和能力、外部的政府行为两个角度来考察广东省民营企业慈善捐赠行为的影响因素。通过对158份有效问卷的实证分析,发现民营企业慈善捐赠行为与企业现金流的多寡没有显著关系,但企业形象、企业慈善决策机制、政府行为对民营企业是否进行慈善捐赠有显著影响,而且不同规模的企业和处在不同生命周期的企业、不同行业的企业,在慈善捐赠行为上也有一定的差异。肖强、罗公利的《企业公益捐赠的影响因素研究——以青岛市企业为例》[2]在对青岛市企业问卷调查的基础上运用逻辑回归方法构建了企业公益捐赠决策模型,发现以下几项因素对企业公益捐赠决策具有显著影响:企业逐利倾向与企业公益捐赠决策呈负相关,对捐赠决策的影响程度较大;企业决策者受教育程度、企业资产负债率与企业公益捐赠决策呈负相关,但对捐赠决策的影响程度不大;政府态度与企业公益捐赠决策呈正相关,对捐赠决策的影响程度较小;税收优惠政策、企业慈善文化与企业公益捐赠决策呈正相关,对捐赠决策的影响程度较大;受赠机构社会影响力与企业公益捐赠决策呈正相关,对捐赠决策的影响程度最大。许婷的《上市公司慈善捐赠影响因素实证研究——以2006年上市公司慈善排行榜为例》[3],以2006年上市公司捐赠排行榜上的44家公司2004—2006年的数据为研究样本,通过回归分析得出资产负债率与公司捐赠支出呈不显著的负相关,公司规模与捐赠支出呈显著正相关,国有控股公司比非国有控股公司更倾向于慈善捐赠,公司董事会成员平均受教育年限与公司捐赠呈显著正相关。

---

[1] 陈宏辉,王鹏飞:《企业慈善捐赠行为影响因素的实证研究:以广东省民营企业为例》,第三届(2008)中国管理学年会论文,2008。

[2] 肖强,罗公利:《企业公益捐赠的影响因素研究——以青岛市企业为例》,《青岛科技大学学报(社会科学版)》,2009年第2期,第68—73页。

[3] 许婷:《上市公司慈善捐赠影响因素实证研究——以2006年上市公司慈善排行榜为例》,《市场周刊(理论研究)》,2008年第12期,第90—92页。

三、国内外慈善组织透明化运行机制研究的比较

从国内外慈善组织透明化研究现状的横向比较来看,中国内地学者对这一课题的关注不够,研究成果较少。这一方面是源于我国现阶段社会主义现代化建设仍然处于初级阶段,较弱的经济基础无法为慈善事业提供强有力的基础;另一方面也有慈善组织,以及民众等方面的原因。纵向从国内外近些年研究来看,针对这一课题的实证研究越发受到学者,特别是国外学者的关注。

从国外和国内的研究现状可以看出,国外学者对慈善组织透明化这个话题关注较早,目前已经有了一系列研究成果。一方面,围绕企业慈善行为形成了一系列理论研究成果,建立了企业慈善行为的模型,包括企业应不应该成为慈善行为的主体、迈克尔·波特的战略性企业慈善行为理论、海克·布鲁克和弗兰克·沃尔特的企业慈善行为的四分图模型等,这些理论研究成果为本课题的研究提供了有力的参考。另一方面,国外学者围绕企业慈善行为进行大量的实证研究,发现了诸多企业慈善行为的影响因素,包括企业规模、行业、高层管理者(价值观、权限、股权数、民族)、董事会结构、公司财务状况、税收、共同体同态现象等。然而,由于各位学者采集的样本不一,选取的指标也不尽相同,在有些影响因素的研究上得出了不一致的结论。由于中西方文化的差异、企业状况的差异,这些实证研究的成果显然不能直接适用于我国民营企业。

总体而言,目前我国的慈善事业发展并不成熟,国内对企业慈善行为这个话题关注较晚,对其研究也相应处于不成熟阶段。国内尚未形成关于企业慈善行为的相关理论,对企业慈善行为的研究也仅集中于运用问卷调查和访谈了解中国企业慈善捐赠行为的现状与外国企业慈善行为的差异和税收优惠政策对企业慈善捐赠的激励状况,以及企业慈善行为的影响因素,等等。由于各位学者进行实证研究选择的样本不一样,最终得出的结论也有差异。

参考文献

[1] 徐雪松.企业慈善行为研究[D].上海:同济大学,2007.

[2] 卢汉龙.上海企业捐赠社会公益研究报告[M/OL]//马伊里,杨团.公司与社会公益.北京:华夏出版社,2002.http://gongyi.sina.com.cn.2009-02-19.

[3] 张传良.中外企业慈善捐赠状况对比调查[J].中国企业家,2005(17):32—34.

[4] 田雪莹,蔡宁.企业慈善捐赠行为研究——基于上海企业的实证分析[J].科技进步与对策,2009(20):108—111.

[5] 吴俊彦.探讨我国公司慈善捐赠的税收优惠政策[J].财会研究,2010(2):28—30.

[6] 郭建.社会捐赠及其税收激励研究[R].济南:山东大学,2008.

[7] 陈宏辉,王鹏飞.企业慈善捐赠行为影响因素的实证研究:以广东省民营企业为例[C].第三届(2008)中国管理学年会论文,2008.

[8] 肖强,罗公利.企业公益捐赠的影响因素研究——以青岛市企业为例[J].青岛科技大学学报(社会科学版),2009(2):68—73.

[9] 许婷.上市公司慈善捐赠影响因素实证研究——以2006年上市公司慈善排行榜为例[J].市场周刊(理论研究),2008(12):90—92.

社会企业的伦理之维及其对传统经济伦理的超越

杨光飞[①]

(南京师范大学社会发展学院)

摘　要：作为一种实践形态的社会企业不仅在现实社会中已经存在,在理论上也引起了众学科的关注和讨论;但目前对于社会企业的探讨尚缺少伦理学的积极参与。社会企业的兴起需要借助伦理学的相关理论解释,才能进行更深刻的认识。真正的社会企业具备了一定的伦理关怀,在解决社会问题时也体现出以人为本的整体性思维;也正是由于社会企业家对于弱势群体的伦理关怀,社会企业的社会理性和经济理性方能并行不悖,这是理解社会企业生成和崛起的一个重要视角。

关键词：社会企业；伦理目标；整体性思维；社会企业家精神

一、相关背景以及问题的提出

根据现有文献,"社会企业"这一概念是由法国经济学家埃里·让泰于1998年首次提出,而关于社会企业的实践形态显然出现得更早:社会企业作为一种组织形态最早出现在英国。社会企业于19世纪40年代在英国兴起,颇著名的当数1844年的罗虚代尔公平先锋社了。在英格兰北部罗虚代尔镇纺织厂工作的28位工匠首先创立了第一家合作制企业,即罗虚代尔公平先锋社。由于当时工作条件十分恶劣,而且工资很低,工人们无法承受食品和家庭用品的高昂价格,他们决定把自己手中的少量资源集中起来,建立一个商店,并一起工作。他们每一个人既是这个商店的老板,也是商店的员工；既一起劳

---

① 杨光飞,安徽肥西人,南京师范大学社会发展学院教授,研究方向为经济社会学、公共经济学。

动,也共同分享商店的经营利润……以此方式,他们每一个人都获得了最大限度的权益保障。如今,罗虚代尔合作社既被认为是现代经典的合作社,同时它也被认为是世界上最早的社会企业。

现阶段,社会企业的发展大有方兴未艾之势。仍以英国为例,根据 2011 年的统计,英国就有 5.5 万家社会企业。社会企业的从业人员达到 47.5 万人,这些社会企业提供了近 30 万个志愿工作岗位。社会企业的营业额达到 270 亿英镑,每年对 GDP 的贡献有 84 亿英镑。大约 20% 的社会企业的平均营业额超过 100 万英镑;中等社会企业的平均营业额也达到 28.5 万英镑;这些社会企业涉及的行业主要有社区临终护理、环境保护、残疾人康复、低收入者就业等社会服务领域;除了初始阶段需要政府、基金会及公众捐助以外,这些社会企业的收入越来越不依赖于募捐或者政府拨款,而是通过商业运营获得。作为解决社会问题的一种创新形式,社会企业不仅在很多发达国家得以发扬光大(如美国、西班牙、意大利等),在一些发展中国家(如印度、孟加拉国等)也蔚然成风。

2007 年,在英国文化教育协会(The British Council)的推动下,"社会企业"及相关理念被正式引入中国,在实践中,该机构还针对中国的情境,积极地从政策层面影响政府对社会企业的重视,通过社会企业家技能培训、社会投资平台等方式,积极致力于培育中国本土社会企业的发展。在过去 9 年中,社会企业的相关理念和理论在中国本土不断得到推广,现阶段尽管我国在法律上尚没有对社会企业进行明确的定位,但学术界已经针对社会企业议题举办过多次会议和活动,社会企业已经成为一个高频率使用的概念[1]。应该说,社会企业不仅实践中作为一种新型组织在中国得到蓬勃发展,在理论上也得到充分的回应,并引发了很多思考和争议。

目前,我国学术界不同学科学者对社会企业的社会愿景、市场手段、商业模式、利润分配、内部治理、资源整合以及创新手段等都加以探讨,也得出一些

---

[1] 例如,第二届全球社会企业家生态论坛于 2016 年 9 月 9 日至 11 日在北京雁栖湖国际会展中心举行。据悉本次论坛将有超过 30 位国内外大佬级嘉宾参加,阵容涵盖政界、商界、传媒界、学术界等。其中包括英国前首相布朗、德国前总统武尔夫、美国著名投资者经济分析师吉姆·罗杰斯、苹果公司创始人沃兹尼亚克、两性关系专家约翰·格雷、知名文化学者于丹、佛光会创始住持星云大师等。

富有启迪性的结论;学者们也剖析了不少经典社会企业案例,认为社会企业的出现在一定程度上弥补了市场失灵、政府失灵甚至志愿失灵现象,具有积极的社会功能和经济功能;但是作为一种不同于现有工商企业以及 NGO 的新型组织,社会企业何以能借助市场手段来解决社会问题,或者说社会企业的经济理性和社会理性何以能并行不悖,现有的理论并没有给出合理的解释,本文尝试借助伦理学的相关视角对此加以解析。

二、社会企业的社会目的及其实现形式

在讨论社会企业的社会理性和经济理性何以能并行不悖之前,我们借助于一家经典的社会企业——*Big Issue* 杂志社来进一步了解社会企业的含义和其运行逻辑,尤其是社会企业的社会目的和其实现形式。

作为一家经典的社会企业,*Big Issue* 杂志[①]于 1991 年创立于伦敦。与一般的杂志颇为不同:这家杂志创办的初衷是致力于解决伦敦街头无家可归人群的就业问题。创始人高登·罗迪克(Gordon Roddick)是美体小铺(The Body Shop)的创办人之一。在全球拓展美体小铺事业期间,罗迪克碰巧在纽约看到专门由"街友"(对街上无家可归的流浪汉和乞讨者的尊称)贩卖的《街头新闻》(*Street News*),这使一直在关注着伦敦街头无家可归者问题的罗迪克颇受感动并得到启发,伦敦的街头也存在很多这样的街友,这些人由于自身、家庭及其他原因,无法从市场中找到工作岗位,政府发放的救济金也只是杯水车薪;无力支付房租以及日常支出,这些人只能过着居无定所的生活,随着人数的日益增长,逐渐演变为严重的社会问题。

受到纽约街头"街友"售卖杂志的启示,回到英国之后,罗迪克找来具有出版经验并曾一度露宿街头的好友约翰·博德(John Bird),两人联手合作创办了 *Big Issue* 杂志[②]。

Big Issue 杂志内容涵括时事、社会议题及艺文资讯,相关栏目和一般畅

---

① 国内对此的翻译有多种,包括《大问题》《大议题》及《大志》等,本文保留原有英译名称。
② 经过 20 多年的发展,*Big Issue* 已经成为英国一家著名的社会企业。目前,该杂志已在英国、日本、澳大利亚、韩国、中国台湾、南非等多个国家和地区以不同版本的形式发行。

销杂志很类似,不同的是:不仅创办人的初衷不同于一般杂志,售卖形式和一般杂志也不同。规定这些杂志不能进入书店和普通报亭出售,而是由经过专门培训的流浪者、乞讨者,无家可归人群或者长期失业人群在街头售卖,同时要求这些工作人员在售卖杂志时必须佩戴标志,要遵循"不可乞讨或要求捐款,售卖期间不能喝酒嗑药,不能挨家挨户贩卖兜售,不能越区销售"等行为规范。杂志销售价格定为 1.2 镑;流浪汉们通过一定的培训后就成为销售员,并用 0.7 镑的价格进货,每售出 1 本就可以得到 0.5 镑的利润。

在两位社会企业家的策划下,当年的无家可归者转变为销售人员,他们不仅通过售卖杂志获得了可观的经济收入,同时还锻炼了他们与人沟通交流的能力。他们谋取收入之外,两位社会企业家及其团队逐步引导他们学会规划生活,帮助他们重新融入社会。按照创始人的说法,"关键在于让无家可归者能自食其力,'授人以鱼,不如授之以渔'(A Hand Up, Not A Hand Out)"①。除此之外,在 *Big Issue* 杂志社的基础上,还成立了"大问题基金会"(The *Big Issue* Foundation),该基金会创立的目的是为了从根本上解决无家可归者们的住房、健康、经济和职业规划问题。除了依托于 *Big Issue* 杂志社的盈利,基金会还积极争取政府的支持以及公众的支持,在英国引起了很大的反响。

上述的 *Big Issue* 现已成为一家经典的社会企业。何谓社会企业?按照英国社会企业联盟(The Social Enterprise Coalition)所下的简洁定义:社会企业就是"运用商业手段来实现社会目的的一种组织",并认为社会企业必须具有如下两个基本特征:(1)社会目标。有明确的社会或环境目标,如创造就业机会,提升弱势群体的经济收入和促进社会融入等。(2)企业导向和市场导向。社会企业会直接生产产品或提供服务并参与市场;简言之,社会企业是将社会目标和市场手段、商业模式有机结合起来的一种组织。*Big Issue* 杂志显然符合上述定义。从其目标来看,主要是解决都市中无家可归者的就业和社会融入问题;而从其运行手段来看,这家杂志采用了市场化运作手段。正如上文所述,其收益基本来自销售收入,而不是来自政府的财政支持或者公众的捐

---

① 另一种译法是 *Big Issue* 杂志宣传的理念:"把手举起来,而不是把手伸出来(A Hand Up, Not A Hand Out)",与"授人以鱼,不如授人以渔"有异曲同工之妙。

赠。从形式上看，*Big Issue* 杂志无异于其他商业组织，杂志的策划、设计、销售等都必须面向市场，并且要充分考虑消费者的需求，注重杂志的可读性，当然这也意味着它和其他同类杂志存在一定的竞争关系。

不仅如此，*Big Issue* 也采取了独特的商业模式，正如上文所说的，杂志的销售形式并不是订阅到户，也不是在商店上架，而是通过由这些街友们手持杂志在社区和街头售卖。销售人员的工资是通过买进杂志和卖出杂志之间的差价来获得的。这也充分反映出与一般杂志的不同之处：其收益并不是为投资者、股东所有，或者说，*Big Issue* 创办的初衷并不是出于单纯的经济动机，而是出于一种社会目标，即解决伦敦街头无家可归者的失业和社会融入问题，这种动机也显示出 *Big Issue* 与一般商业组织只是"形似"而已。

作为一家社会企业，社会目标是最终目的，秉承了一定的"价值理性"，而市场手段和商业模式只是一种用来实现其价值理性的工具理性。显然，工具理性要服从价值理性，这一点在 *Big Issue* 案例中表现得特别明显。创办杂志、售卖杂志是一种手段，其最终的目的是解决无家可归者、流浪汉的生活困境问题。当然，这并不是说市场手段和商业模式可有可无或者不重要，作为社会企业的实现形式，社会企业如果缺少了市场手段和商业模式，尽管仍然秉承一定的社会价值目标，但从组织类型上来看，就不再是社会企业了，而成了其他的公益慈善组织或者非营利组织了。

可以看出，社会企业既不同于一般的商业组织，也不同于一般的公益慈善组织。和商业组织相比，社会企业和其有相同之处，即都采取了市场手段以及商业模式，都需要遵循市场逻辑。不同之处在于，商业组织遵循的是利润最大化准则，尽管商业组织也会重视一定的社会问题，但往往都是以企业社会责任的形式来履行，也就是说企业的经济目标是第一位的，而其社会目标是第二位的。和一般公益组织相比，在社会目标上，两者又极为相似，都有明确的社会使命，但在手段上，两者不同，一般公益组织的资金来源主要来自公众捐赠、政府支持、企业赞助以及基金会支持等，而像 *Big Issue* 这样的社会企业，其资金来源则主要来自市场收益。可以看出，社会企业是一种混合体（Hybrid），致力于解决社会问题，但是采用了市场手段和商业模式。显然，这是一种极具创新性的组织。如果说，社会企业以解决社会问题为初衷，要求它具备一种社会理性,由于其采用了市场手段,同时要考虑财务自主性,这又要求它必须遵循经济理性,那么社会企业何以能将社会理性和经济理性整合在一起?

三、社会企业的伦理目标及其对传统企业伦理的超越

现有关于社会企业的讨论主要集中于社会企业的社会目标、商业模式等而忽略了社会企业所体现的伦理目标以及道德特征,而这恰恰是理解社会企业之所以生成和延续的一个重要视角,也是我们理解社会企业的经济理性和社会理性何以能并行不悖的关键。我们知道,工商企业是以盈利为目的,通过整合土地、劳动力、资本、技术和企业家才能等要素,以及市场向消费者提供产品或服务,并实行自主经营、自负盈亏、独立核算的一种经济组织。现代经济学理论认为,企业本质上是"一种资源配置的机制",之所以还会出现企业这种组织,只因为较之于市场,企业不仅能节约交易费用(包括降低搜寻成本、谈判和签约成本等),而且也能降低除交易成本之外的生产成本。

即便如此,企业组织仍然和市场机制一样,建立在"经济人"的假设之上。按照科斯诺夫斯基的理解,基于"经济人"假设所形成的企业组织是资本主义经济制度的一部分,必然具有三个主要的结构特征,即"对生产资料的私有支配、作为协调手段的市场以及作为经营者主要动机的对最高利润和利益的追求"。按照传统的企业理论,追求经济目标是企业的首要任务,也将获利作为衡量其价值的首要尺度。企业是一种营利组织而非公益性慈善组织,其首要功能是生产、分配交换物质财富和经济价值,因此在不少人看来,企业经营和伦理道德无关,企业也无需讲究企业伦理。广为流传的一句话就是:企业的职责就是经营(the business of businessis business),即认为企业是一个行使经济权力的机构,企业的存在就是为了获取利益,这也是企业向消费者提供产品和服务而获得的一种经济回报。经济学家、诺贝尔奖获得者米尔顿·弗里德曼则走得更远,他甚至认为,企业承担社会责任,这意味着企业要承担非经济责任,要提供公共产品和社会产品,实际上这是对企业资产的再分配,这是不现实的,而且与企业的经济绩效也是相矛盾的,会影响企业的发展,也将最终破坏市场机制的基础。言下之意是企业没有必要考虑伦理问题,伦理也无法

成为约束企业经营管理的一种规则,"在竞争条件下,自愿的、道德的行为从一个企业主的角度来看——特别是环境保护措施、残疾人培训等——不值得追求,因为'有道德的企业主'在短时间内将被挤出市场……企业不应是全部意图的机构,而应该为他们的股东赚钱,企业应去追求社会目标的看法在事实上是一个很危险的建议"。

当然,将企业经营和企业伦理截然分离的观点只是一家之言。有学者指出,在现代的分工系统中,企业和公司占有和处置了社会上大部分的资源,包括物质资源和人力资源、社会资本,作为回报,其必须承担相应的社会责任。以 P. 弗兰奇为代表的伦理学派更是主张伦理先于利润,即公司具有独立法人地位的同时也具有道德人格,这样对公司而言,就应该履行道德义务,承担对社会整体应尽的义务。另有一种调和的观点认为,"企业伦理并不能简单地被视为阻碍、压抑企业活力的一种消极力量,或者习惯地被视为企业发展的对立面,企业伦理并不是一味反对企业赢利的经济功能,实际上在一定的制度情境下,企业伦理的价值诉求能优化企业的组织功效,能更好地适应市场,也能增进企业的经济绩效,几者之间并不是绝对相冲突的,而是有相兼容的可能性"。

现代社会中,无论是公众还是企业所有者、经营者都越来越认同企业伦理的重要性,但企业对于企业伦理的践行往往是以企业社会责任体现出来的。那么,企业的社会责任应该包括哪些内容呢?一般而言,如果按照伦理的递度划分,企业社会责任可分为底线社会责任以及道义社会责任,前者遵循禁止性的伦理指令,而后者则遵循提倡性的伦理原则。前者是指企业在生产销售过程中不能给消费者、公众带来危害;而后者则是指企业遵循一定的道义原则,主动承担一些社会责任,例如捐赠、慈善、环境健康安全报告等。

随着社会的进步,利益相关者之间的博弈,企业自身扮演的角色也在不断转变,尤其是不少企业家对于企业伦理、企业社会责任有了新的认知。总体看来,企业的伦理实践仍然是在企业社会责任的框架下展开,企业仍然遵循的是利润最大化的目标,企业需要维护股东的权益,此种情境下,企业不可能把社会目标和伦理目标并列起来,相比于企业的经济目标,企业的社会责任仍然是"副产品"。可以说,工商企业往往缺乏一种明确的伦理定位和社会目标,企业在经营中不会优先考虑伦理目标,或者说,伦理目标并没有作为一种社会理性有效地嵌入企业的治理机制中。

社会企业则不同。上述的 *Big Issue* 就是一个现成的案例。据评估，*Big Issue* 杂志社不仅创造了可观的经济收益，也带来了积极的社会效益。在经济收益上，*Big Issue* 的年营业额现已达到 300 万英镑，在整个英国杂志行业中遥遥领先。*Big Issue* 杂志每周有约 482 000 名读者，有数千个无家可归者在街头售卖 *Big Issue* 杂志，英国无家可归人数的比例随之也大大减少。从 1991 年发行开始，*Big Issue* 杂志社以这种独特的创新方式帮助数以千计的"街友们"重新掌控生活。目前，全英国有约 2000 人通过这份杂志提供的工作机会获得相对稳定的收入，告别了以前的流浪生活，重新融入社会。应该说，*Big Issue* 用其独特的方式实现了自己的社会愿景，但我们能够看出，社会企业的社会理性首先表现为一定的伦理关怀，较之于企业的经营，这种伦理观念和伦理实践均体现出一定的优先性。从社会企业的生成来看，是因为创业者（社会企业家）对所关注的弱势群体产生一定的同情心，这些创业者并没有止于道德关注，不仅如此，社会企业采用了商业模式和市场手段这样的创新形式来干预。可以看出，社会企业体现出与传统企业伦理以及企业社会责任不同的理路。社会企业是以社会伦理为引领，进而通过市场手段和商业模式来帮助某类弱势群体走出困境。显然，从社会企业的实践来看，社会企业更有效地将伦理和经营行为结合起来，这也是对企业伦理以及企业社会责任的一种超越。

四、社会企业的伦理实践及其整体性思维

通过上文的分析，我们可以看出，和工商企业相比，社会企业强调道德关注和社会目标的优先性，尽管采用了市场经营的手段来实现，但并不遵循利润最大化之宗旨，也不需要始终恪守为股东服务的信条，而是秉承一种道德信念，用市场手段和商业模式来解决社会问题；当然，社会企业并没有将这种伦理目标和社会目标仅仅停留在倡导层次，而是积极地将此付诸实践。

就像我们在 *Big Issue* 案例中所看到的，社会企业尽管也需要依靠提供产品和服务来维续企业的生存，甚至也需要有一定的利润追求，但社会企业的最

终目的是帮助一部分弱势群体走出困境,更好地适应市场和社会。由于社会结构的变动或者由于个体生活的际遇不同,社会上总会存在陷入困境的一些群体,甚至由于"路径锁定",凭借一己之力他们往往难以走出困境。现代社会,对于这些弱势群体以及所带来的社会问题,政府会提供一些基本的公共服务,很多NGO组织、公益组织以及一些工商企业也会用自己的方式加以"干预",在一定程度上帮扶了他们。而社会企业往往出于对某类弱势群体(残疾人、失业人群、留守儿童等)或者某类社会问题(贫困问题、环境保护问题、养老问题等)的关注,选择了用自己的方式来干预,不仅倡导用市场手段和商业模式的理念来可持续地解决这些社会问题,而且在实践中不断摸索社会创新的方式。很多人会纠结于社会企业何以采取了这种独特的方式来进行社会干预,尤其是难以理解社会企业的双重理性,但如果我们把社会企业看作一种伦理实践,就可以充分理解社会企业的双重理性何以能并行不悖了。

社会企业是"由一群公民启动,具有明确的目标、造福社会的目标,而利益投资者受限的社会组织"。按照这个界定,我们可以看出社会企业明确的伦理指向。对社会企业而言,伦理关注是社会企业的应有之义。在实践中,社会企业的社会目标就是致力于改变弱势群体的经济和社会地位,尽管社会企业会采用市场手段和商业模式,但不同于一般的工商企业,其资源包括利润几乎都是用来实现其社会目标的,而不是首先为股东服务的。就像尤努斯所指出的,"营利公司可能会把其资源的95%用来产生利润,而将其5%(或更少)用来改变世界,社会企业则会把其资源的100%用来让世界变得更美好"。"让世界更美好"显然是社会企业的初衷,社会企业就是用这种独特的理念和方法帮助那些身处困境的群体走出来。在结构层面上,社会企业往往借助于这样一种实践来改变社会和经济结构上的不平等,甚至希望"每个人都应享有与人人享有的一种类似的自由权相一致的最广泛的、全面的、平等的基本自由权的平等权利"。应该说,社会企业在实践中所追求的社会目标带有一定的利他主义和公共性,也具有一定的伦理意涵。

社会企业的社会理性和经济理性是否能真正并行不悖,主要取决于社会企业家这样一个特殊群体。社会企业家不仅具备多种能力,更是另一种"克里斯玛"。经济学家约瑟夫·熊彼得曾指出，企业家们不仅受利益驱动，而且受建立自己王朝的欲望驱动，还受征服竞争者的意志以及创新喜悦驱动。那么对于社会企业家们，他们又具有何种品质？对此，戴维·伯恩斯坦指出，要是只谈社会企业家，而不谈他们动机的道德性质，那是毫无意义的。追根究底，企业家和社会企业家是非常相似的。他们思考问题的方式一致，所提问题的类型也差不多，其差别不在性格或能力，而在于他们所持远见的本质。可以看出，社会企业是具备一定伦理关怀和使命驱动的克里斯玛，堪称经典的例子就是杰出的社会企业家尤努斯。尤努斯早期创办过工商企业并获得成功，但他并没有以此为职业，而是选择了以学术为职业，大学校园里随处可见的难民，激发了他的同情心，让他开始思考和着手调查穷人的贫困问题。通过认真细致的调查获知当地穷人的贫困根源在于穷人无法获得启动资金，只能通过高利贷渠道获得，进而得知政府和银行都无力或者不愿加以解决后，他开始另辟蹊径，尝试用创办一家"乡村银行"来缓解。尤努斯也被称为"穷人的银行家"，他一方面在经营乡村银行中展示出其聪明才智，让639万孟加拉人从中受益，另一方面又坚持永远不分红的原则。他提出，"我认为从穷人身上获取利润——尤其是追逐普通企业的利润最大化目标——是不道德的。事实上，这是利用我们同胞的痛苦来获利，对我来说，人类道德的行为准则禁止这样的事"。尤努斯身上展现的正是优秀社会企业家的品质。作为一个合格的社会企业家，不仅具备一定的经营才能和整合资源的能力，同时还具备一定的伦理取向和道德境界，否则社会企业的双重理性就会失衡。

社会企业家往往有一种内在的驱动力或者秉承了一定的伦理价值，而不仅仅出于对物质利益的单纯追求去创办、经营社会企业。尽管现在很多工商企业的目标在不断多元化，也会从事一些公益事业，就像前文指出的，这仍然是在企业社会责任的框架下展开的，它们往往不像社会企业那么聚焦于某种具体的伦理实践。不仅如此，以伦理目标、社会目标作为统领，社会企业的伦理实践集中体现为一种以人为本、可持续发展的整体性思维。公共管理领域曾有学者提出整体性治理理论。该理论认为，科层制和新公共管理在过分追求效率的同时也带来了部门之间的"各自为政"，以及在解决实际问题时带来了碎片化现象。显然，从长远来看，这不仅会增加社会治理成本，而且由于不同部门之间的理念存在差异,目标也不相同,这种以部门为中心而不是以人为本的治理模式会片面追求政绩目标,无益于问题的真正解决。

整体性治理理论的提出对于我们理解社会企业有很大的启示。社会企业兼具多重目标,这些目标是否有先后的排序?能否以牺牲其中若干目标来实现其他目标?我们可以从整体性治理理论中得到一些启发。希克斯提出,"整体性治理最重要的是责任感。……责任感主要关注把有效性或项目责任提升到最高地位,确保诚实和效率责任不与这一目标项目相冲突,并通过输出来界定需要有效完成的是什么,使得诚实和效率责任服务于有效性和项目责任"。对于社会企业而言,理解其经济理性和社会理性何以能并行不悖,不仅需要我们能理解社会企业家精神,同时还要关注社会企业所具备的以人为本的整体性思维。在整体性思维的框架下,遵循了责任感、以人为本、可持续发展等理念,这样才使双重理性的并行不悖成为可能。尤努斯为格莱珉银行制定的七条原则充分反映了这一点。这七条原则就是:(1)企业的目标是解决贫困问题,或者一个或多个威胁人类和社会的问题(例如教育、卫生、技术使用以及环境),而非追求最大利润;(2)公司将实现财务与经济的可持续性;(3)投资者只能收回其投资,除原始投资外不派发红利;(4)投资返还后,利润留给公司以实现进一步的扩张和发展;(5)公司要具有环保意识;(6)员工在优于一般标准的工作环境下,得到市场工资;(7)快乐工作!

长期以来,市场手段和伦理动机之间的关系一直没有得到很好的解释,在实践中更是没有得到很好的解决。在这个意义上,社会企业在理念上、实践上都开辟了一条新路径,即在现实生活中存在这样的一种可能性:我们能够通过借助市场手段和商业模式来充分实现一定的伦理目标和社会目标,通过这样一种社会创新方式让一部分身处不利地位的弱势群体走出困境,从而重构社会生活的秩序。在此意义上,社会企业的兴起是一项值得庆幸和鼓励的实践,更值得众学科的反思;显然,其间伦理学也应该有自己的一席之地。

参考文献

[1] 中华合作时报编辑部.合作社:从罗虚代尔到遍布全球[DB/OL].中华

合作时报,2012-07-04,http://www.zh-hz.com/html/2012/07/04/156072.html.

[2] 科斯.财产权利与制度变迁:产权学派与新制度学派译文集[C].刘守英,等译. 格致出版社/上海人民出版社,2014.

[3] 科斯诺夫斯基,陈钧泉.经济秩序理论和伦理学[M].北京:中国社会科学出版社,1997.

[4] 赵得志.现代西方企业伦理研究进展[J].哲学动态,2004(7).

[5] 杨光飞.企业伦理:意涵及其功能[J].伦理学研究,2005(6).

[6] 马尔特.社会企业的岔路选择:市场、公共政策与市民社会[M].伍巧芳,译. 北京:法律出版社,2014.

[7] 尤努斯,韦伯.企业的未来[M].杨励轩,译. 北京:中信出版社,2011.

[8] 罗尔斯.正义论(修订版)[M].何怀宏、何包钢、廖申白,译. 北京:中国社会科学出版社,2009.

[9] 伯恩斯坦.如何改变世界:用商业手段更好地解决社会问题[M].吴士宏,译. 北京:中信出版社,2013:253—254.

[10] Towards Holistic Governance: The New Reform Agenda. New York:Pal-grave,2002.

[11] 竺乾威.从新公共管理到整体性治理[J].中国行政管理,2008,(6).

论和谐社会视阈中的慈善文化

高 红 李雪卿

（青岛大学政治与公共管理学院，
南京师范大学公共管理学院）

摘 要：慈善事业的发展必须有深厚的慈善文化作为根基，以现代公益理念为内核的慈善文化包含人本权利观、公民社会责任观、理性社会财富观、企业公民观、社会志愿意识以及利他主义价值观等基本理念。它是构建和谐社会的重要价值资源，对于增强社会资本、消除"仇富情结"以及降低社会排斥等都具有重要意义。培育慈善文化应从批判地吸收中国传统慈善文化的慈善资源、培育公众公共精神品质以及营造良好的制度空间等着手。

关键词：慈善；慈善文化；和谐社会

一、慈善文化的基本理念

所谓慈善，是指个人、群体或社会组织自愿向社会或受益人无偿捐助钱物或提供志愿服务的行为，其目的是帮助人们，特别是弱势群体摆脱各种困难、抵御风险。慈善是一个道德范畴，它既指人们建立在仁慈和慷慨基础上人与人之间的相互关心、相互爱护和相互帮助的自觉自愿的互助行为，又反映人对人的一种心态，包括同情心、怜悯心、仁爱之心、博爱之心等；同时慈善还具有丰富的文化含义，是人们发自内心的一种精神、一种理念的体现。[②] 这些精神

---

* 原文出处：《中共青岛市委党校（青岛行政学院）学报》，2007年第5期，第53—57页。

[①] 高红，青岛大学政治与公共管理学院公共管理系主任、教授、博士；李雪卿，南京师范大学公共管理学院讲师、博士。

[②] 陈勇：《慈善文化与和谐社会的伦理思考》，《道德与文明》，2006年第3期。

或理念在笔者看来,主要体现在以下方面:

1. 人本权利观

现代慈善事业作为由专门的慈善组织策划和实施的有组织、大规模、规范性和经常性的社会事业,它不是建立在传统社会以仁为中心的封建道德基础之上,也不是建立在个人之间感恩的基础上,而是建立在日益完善的社会公益制度的基础上,具有社会化、制度化、规模化、开放性和广泛性的特点。现代慈善事业内在地包含着一种普遍互助的价值观念:救助不是以个人恩赐的方式直接给予他人,而是通过一定的社会公益机制(如各类基金会或慈善组织)间接地到达他人手上,接受帮助则是现代社会中困难群体"应得"的基本权利。[1] 所以,现代慈善文化凸显了尊重人的人本价值观和权利观,认为任何人在人格上无高低贵贱之分,都享有人的尊严,都是平等的,一切救济行为都应当以尊重其权利、人格和尊严为前提,以满足其需要和促进其发展为目的。

2. 公民社会责任观

慈善事业作为社会成员之间的一种制度化、社会化的自愿互助行为,慈善捐赠的本质是一种公益事业,是基于公民社会责任意识之上的自愿、自主行为,而不是外在强加的义务。因此,它既是社会善意的一种体现,也是一种充满责任感的生活方式。在现代慈善理念中,个人之所以行善,不是简单地出于做好事的动机,而是个人承担对他人的社会责任。这种责任不是分外的德行,是现代公民在公共生活中主体地位的体现。[2] 从而,慈善事业从慈善救助升华到社会公益事业,从一般经济接济升华为更高意义上的人文关怀,同时是从个体主体向社会主体发展的过程,也是一种慈爱之心升华为公益意识和社会责任意识的过程。

3. 利他主义价值观

慈善文化的核心是利他主义价值观。贝克尔在解释何为慈善时指出,"如果将时间与产品转移给没有利益关系的人或组织,那么,这种行为就被称为'慈善'或'博爱'"[3]。对慈善概念的界定,实际上就是认为慈善是基于利他主

---

[1] 刘京:《公益是和谐社会的新动力》,《学会》,2005年第6期。
[2] 顾骏:《重建中国慈善文化的若干要点》,中华慈善文化论坛(无锡)暨首届市长慈善论坛。
[3] 贝克尔:《人类行为的经济动机》,王业宇,等译.上海:上海三联书店,1995年,第321页。

义动机的行为。利他主义往往把改善社会、解决弱势群体的生活困境当作自己的一种使命,这种人类使命主要产生于仁爱、同情、怜悯等利他的道德情感。在西方基督教文化背景中,慈善的利他主义动机是与基督教文化所倡导的"对他人之爱"的原则相联系的。这种文化认为人们都是上帝的子民,是兄弟姐妹,因而要在平等的基础上建立起"博爱",并对于需要帮助者进行慈善救助。

4. 理性社会财富观

慈善文化倡导为富者"仁"的价值取向,把用自己创造的财富造福人类看作最高的价值追求,这代表了一种理性的财富观。在这方面,盖茨和巴菲特做出了榜样,比尔·盖茨宣布把全部财产的98%留给自己创办的比尔·盖茨和梅琳达·盖茨基金会,而巴菲特也决定将自己80%的财产捐给慈善事业。在他们看来,富人之所以成为富人,是因为很大一部分社会财富到了个人手中,而他们也不过是这些财富的看管人。恰如美国的"钢铁大王""公益之父"卡耐基明示,在巨富中死去是一种耻辱;穷人和富人要兄弟般的团结在一起,要建立和谐关系。卡耐基的这种财富观揭示了财富的真正品格,拥有更多的财富,就应担当更大的社会责任,守财奴是可耻的。把财富用于发展社会慈善事业,而不是以此来满足自己的私欲。这种理性的财富观,既是美国罪富文化、互济文化的体现,也反映了现代公民的社会责任感。

5. 企业公民观

企业好公民是当代社会的一个新的理念,目前逐渐成为企业文化特别是大公司文化必要的组成部分。所谓企业公民观,是指企业作为社会的重要组成部分,是国家的法人公民。企业公民有权利,也有责任为建立一个和谐和稳定的社会做出应有贡献。① 实际上,企业在履行社会责任对社会做出贡献的同时,相应地也可获得不同性质的各种回报。因此,有学者指出,"企业公民"的理念观是企业和社会双赢的互惠理念,就是将企业看作一个社会的公民,企业和普通公民一样,应该为社会尽一份公民的权利和义务。也就是说,企业不能是只追求利润的机器,它在创造利润的同时,还要承担对环境、对社区的责任。

---

① 杨团:《公司慈善文化与政策培育》,《湖南社会科学》,2006年第2期。

6. 社会志愿精神

慈善事业不仅是捐钱赠物的事业,更是人们奉献志愿服务的行动。有学者认为,志愿精神是一种在自愿的、不计报酬的条件下参与推动人类发展、促进社会进步和完善社区工作的精神,它体现着个人对生命价值、社会、人类和人生观的一种积极态度。① 在一些发达国家,公民志愿从事的义工服务在价值含量上已经和慈善捐款额相当,占国民总产值的 2%—5%,为社会整体发展做出重要贡献。目前,美国绝大部分非营利性慈善机构,都要依赖广大志愿者不计报酬地贡献时间、技能和精力来维持。社会志愿精神表现了公民的互助合作意识、社会参与意识、独立自主意识以及无偿奉献意识等,构成了慈善文化的重要内容,是推动慈善事业发展的重要源泉。

7. "授人以渔"的新慈善精神

新慈善精神,就是新型慈善事业所推崇和表现出来的以投资社会、扩大人类自我价值实现可能性和推动长期经济增长为宗旨的内涵和精神。新慈善精神深谙"授人以鱼,不如授人以渔"的道理,以新型慈善手段为广大受益人创造了实现自我价值的条件。以美国早期慈善先驱乔治·皮博迪为例,他一生累计捐资 800 万美元,仅有少量付诸建设医院、孤儿院等传统慈善项目,而主要善款都被投资于建设第一个现代意义上的教育基金会——皮博迪教育信托基金。这种旨在运用现代融资手段和投资方式并借助严谨的资格审查来筛选、资助那些勤于奋斗的候选者的创意,不仅成了皮博迪个人慈善投资的里程碑,更为慈善事业开辟了一条通过推动知识创造和传播来促进经济增长与社会繁荣的崭新途径。由此,资助高等教育和学术研究机构,通过它们自身的有效运作来让年轻人和研究人员有条件为社会创造更多的财富,成了新型慈善事业的又一模式。②

二、慈善文化对构建和谐社会的价值

慈善事业的发展有赖于慈善文化作为根基,一个社会浓厚的慈善文化氛

---

① 祝灵君:《论志愿精神》,《学习时报》,2005-6-20。
② 彭晶,于君博:《新慈善精神的动因与社会意义》,《中州学刊》,2006 年第 1 期。

围是慈善事业发展和构建和谐社会的重要价值资源。慈善文化所包含的基本价值和理念,对于增进社会资本、消除社会弥散的仇富情结,以及提升弱势群体的人力资本,降低社会排斥,从而形成人与人之间、各社会阶层之间,以及人与社会的友好相处,构建和谐社会具有重要的价值和意义。

首先,慈善文化是一种重要的社会资本。罗伯特·帕特南认为:"社会资本指的是社会组织的特征,例如信任、规范和网络,它们能够通过推动协调的行动来提高社会的效率。"①和谐社会的实现,既依赖于公正合理的社会制度,更离不开有效的社会资本。它所强调的社会成员之间自主、平等、信任、协调、合作和互惠的关系,是人与人之间保持和谐人际关系的基本原则。而人际关系的和谐是和谐社会的基础和根本所在,只有人与人之间保持团结、互助、合作与信任的关系,全社会形成互惠互利、平等友爱、融洽和谐的社会环境,整个社会才能齐心协力为共同目标努力,才能达到社会的和谐稳定。慈善文化所倡导的为富者仁的财富观、公民责任观、社会志愿精神以及利他主义价值观等把人们从缺少社会道德心和责任感的利己主义者转变为利益共享、责任共担和有社会公益感的社会成员,使社会成员在享受社会权利的同时,自觉自愿地履行社会义务、担当社会责任,这种在慈善活动中表现出来的人与人之间相互关爱、相互帮助的和谐融洽的关系有利于整个社会形成信任、互惠、合作的人际关系。事实上,很多学者都认为以慈善组织为主体的非营利组织是社会资本的主要载体之一,具有凝结社会资本的作用。慈善组织作为社会成员之间的持续性交往与合作的渠道,为和谐社会的发展奠定了良好的基础。

其次,慈善文化所蕴含的理性财富观等理念有助于消除社会的"仇富情结"。90年代以来,中国城乡间、区域间、阶层间以及各行业之间的居民收入差距进一步扩大,贫富分化成为一个严重的社会问题。与此同时,由贫富差距导致的对立和不满情绪正在形成。据人民大学社会调查中心的一项调查,对"您认为在如今社会上的富人中,有多少通过正当手段致富?"的问题,仅有5.3%的人回答"有很多"。"富人的钱,干净吗?"成了公众普遍的疑问。② 而社会中

---

① 罗伯特·帕特南:《使民主运转起来》,王列、赖海榕,译,南昌:江西人民出版社,2001年,第195页。

② 吴锡平:《我们需要怎样的财富观》,《东方》,2003年第10期。

也多次出现针对富人的暴力袭击事件。这说明中国社会公众中,已经出现比较普遍的"仇富"心理。与此同时,在相当的中国富人中也出现了"斗富比阔"的炫耀消费行为和"炫富"心理;以及藏富、守富的不正常心理。

慈善文化中的理性财富观标榜为富者仁的价值观,倡导富人帮助穷人以及富人应该承担更高的社会责任的财富观,这对于整个社会消除不健康的财富心理,树立健康、理性的社会财富观有着极重要的意义;同时慈善捐赠作为社会资源的第三次分配,它是在道德力量的作用下,通过个人收入转移和个人自愿缴纳与捐献等非强制方式进行的再一次分配。因此,它还是一种独特的财富转移方式,通过富人群体对于困难群体的捐助,在一定程度上减弱了社会的仇富情结,对于缓解社会成员之间的贫富悬殊,平衡、协调社会成员之间的利益矛盾与冲突,促进社会各阶层之间的和谐相处有着重大意义。

最后,慈善文化标榜的新慈善精神有助于降低社会排斥和社会剥夺。当前,中国处于绝对贫困和相对贫困线之下的困难群体已经超过1亿人。长期以来,贫困往往等同于消费或收入低下的一种状况,而贫穷的原因通常被认为是由于个人的懒惰、无能等原因造成的,实际上这种认识有失偏颇之处。由西方贫困理论从收入贫困、能力贫困、脆弱性到社会排斥的演变范式来看,人们逐渐认识到贫困并不等同于收入和消费的贫困,贫困的发生有其深层次的原因。事实上,经济上被边缘化的人,通常在政治、社会、文化等方面也被边缘化。反过来,这些方面的边缘化又会强化经济的边缘化。因此,贫困的构成要素非常广泛,包括经济(收入)、教育、健康、风险、政治权利、文化、心理感受等多方面的因素。[①] 对弱势群体的帮助就不能仅仅是解决他们暂时的经济困难,而是不断增加他们的人力资本,提升他们抵御社会风险的能力。这正是新慈善精神所推崇的投资社会的价值目标与追求。新慈善精神推崇以投资社会、扩大人类自我价值实现可能性和推动长期经济增长为宗旨的新型慈善事业,通过增加对贫困者的健康、再就业等方面的投资,开发他们的人力资源,提升他们对自身、家庭和社区的经营管理能力,同时在提供再就业信息、进行再就业培训方面发挥作用。这就克服了过去慈善事业对穷人的资助仅限于授之以

---

① 沈小波,林擎国:《贫困范式的演变及其理论和政策意义》,《经济学家》,2005年第6期。

鱼的狭隘性，对于真正提高困难群体的生活质量和自身的可持续发展具有重要意义。

三、培育慈善文化，构建和谐社会

慈善文化的孕育是一个不断积累与长期发展的过程，中国慈善事业的发展与和谐社会的构建呼唤具有现代公益理念的慈善文化的产生。

1. 批判地吸收中国传统文化中的慈善资源

中华民族的慈善事业源远流长，并形成了独具特色的慈善文化。有学者认为，中国传统慈善文化的核心是中国几千年历史积淀下来的儒家传统以及此思想下的儒、道、佛三家相互结合、相互融合的思想。中国传统慈善思想既构成了中华民族优秀传统文化的底蕴，又通过百姓、民间和政府的各种各样的慈善活动表现出来。中国传统慈善文化起源于家庭，推及于社会，主张通过仁者爱人来实现"少孝、中爱、老慈"，进而达到"齐家、治国、平天下"。应该说，中华民族历史上的这些慈善思想与行为是我们民族宝贵的精神财富，在今天的慈善事业发展中应该加以继承和发扬。但是，也应该看到中国传统文化中缺乏现代慈善理念和公益基因，实际上尽管中国传统文化也倡导乐善好施、扶贫济困的观念，但国人常常把善行、身家性命和个人前途，祖宗阴骘和子孙报应等观念相联系（也有的把行善作为赎罪、免灾、积德的手段）。由此，人们行善的动机或多或少地包含着对于功利因素的考虑，这与基于公民社会责任意识的现代慈善事业形成了显著的差异。另外，由于受传统儒家思想和佛教文化的影响，在中国不论是政府还是社会，一直都把对弱者的救助看成一种悲天悯人的慈悲行为，是对穷人的恩赐和施舍。这种"施恩论"实际上是把穷人和弱者置于与实施帮助者不平等的人格地位上，与现代慈善观崇尚的人格平等的人本价值观和权利观格格不入。同时，中国传统文化中的互惠主义慈善观，是基于血缘关系和地缘关系，根据由近及远、由亲及疏的原则进行的慈善活动，这就使得民间的慈善活动带有浓厚的乡里情结和亲族情结，造成了中国传统慈善事业的封闭性、狭隘性和内敛性，与基于利他主义价值观基础上的社会化、制度化、规模化及开放性和广泛性的现代慈善事业不可同日而语。因此，为了培育中国现代慈善文化,一方面,我们要继承和发扬中华民族的慈善文化传统美德;另一方面,又要抛弃中国传统慈善思想中亲疏远近的慈善原则以及施舍、图回报的理念,树立现代公益观,把对弱势群体的帮助看作自己作为公民的一种社会责任和义务,形成全社会同舟共济、相互关爱、诚信合作的文化氛围。

2. 构建现代发达的市民社会,培养公众的"公共精神"品质

慈善组织作为非营利组织的核心结构要素,是市民社会的重要组成部分。在西方国家,慈善事业就是在发达的市民社会基础上发展起来的。中国则不同,以慈善组织为核心的非营利组织的兴起与市民社会的发育是相互交织在一起的。因此,要培育中国的慈善文化,就必须与市民社会的成长同步进行。慈善文化的孕育和发展离不开一个健康、发达的市民社会。

要构建一个发达的市民社会,离不开公民"公共精神"品质的培育。有学者认为,所谓公共精神是指孕育于现代市场经济和公民社会之中,位于最深的基本道德和政治价值层面,以全体公民和社会整体的生存和发展为依归的一种价值取向,它包含着对民主、平等、自由、秩序、公共利益和责任等一系列最基本的价值目标的认肯与追求。① 市民社会的形成和公众"公共精神"的培育,一方面,要靠政府的制度创新,不断推进非营利组织规模的扩大和自治化发展;同时,不断对公众进行公民意识和公共精神的宣传、教育。另一方面,要求非营利组织增强自律性。自律作为非营利组织的自我监督,它对形成非营利组织成员及公众的公共精神的塑造有更重要的作用,作为一种自觉自愿的社会化形式,它更容易内化为其成员的自我意识或精神。自律性的增强一方面维护了公众对慈善事业的信任和信心,同时也起到塑造社会公共精神的重要作用。

3. 营造良好的制度空间,为慈善文化的孕育和发展提供制度和法律支持

当代中国慈善文化缺失的原因之一,是政府慈善系统对民间慈善系统的挤压甚至替代。从慈善事业的组织管理,到资金支持、人事安排以及募捐方

---

① 马俊锋,袁祖社:《中国"公民社会"的生成与民众"公共精神"品质的培养与化育》,《人文杂志》,2006年第1期。

式,都是由政府起主导作用。因此,中国慈善组织带有较强的官办色彩,这与慈善组织民间性的应然属性相违背,慈善组织缺乏应有的独立性和自主性,这就削弱了其社会影响力,并减弱了社会公众参与社会捐助的热情和责任感。政府在对慈善组织的管理上,必须改革现有的对非营利组织限制过多的控制性管理为培育性管理,增强慈善组织的自治性,使其发展成为真正的民间组织。

另外,与西方发达国家相比,中国的慈善捐赠有限,特别是企业和富人捐助的积极性不高,远远不能满足社会需要。目前,国内最大的慈善组织中华慈善总会的统计数据显示,他们所获捐赠的70%来自国外和港台地区,内地企业家和富豪的捐赠尚不足15%。另据一项有关慈善公益组织的调查,中国工商注册登记的企业超过1000万家,有过捐赠记录的不超过10万家,即99%的企业从来没有参与过捐赠。① 根据2004年中国企业家慈善榜引发的讨论,中国企业家慈善捐赠不活跃的主要原因是慈善捐赠环境不好。鼓励企业慈善捐赠,需要有三种制度保证:第一,税收鼓励;第二,捐款资金监管透明,捐助者自主决定资金使用;第三,建立个人基金会,由基金会理事会自主决定基金使用。因此,为鼓励企业捐赠,在税收及财政政策上就要对慈善事业有所倾斜,利用税收杠杆,通过对慈善公益捐赠减免税收,以实现对公益事业参与者的税收照顾和优惠。同时,加强对慈善组织的社会监督和行业自律制度建设,提高其社会公信力。另外,还要加强企业文化建设,增强企业的社会公民意识和社会责任感,使公司慈善文化成为企业文化的有机组成部分。

---

① 《什么阻碍了中国富人成为慈善家》,21世纪经济报道,2004年3月1日。

苏州社区慈善超市建设类型的调查[*]

马德峰[①]

(苏州大学社会学院)

一、政府主导型——平江区"一家人"慈善互助超市

占地 25.22 平方千米的苏州平江区是困难人群相对集中的老城区,相较于东园(工业园区)西区(高新技术开发区)而言,老龄人口占据较大比例,扶贫帮困任务异常艰巨。为了更好地保障全区贫困家庭基本生活,使困难居民真正拿到自己所需的物品,2003 年 5 月 28 日,平江区民政局创办了江苏省首家社区慈善超市,命名为"一家人"慈善互助超市。该超市公共交通便捷,非机动车停车安全。超市面积近 400 平方米,救助物品达 100 多种,并设立相对独立的封闭式仓库,配套设置(救助物资)清洗、消毒、整烫流水线。在政府的精心组织、正确引导下,"一家人"慈善互助超市救助活动开展得有声有色,逐步形成"政府搭台、社会参与、按需捐助、多方互动"的新型帮困模式。

目前,"一家人"慈善互助超市的负责人由平江区民政局副局长兼任,日常工作则由四名女性工作人员打理。"一家人"慈善互助超市的救助对象最初限定为本区无劳动能力、无固定生活来源、无法定抚养人和赡养人的"三无"人员,家庭人均收入低于当地政府公布的维持基本生活水准的"低保家庭",年满 18 周岁无劳动能力、父母已到退休年龄或者家庭人均月收入在低保标准两倍以下的有重症病人的"低保边缘家庭"。随着该超市实力的不断增强,救助对

---

[*] 原文出处:《江南论坛》2008 年第 7 期,第 37—39 页。
[①] 马德峰,现为苏州大学社会学系主任、教授、硕士研究生导师。

象逐渐向贫困劳模、贫困优抚对象、特困党员等延伸,从单纯物质生活上的经济救助向敬老助残、爱心助学、法律服务和精神文化生活方面延伸。截至2007年年末,超市救助的对象已遍及全区1760户低保困难家庭。在救助方式上,"一家人"慈善互助超市以定点、定户、定期、定额免费自选为主,以节令性、一次性定额免费自选或定向捐赠为辅。定点,是以"一家人"为社会救助点,在"一家人"慈善互助超市通过免费自选方式予以操作;定户,则是以实行动态管理的低保困难家庭为对象按户实施救助;定期,就是每月一期,定期给予帮助;定额,是指以每期50元额度的标准实施救济。对贫困劳动模范和优抚对象,分别在节日采取凭券免费自选或以定向捐赠的方式实施节令性社会救助;对因病致贫、因灾受难的困难户,则针对一时一事的特殊情况及时救助。在慈善物品的接受上,以街道为依托,超市实行接受上门捐赠和主动登门劝募、平时经常性分散募集和一年一度大规模集中募集两个结合的原则。

由平江区"一家人"慈善互助超市典型个案,我们不难发现,政府主导型社区慈善超市优势在于:(1)由于政府投入足够的资金和提供必要的场地资源,使得慈善超市正常运行得到基本保证。平江区政府每年拨款20万元用来支付"一家人"慈善互助超市房租费用、人员工资、水电费等基本运转资金,减轻了超市的运作经营压力。正是在政府的认真策划、精心组织和财力支持下,"一家人"运作通畅成为社区慈善超市领域的优秀代表。(2)由于有政府的信誉保证,提高了社区慈善超市的社会公信力,能够得到企事业单位、个人的经常性捐赠,能够解决受助者部分生活所需。(3)政府主导型社区慈善超市运作注重制度化建设,做到有章可循。"一家人"慈善互助超市在实践中探索出"一套流程、六项规范"的路子,所谓"一套流程"是指《苏州市平江区"一家人"慈善互助超市救助物资运转流程》,包括接收、鉴别、移交、核价、入库、保管、销货、捐赠、调价、报损、盘点、汇总十二个环节。"六项规范"具体指《救助物品接收规范》《救助物品鉴别规范》《救助物品接收估价规范》《救助物品上柜定价规范》《救助物品价格调整规范》和《救助物品报损规范》。通过制度化建设,确保超市的正常运作。

当然,政府主导型社区慈善超市也存在明显的不足:(1)慈善超市经营非专业化。在"一家人"慈善互助超市中缺少专职的筹款集资人员和估价师,不利于保证超市集资钱物数量的稳步提升和超市物品的总体统筹;超市中的物品登记都是人工手写,没有采用专门的条形码扫描系统和电脑记账方式。随着超市捐赠物品的丰富,庞大的登记、统计工作难免会使人手忙脚乱;慈善超市缺乏网络主页,捐赠者与受救助者之间难以建立长期的关系,同时对于捐赠物品进行网上交易或者调剂也变得不可能。(2)慈善超市服务的对象是单一而固定的。由于慈善超市兴办的主体是基层政府,故救助的对象往往仅限于其辖区内的"一亩三分地",不同行政区域的社区慈善超市之间缺少联系、交流,未形成连锁经营的格局;同时,社区慈善超市也没有把辖区内的大量流动迁移人口纳入服务范围,不利于流动迁移人口更好地融入所在社区。(3)慈善超市的营业时间不合时宜。在苏州,政府主导型社区慈善超市营业时间基本按照机关单位"朝九晚五"的工作时间,节假日和晚上并不开门营业。对于捐赠者和受赠者来讲,社区慈善超市"朝九晚五"的营业时间并不能让人接受,大部分人白天要上班工作,根本无暇来进行献爱心活动或者领取捐赠物品。因此,超市需根据社区居民的现状来制定工作制度,如上班时间从早9点到晚8点,周六、周日正常营业,随时为社区居民提供服务。

二、企业兼带型——金阊区美佳倍顺爱心超市

在大力兴建慈善超市的背景下,苏州金阊区政府与美佳倍顺超市经过协商,双方合作成立美佳倍顺爱心超市,由企业兼带慈善救助工作,负责爱心超市的日常管理,而政府则给予提供场地、减免税收等扶助措施。美佳倍顺爱心超市交通方便,面积有100平方米左右,超市一方面面向市场自主进行市场化运作,另一方面在政府引导下向辖区内的贫困对象发放援助物资,并对社会捐赠的物资进行变现处理。

按照金阊区民政部门的有关规定,超市主要援助对象是辖区内癌症、尿毒症、白血症、重症精神病患者等特困家庭,低保户中的残疾人、单身汉、70岁以上老人、劳动模范、少数民族等家庭。具体援助步骤是低保困难家庭向所在社区居委会提出申请,然后社区居委会根据相关标准进行核实,上报爱心援助中心街道工作站,爱心援助中心街道工作站现场核准后再报金阊区爱心援助中

心审批,最后爱心援助中心委托街道工作站向受援对象发放爱心购物券。从调研情况来看,美佳倍顺爱心超市每月对辖区内近700户特困低保户和大病困难户,凭爱心援助中心每月发放的面值60元的爱心购物券给予定期援助。受援对象用券在爱心超市里面购买所需物品,烟、酒、营养保健品之类的东西除外。也有特殊情况,如重病患者购买一些营养品是允许的。超市物品受援对象基本享受九折优惠,即60元的券可以买到66元的物品。到目前为止,定期援助项目已发放资金100余万元,"应援尽援"的覆盖率达到100%。为更好地服务低保困难家庭,美佳倍顺爱心超市还专门开辟爱心专柜。

调研中发现,企业兼带型社区慈善超市的主要长处:(1)从物品提供来看,美佳倍顺爱心超市市场化运作模式避免了捐赠物品的量少质次、品种单一、食品过期的现实困境,满足了受助者随着生活水平的提高,物质需求也不断提高的要求。(2)从专业化运作方面来看,美佳倍顺爱心超市采取现代超市经营管理模式独立运行。超市设有专门的收银台和引导员,商品以人民币定价,采取合法现金交易和凭证兑换结合的方式;超市配有精通超市运作的管理人员及办事人员,能够对超市物品进行合理的功能分区、对捐助物品进行妥当的分类处理及准确估价,能够对慈善超市的销售利润进行有效监管。(3)从经营成本方面来看,人们将社区慈善超市定性为非营利性,是指任何个人和单位都不能从它身上牟利,但这并不是说慈善超市可以不讲成本收益,事实上建立社区慈善超市必然会发生人员、场地和日常开支等费用问题。这样一来,慈善超市要具有经济学意义上的存在价值,要求它帮困的受益量和受益面在折算成"效益"后,从经济核算的角度来说必须是划算的。美加倍顺爱心超市采取市场化运作、科学化管理使其成本得到有效控制,同时由于从事慈善救助活动,获得政府给予的(超市)场地提供、税收减免等方面的支持,提升了品牌形象,企业则很好地处理了赚取利润和尽社会责任两者间的关系。

企业兼带型社区慈善超市的不利面为以下几点:(1)从救助对象来看,慈善超市的救助对象范围与救助水平还有待于进一步提高。虽然是市场化运作模式,能够提供物美价廉的物品,但是救助的对象较狭窄,主要是以政府部门确定的名单为依据;需要政府在背后进行有力督促和提供资源,缺少将社区慈善超市做大、做强、做久的动力和激励机制。(2)缺少义工队伍,缺乏志愿者活动。慈善超市的宗旨是"依靠社会办慈善,办好慈善为社会"。慈善物资的捐赠和救助,要方便捐赠者、购买者和救助者,要注意节约运营成本,这就需要大批为慈善事业服务的义工及志愿者队伍。目前,企业兼带型社区慈善超市的经营重心仍是赢利,囿于自身性质及其成本的考虑,很少开展"送货上门"的服务,居民捐献的物资多数由其送到指定地点,残疾受助对象要靠家里其他人来领取物品。因此,企业兼带型社区慈善超市需要义工和志愿者的身影。(3)物品价格缺少后续的监督机制。除了爱心专柜的价格由金阊区爱心援助中心专门制定,其他物品则由超市自主决定,出于盈利的考虑,可能会使商品价格定价偏高。在金阊区美佳倍顺超市中,走访的受助对象反映该超市的商品价格偏贵,由于社会救助要求在指定的超市中购买,没有办法选择其他超市,从而使受助对象得到的"实惠"打折扣。

三、宗教型慈善——苏州寒山寺宗教慈善超市

作为中外驰名的寺庙,多年来坚持实践"人间佛教"重要思想,一边修复殿堂塔宇,展现古刹历史风貌,一边积极开展佛教慈善事业、佛教文化事业。学修并重,以出世之心为入世事业。在这样的背景下,2004年4月由寒山寺主办的慈善超市正式成立。该超市实体按照国家的有关法律政策,遵守社会道德风尚,集佛教活动场所和僧众之力,并接受海内外各界人士的捐款,从事社会公益慈善事业,扶贫济困、造福社会。超市面积约有300平方米,墙壁上挂着一条醒目的标语"功德林中,布施第一",大厅里的货架上摆着各种生活用品和常用药物。超市采取"按需捐助、多方互助、物质扶困、精神解困"的帮困方式,主要帮助对象是寒山寺附近的困难人群,如低保户、大病困难家庭、下岗职工,以及遭遇灾难事件的家庭,这些经审定的困难人员凭"物资申购券"每人每月在寒山寺慈善超市领取60元的物资,对行动不便的困难人员,慈善超市还通过添置的小货车上门服务,形成"流动慈善超市"特色。

就管理结构而言,慈善超市隶属于寒山寺慈善中心,下设沧浪分部、泰州分部,各分部又细分为物品入库、资料登记、微机管理和物品配送四个部分。

超市拥有三名专职工作人员,她们是已经退休的老年妇女,每人每月领取500元的象征性工资。此外,还有一些中老年义工居士,他们轮流参与超市日常琐碎的工作。超市的运作资金主要借助寒山寺的品牌资源,通过新闻媒体、寺院网站和自办的《寒山寺》杂志进行宣传、募捐;利用寺庙设置的功德箱来化缘募捐;通过与企业联谊、举办书画义卖活动募捐;同时也有部分义工居士包爱心粽子义卖募捐;等等。募捐渠道多样,方法灵活。募集的钱财主要用于采购附近大润发连锁超市的基本生活用品,主要有大米、食用油、食盐、洗衣粉、牙膏、棉被等,慈善超市将购买回来的物品以原价出售。决定超市运作的最高权力组织是理事会,它是由捐出大规模善款的企业家组成,理事会每年年终召开一次常委会,超市的运作情况、财务开支都要向理事会详细汇报,同时理事和寒山寺管理者再共同商讨下一年的工作计划,安排具体工作事宜。慈善超市的重大事件须经理事会批准通过,如遇特殊事件则会召开临时理事会。

　　寒山寺慈善超市在创办的三年多里,不仅推动了周边地区低保困难家庭的社会救助工作,而且对全国宗教界开展慈善事业起到良好的示范效应。宗教型慈善超市的优势是:(1)慈善超市运作资金相对充足。利用寒山寺的知名品牌资源,2006年超市共募集善款148万,帮助困难家庭800多户,共计9200人次。(2)慈善超市运作行政干预较少。鉴于宗教慈善并不直接受当地基层民政部门的管理,因此超市在运行过程中受到的行政束缚较少,慈善救助活动灵活、快速有效。与政府主导型慈善超市、企业兼带型慈善超市相比,宗教型慈善超市存在的弊端是:(1)市场化运作问题。宗教型慈善超市基本上是处于"后门接受捐赠,前门对外发放"的状态,它们的功能比较简单,不具备"造血盈利"功能。正因为此,寒山寺从2006年起就已经开始将工作中心转向创建佛教敬老院,不仅可以让更多的老人得到照顾,同时还可以提高自身的声誉,吸引更多的中老年居士来为寺院服务。(2)账目透明度问题。慈善组织的善款善行来自于民,服务于社会公益事业,账目透明度是慈善事业取信于民的重要保证。然而宗教型慈善超市的账目基本上不对外公开,财务制度不健全,往往会导致资金运用效率不高,容易引起内部腐败行为的发生。(3)救助对象范围有限。由于在大中型城市社区慈善超市"遍地开花",且多为政府主导型,如何从政府主导型慈善超市中"突围"出来,找到宗教型慈善超市的亮点,这是困扰宗教管理层的头等难题。事实上,由于缺乏行政力量的支撑,宗教型慈善超市的救助对象范围有限,救助形式比较单一,与其他类型的社区慈善超市基本没有任何联系,故其发挥的效用也打了折扣。

慈善项目实施路径探索

叶沈良[①]

(南通市慈善总会)

摘　要:慈善是给予的艺术,慈善是给予和受予间的互动。慈善项目的实施便是这种艺术最本质的内容。本文试图从以下六个方面,对慈善项目的实施路径作一探索,即慈善项目的本质意义;慈善项目的时代思考;慈善项目的立项原则;慈善项目的实施队伍;慈善项目的评估内容;慈善项目的精准要求。

关键词:慈善事业;慈善项目;实施路径

一、慈善项目的本质意义

慈善的历史内容以慈为主,慈善的现实内容以善为要。

(一)慈善项目的历史意义——以慈为主

慈善的历史内容更多地体现在怜悯、体恤、扶助弱势群体。以慈为主的慈善项目,在帮助贫穷、帮助贫困、帮助贫弱方面作用巨大。包括有慈爱原生状态的弱势群体;慈济新生状态的病困群体;慈安突生状态的急难群体。

1. 慈爱原生状态的弱势群体

原生状态的弱势群体,包含地域贫困、代际贫穷和残疾贫弱等方面。地域贫困在很大层面上是由于自然环境造成了生活上的贫穷和困难。代际贫穷很大层面上是祖辈贫穷,后辈没有得到更多的改变机会,贫穷的现状在代际中延续。残疾贫弱很大层面上是由于重大残病疾患而导致整个家庭的困难。

慈爱原生状态的弱势群体,是慈善事业的一个基本任务。社会上的原生

[①]　叶沈良,南通市慈善总会副会长。

弱势群体凭借自身力量难以维持一般社会的生活标准,需要更多的社会帮助以解决困难,这也是慈善工作的一个基本的出发点。

2. 慈济新生状态的病困群体

新生状态的病困群体,包含孤寡弱困、疾患病困、罹难艰困等一些方面。出现孤寡弱困的情况,主要是孤寡人士没有强大的个体生存能力,而陷入困境;疾患病困多数是因为患有重大疾病而陷入困难;罹难艰困主要是家庭在遭遇重大变故时,全面陷入困难境地,这些都是新生状态的贫困群体。

慈济新生状态的贫困群体,是慈善事业的一个常态工作。因重大疾病、家庭变故而陷入困难的病困群体,无力解决自身的困难。病困群体需要社会的帮助与关怀,改变新生状态下的贫困现状。

3. 慈安突生状态的急难群体

突生状态的急难群体含有多个方面,主要体现在遇到自然灾害、生物灾害、社会灾害而陷入困难的群体。这些群体在自然灾害面前缺少与自然相协调的能力;在生物灾害面前,没有抗争相关困难的力量;在社会灾害面前,更是由于突变因素而陷入困难境地。

慈安突生状态的急难群体,是慈善事业的一个重要内容。在个人和社会遭遇不可抗拒的困难面前,需要慈善来体现力量,也正是在这样的情况下,才能体现出突生灾难面前的慈善作用。

(二)慈善项目的现实意义——以善为要

慈善发展到现在,很多的慈善项目以善为要。慈善更多地在加力社会事业,助力创业创新,助丽绿水青山方面起到了更强大的作用。

1. 助力创业创新

助力创业让个人更加有发展的前景,助力创新让社会有更大的进步,助力创造让国家有更大的能量。

2. 助丽绿水青山

既要守护好上代人生长的历史环境,又要维护好当代人生存的现实环境,更要保护好下代人生活的发展环境。

二、慈善项目的时代思考

新时代的慈善项目思考,应从以下方面进行,包括仁心助医、爱心助学、慈心助老、情心助困、暖心助孤、善心助残、热心助创、益心助美等更多内容。各个项目的侧重方向可为:助医是重点,解决因病返贫保重点;助老是要点,扶持老年群体守要点;助学是热点,结合人格培养强热点;助困是力点,帮扶困难群体济力点;助孤是难点,助力孤独人群克难点;助残是痛点,关怀残疾弱势护痛点;助创是交点,融合社会力量汇交点;助美是焦点,守护青山绿水亮焦点。

1. 助医是重点,解决因病返贫保重点

重点关注:家庭病贫、大病至贫、因病返贫

工作现状:助医工作得到改善的重要原因是国家不断加大精准救助力度。一是医保内容扩大;二是社会救助扩展;三是医疗设施扩建。

努力方向:一是增强对家庭病贫的关怀力度。贫困家庭往往是遇有重大病人便是雪上加霜,这些对象应予重点关注,多予关怀、多予资助。二是增强对大病致贫的关心力度。一些很难逆转的重大疾病会拖累家庭、拖垮病人,对重大疾病的慈善关怀力度,是慈善工作深入民心的重要体现。三是增强对因病返贫的关注力度。很多以往家境不错的家庭,遇到家庭中有重大病情时,会改变原来的生活状况,避免因病返贫是精准救助的一个主要内容。

2. 助老是要点,扶持老年群体守要点

重点关注:居家养老、康复护老、精神陪老

工作现状:助老工作不断完善的重要保障是国家加大对老人群体的关护力度。一是老人集聚度增加,一方面老人寻求到相同年龄的交流伙伴,另一方面社会提供了更多的适宜老人相聚的场所;二是老人保障度提高,生活、医疗等方面的保障措施不断增加;三是老人医护度改善,家庭医生、社区卫生站等老人医护内容从多方面加以完善。

努力方向:一是增添居家养老的关怀力度,让更多的社会组织与志愿者的关注目光投向老人群体,为居家养老群体提供更多的社会服务。二是增加精神陪老的关心力度,一方面晚辈要常回家看看,另一方面更需要社会层面对老人群体的精神抚慰与社会关注。三是增强康复养老的关注力度,提供更多的社会康复设施与医疗护理资源。

3. 助学是热点,结合人格培养强热点。

重点关注:困难资助、人格支助、创业智助

工作现状:助学工作不断得到改善有不少原因,主要包括国家对贫困生的扶持力度加大,在政策调整上也有不少变化。一是九年制义务教育的助学力度不断加大;二是职教生扶助政策不断加强;三是大学贫困生资助路径不断加宽。

努力方向:一是困难资助要更加注重精准,不让学习努力的贫困生辍学。二是在人格支助上更加注重精神,让社会的爱心得以延续。三是在创业智助上更加注重精细,学有所成的学生有更多的路径为社会创造更多的财富。

4. 助困是力点,帮扶困难群体济力点

重点关注:代际贫困、疾病贫困、老年贫困

工作现状:助困工作不断得到改善,有三个方面的基本要素。一是国家抚恤救助机制日益完善;二是社会急难救助意识逐步增强;三是民众自我助困力度不断加大。

努力方向:一是解决代际贫困问题,需要从精准扶贫上寻求办法。二是解决疾病贫困问题,需要从医疗救助上完善措施。三是解决老年贫困问题,需要在服务设施上提升能力。

5. 助孤是难点,助力孤独人群克难点

重点关注:孤独老人、孤独儿童、失独家庭

工作现状:助孤工作的变化得益于社会进步与管理完善。助孤工作发展中的改变主要有两个考虑:一是"孤"的原来意义由多变少,传统意义上的"孤",日渐式微;二是"孤"的现代意义由小变大,一方面小孤儿的比例在缩小,而老人孤独的比例在增加,另一方面失独老人是社会将面临的一个新问题。

努力方向:一是孤独老人的精神照护需加大;二是孤独儿童的陪伴照看需加强;三是失独家庭的心理照顾需加力。

6. 助残是痛点,关怀残疾弱势护痛点

重点关注:助残宣传、助残设施、助残志愿

工作现状：助残工作的进步体现在政府的工作力度。一是专门的残联机构覆盖所有的残疾对象；二是相关的救助内容涵盖各个方面。应该说，各级政府的助残工作日益完善。

努力方向：一是加强社会助残宣传，形成社会助残的浓烈氛围。二是完善社会助残设施，助残设施是政府助残的一个重要内容，也是公众必须关心、保护的重要内容。三是拓展助残志愿服务，让残疾人更多地得到社会的关怀与帮助。

7. 助创是交点，融合社会力量汇交点

重点关注：创新智慧融合、创业人员融合、创造力量融合

努力方向：助力创业创新，融合社会力量，让创新的智慧得到融合，让创业的人员得到融合，让创造的力量得到融合。慈善工作在这方面有新的内容，可以开创大有作为的舞台。

8. 助美是焦点，守护青山绿水亮焦点

重点关注：守护历史、保护家园、爱护自然

努力方向：助丽绿水青山是慈善工作的一个新任务，也是社会关注的一个新焦点。守护历史，保护家园，爱护自然，让慈善发挥作用，为子孙后代留下宝贵财富。

三、慈善项目的立项原则

慈善项目立项要有基本原则，便于我们根据原则制定慈善项目，从而更好地帮助需要关注的人群。

1. 立项基点

重点：公众性，提升参与度；公平性，提倡奉献度；公开性，提高透明度

确定慈善项目的选择原则，有基本的出发点。首先慈善项目讲究公众性，提升参与度能够让更多的社会群体来关心慈善。其次也要讲究公平性，让社会每一分子都在可能范围之内奉献爱心。再次，慈善项目必须遵循公开性，透明度提高了，老百姓的信任度增加了，慈善的吸引力就更大，就能让更多的人参与到慈善的行列中。

2. 立项原则

重点:公开原则;程序原则;精准原则

(1) 公开原则

主要环节为:发函征询,函件征询社会各界对慈善立项建议;媒体征集,听取社会媒体收集的慈善立项建议;座谈征求,召开相关人员座谈会征求立项意见;学习征论,学习慈善工作的案例研究立项内容;社会征信,听取监督部门的意见,完善立项思路。

公开原则体现了慈善项目的透明度。让社会都能了解慈善项目的实施过程,更好地体现慈善的公信力。

(2) 程序原则

主要环节为:征集程序,如媒体征集、函件告知、座谈研究;论证程序,如部门参加、社会参与、专业参谋;认领程序,如媒体认领、电函认领、会员认领;公示程序,如媒体公示、广告公布、网站公开;确认程序,如社会公示确认、法人认领确认、机构落实确认。

程序原则体现了慈善项目的规范性。切实有效地把捐助人的要求体现在每个环节,程序的有效执行,让慈善项目能够踏踏实实地走好每一步。

(3) 精准原则

主要环节为:准确,精细、准确是项目落实的基础条件;准时,实时、有效是项目落实的必要前提;准入,能动、可行是项目落实的重要环节;准用,务实、有用是项目落实的重大要素;准信,守诺、诚信是项目落实的关键内容。

精准原则体现了慈善项目的生命力。只有精准实施,才能让慈善项目发挥最大效应,才能响亮地打好慈善品牌。

四、慈善项目的实施队伍

慈善项目的实施有很多环节,以下几个方面需重点把握。一是专业人员制定项目;二是专门人群参与项目;三是专家人士评估项目。

1. 专业人员制定项目——预

关键词:建议书;认领书;确认书

慈善项目建议书起到引领作用；慈善项目认领书起到审核作用；慈善项目确认书起到落实作用。

慈善项目方面的专业人员由多方面组成：有慈善组织的工作人员、有社会组织的参与人员、有慈善志愿的服务人员、有慈善理论的研究人员、有慈善报道的媒体人员、有慈善义工的就业人员，这些人员都是专业队伍的有生力量。

2. 专门人群参与项目——力

关键词：慈善发力；部门协力；社会加力；志愿助力；公民给力

慈善发力，慈善组织动员有作为；部门协力，相关部门协同有作为；社会加力，社会团体合作有作为；志愿助力，志愿服务参与有作为；公民给力，社区共同努力有作为。

在部门协调配合上可以有多种途径、多种内容。与宣传部联合，在慈善文化传播活动上立项；与文明办联合，在志愿服务慈善活动上立项；与教育局联合，在病贫学生助学活动上立项；与卫健委联合，在重大疾病救助活动上立项；与组织部联合，在困难党员照护活动上立项；与工信局联合，在病贫人员助困活动上立项；与农水局联合，在建设美丽乡村活动上立项；与公安局联合，在病贫民警救助活动上立项；与退军局联合，在拥军助难慰问活动上立项；与文旅局联合，在善韵文化传播活动上立项；与环保局联合，在绿水青山守护活动上立项；与工商联联合，在爱心企业慰问活动上立项；与外侨办联合，在爱心外商慰问活动上立项；与总工会联合，在贫病家庭关怀活动上立项；与团市委联合，在周末困童关爱活动上立项；与市妇联联合，在失独家庭关怀活动上立项。与日报社联合，在爱心牵手帮助活动上立项；与电视台联合，在慈善公益救助活动上立项；与市残联联合，在残疾人母亲关爱行上立项；与城建局联合，在环卫工人关爱活动上立项；与中小学联合，在慈善文化校园活动上立项；与大中专联合，在慈善超市救助活动上立项。

与民政局联合，开展多方面的慈善活动。如低保家庭助困活动、春节慰问暖情活动、国庆慰问润情活动、老人助餐关爱活动、大学新生助学活动、高校贫困圆梦活动等慈善项目。

慈善项目的专门人群与慈善项目的专业人员有重合之处，主要的突出人群是各种慈善组织与慈善志愿队伍及义工队伍。广泛动员社会相关部门的参与,能切实有效地壮大慈善项目组织专门人群。

3. 专家人士评估项目——鉴

关键词:项目预审;项目跟踪;项目评估

有了严格的预审制度,就能避免项目的盲目性;有了严密的跟踪制度,就能保证项目的严肃性;有了严肃的评估制度,就能维护项目的公正性。

慈善项目的专家人士是对慈善项目评鉴的有生力量,实践中需要建立这支队伍,它不仅需要慈善专业理论的研究者,更需要慈善实践经验的工作者。

五、慈善项目的评估内容

慈善项目的评估有五个要素:公众参与成效、项目救助成效、社会影响成效、服务艺术成效和慈善建树成效。

1. 公众参与成效

关键词:爱心人士;社会人士;志愿人士

聚集爱心人士的参与热情;鼓舞社会人士的合作热情;彰显志愿人士的服务热情。

公众参与的成效,不但能拓展慈善的影响,更重要地体现了公众欢迎的程度。

2. 项目救助成效

关键词:达成救助;渐进救助;融合救助

达成救助,立项即成,短期见效。渐进救助,立项渐成,长期见效。融合救助,立项慢成,逐步见效。

救助成效体现了项目生命力,救助有成效,慈善项目就有说服力。

3. 社会影响成效

关键词:受助者体会;老百姓感受;监督者评价

受助者体会是受助者本身的认可;老百姓感受是老百姓旁观的认同;监督者评价是监督者考察的认证。

社会影响大的慈善项目,能够吸引更多的百姓参与。老百姓的直观感受真切、实际,也能影响更多的民众参与。

4. 服务艺术成效

关键词：给予的艺术；造血的艺术；奉献的艺术

给予的艺术，守护受助者的尊严；造血的艺术，发挥资助者的能量；奉献的艺术，弘扬志愿者的精神。

慈善是给予的艺术，慈善的艺术在于感恩受助者给了施助者精神传递的机会，这种精神上的给予体现在服务艺术中。

5. 慈善建树成效

关键词：救助贫困；稳定社会；推动进步

救助贫困让个人体会慈善的温暖；稳定社会让民众感受慈善的力量；推动进步让社会享受慈善的美好。

慈善有建树，在于社会能感受慈善的力量，体会慈善的温暖，形成推动社会进步的强大动能。

六、慈善项目的精准要求

慈善项目的立项，必须体现一个"精"字。

1. 内容设置的精细性

精细才能让慈善项目更有可行性。项目的精细需要对每个环节进行精细考量，细化过程。

2. 资助对象的精准性

精准才能让慈善项目更有说服力。项目的精准需要对受助者的需要进行精准的分析，帮到实处。

3. 志愿服务的精到性

精到才能让慈善项目更有美誉度。项目的精到需要志愿服务的专业化水准有效提高，对迫切需要的人精准服务。

4. 实施过程的精致性

精致才能让慈善项目更有推广性。项目的精致性需要实施过程中环节相扣、细化流程、有效衔接、便于推广。

5. 经费使用的精确性

精确才能让慈善项目更有公信力。项目的精确性需要慈善的每一分钱都能用到实处,精确、精准、精细地使用慈善经费,令慈善更有公信力、说服力。

七、结　语

做好慈善事业必须把担子扛在肩上,把责任放在心上,把政府的关怀送到百姓心里,把社会的关切送到百姓心间,把慈善的关护送到百姓心中。新时代,慈善事业更要推动慈善项目精准发力,推进慈善事业高质量发展,为改善民众生活提供有力支撑,为建设和谐社会贡献积极力量。

慈善之城建设路径探索

叶沈良[①]

(南通市慈善总会)

摘　要:慈善之城建设是一个新的课题,在新时代文明建设和文化引领,以及城市形象的塑造中,慈善之城建设具有强大的社会能量。正因如此,慈善之城建设的包容性、涵盖面和它的精神赋能,应该高于很多单一性内容的城市建设,所以我们有必要在慈善之城的建设上加以研究、加以引导、加以建设、加以塑造、加以推广。

关键词:慈善;慈善之城;建设路径

一、慈善之城建设必要性认识

1. 引领核心价值

慈善是社会主义核心价值观的一个重要的内容,在核心价值观的引领下,慈善作为人的一种精神实质,作为一种内在修养,作为一种社会文明和谐象征,有着不可替代的社会意义和人生价值。慈善之城的建设引领大家在核心价值观的塑造上具有很强的号召力和引导性。

2. 推进文明建设

文明是社会进步的象征,文明也是个体进步的表征。文明的社会代表着社会的进步与发展。慈善在很大层面上推进文明建设,慈善净化个人心灵、净化社会环境,引导社会向上、向善,在社会义明发展过程中起到凝聚人心、和谐社会的强大作用,慈善之城的建设是文明建设的有力抓手与切入点。

---

① 叶沈良,南通市慈善总会副会长。

3. 建树精神高地

人需要精神支撑,社会需要精神引导,一个有善引导的社会,社会的精神世界是充实的。慈善之城的建设,在建树社会精神高地方面,让人们能够从单方面的社会建设,深化到更完美的、更全面的,更有一种社会影响力的精神内涵的建设,慈善之城的建设,将会在塑造精神文明建设的高地上做出贡献。

4. 提升城市形象

城市发展中的很多的标志性建设,无疑对社会的发展起到推进和引领作用。慈善之城的建设在很大层面上,它的含金量更高,引领性更强,吸引力更大,美誉度更好,影响力更实。提升城市形象,对发展经济,增强吸引力;对旅游休闲,增强感召力;对安居乐业,增强向心力。慈善之城无疑在提升城市形象上,具有强大的作用。

5. 继承优秀传统

慈善是根植于中华民族的一个强大基因,慈善是中华民族史脉延续的优良传统。慈善对帮助弱势群体、助推社会全面发展、精准扶贫都具有积极的意义。慈善之城的建设,在优良传统的继承上将有更大的作用,在优良传统的发展上将有更大的突破,在优良传统的创新上将有更大的作为。

6. 弘扬先进文化

慈善文化是中华文化的一个重要组成部分,儒家讲人性本善,佛家讲广种善缘,道家讲上善若水。在中华文化的长河里,慈善文化在陶冶人文情操、传承思想美德、加强人性修养,具有更强大、更深入、更持久的传播力。慈善之城的建设在提倡先进文化、传播正能量上,它的作用将会更加强大。

二、慈善之城建设可行性认识

1. 百姓认可

慈善文化根植于百姓之中,它是百姓心中的一个精神寄托,慈善之城的建设也符合百姓的心理需求,老百姓需要这样的精神载体,为社会竖起一面强大的精神旗帜。老百姓愿意做慈善志愿者,愿意为慈善奉献自己的一份爱心,也更愿意让社会共同享受慈善带给他们的温暖。

2. 政府有为

慈善之城的建设作为一个可行的、能操作的精神文明抓手,政府有能力把它搞好。搞好社会事业是政府的重要职能,慈善之城的建设为提升政府形象起到积极作用,政府可以把很多方面的内容融合在慈善之城建设中,加以推进,让政府的工作更好地符合老百姓的需求,真正做到为百姓谋利益,为民族谋幸福。

3. 社会需要

社会有了爱,这个社会就会和谐。慈善之城推动社会进步,推动人心和谐,推动社会的发展。社会需要一个包含多种能量的、包含多个方面的、包含多种活动的一个载体来形成合力,助推社会发展。慈善之城的建设正是这样一个社会所需要的文明建设的载体,慈善之城建设中的相关内容将使百姓融合度更高,加入度更强。

4. 国际传播

慈善在国际舞台上具有强大的号召力,在慈善旗帜引领下,慈善行为、慈善人物、慈善业绩都会受到社会的赞扬和认同。在融合国际化的进程中,慈善之城的建设,在引领慈善理念、规范慈善行为、发展慈善组织、取得慈善帮助方面,可以学到更多的先进经验,良好的慈善形象也将在国际舞台上获得赞誉。

5. 时代赋能

社会现代化不仅是物质财富的增加,更是精神财富的增长。慈善之城的建设给时代添上靓丽的口号,也为时代进步赋予能量。发展的社会、进步的社会、现代化的社会也一定为慈善之城的建设赋予强大的能量。慈善之城的建设,在时代发展中将起到引领性的作用,这是一束不可小觑的光芒,它将融进时代的灯塔,照耀方向。

三、慈善之城建设标准性认识

作为规范性建设,慈善之城的建设需要有个标准。标准的可行性、可操作性是政府和百姓共同关注的内容。从慈善的实践来说,慈善之城的建设可从八个方面入手,一级指标体系为八个,赋值 1000 分,再就相关内容延伸二、三级指标体系。

1. 慈善捐赠(200分)

慈善之城建设的第一个指标就是慈善捐赠。慈善捐赠体现了慈善的社会参与度和慈善的救助能力,在一定层面上,它是评价一个慈善城市建设的重要指标。在慈善捐赠的指标体系上,二级指标可以从捐赠对象和捐赠方法两个方面来设置指标体系,比如慈善对象可以分为企业、机关、学校、社会、个人。从捐赠方法上来说,可以分为大额捐赠、大额冠名基金、小额冠名基金、一日捐、随意捐、网络捐等。

2. 慈善救助(200分)

慈善之城建设的第二个重要指标就是慈善救助。慈善救助体现了对社会的关心程度和对弱势群体的补偿程度,这也是慈善的本来意义。慈善救助的二级指标体系可以从《慈善法》的八个方面来设置,比如,慈善助医、慈善助老、慈善助困、慈善助孤、慈善助残、慈善助学、慈善助文、慈善助创以及其他方面。

3. 慈善宣传(200分)

慈善之城建设的第三个重要指标是慈善宣传。慈善宣传对于慈善理念的传播、慈善文化的弘扬、慈善实践的推动,都有着十分重要的作用。在慈善的实践活动中,越来越深刻地体会到慈善宣传的积极作用,慈善的理念种植在老百姓心中,慈善的捐赠就有效力,慈善的救助就有成果。慈善宣传的二级指标体系,可以从慈善宣传的形式、慈善宣传的队伍、慈善宣传的保障等方面进行设置。

4. 慈善组织(100分)

慈善组织的建设和发展,是慈善力量强大的一个重要内容,慈善组织强大了,慈善的捐赠和救助都会强大。慈善组织的发展还有很大的空间和潜力。在慈善组织评估的二级指标体系上,可以从横向、纵向和立体三个层面来设置指标体系,慈善的纵向组织主要是指各级向基层延伸的慈善组织,慈善的横向组织主要是指各级的慈善分会的发展,慈善的立体组织主要是指慈善社会组织的培育和发展。

5. 慈善志愿(100分)

慈善志愿是慈善之城建设的又一个重要指标体系。慈善志愿是慈善工作的一个重要范畴,有了慈善志愿者队伍,慈善的力量才会强大,慈善对弱势群体的帮扶,才有了现实的载体和力量。慈善志愿队伍需要培育与发展,通过慈善组织的建设来让慈善志愿队伍更强大、更专业、更有活力。慈善志愿的二级指标可以从志愿队伍、服务内容、服务平台三个方面设置指标体系。

6. 慈善保障(100分)

慈善保障是慈善工作能够得以持续和发展的一个重要内容,慈善保障到位了,慈善的工作才能够有生命;慈善保障到位了,经费、人员、场地落实了,慈善人士的工作劲头才会更大。慈善保障的二级指标体系可以从政府的支持力度、政策的保障力度和社会的监督力度三个方面,来设置指标体系。

7. 慈善设施(50分)

慈善设施在很大层面上是社会的形象和百姓接受慈善教育的一个重要载体。慈善设施既是保障慈善工作者必要的阵地,也是保障老百姓接受慈善内容的场所。慈善保障的二级指标体系,可以分为慈善工作阵地、慈善标志建筑等方面。

8. 慈善平台(50分)

慈善平台可提供更多的机会让慈善工作者与社会互动,慈善平台的建设具有很多创新性的内容,比如现代社会中推行的网络募捐是一个很强大的慈善平台。在实践中,慈善平台的二级指标体系可以从服务平台、捐赠平台、慈善创新发布平台等多个方面考虑。

四、慈善之城建设创新性认识

慈善之城建设是一个美好的活动,留有一份美丽的心情,在慈善之城建设过程中,用美的心态来建设,用创新的意识来建设,用一流的意识来建设,让慈善之城闪烁着爱和善的光芒。

1. 有史可鉴,历史人物

有史可鉴,让历史人物闪烁慈善的光芒,慈善之城的建设追溯城市的慈善光源,让慈善的历史人物来光照今天的慈善,来传承慈善的业绩,来弘扬慈善的传统。南通有张謇作为慈善人物的典范,作为近代中国的慈善第一人,有取之不尽的精神财富,这是南通慈善的辉煌,也是南通慈善历史的写照。

2. 有碑可仰,时代典型

有碑可仰,有慈善的时代典型,这个社会就有感召力,就有正能量。南通的慈善历史上有很多的慈善典范,南通精神文明的旗帜"莫文隋"、"感动中国"的老人吴锦泉、援藏干部曹旭、一代名医朱良春、张謇的孙女"百岁老人"张柔武,这些慈善的时代典型鼓舞着今天的南通人,是南通迈向慈善之城的强有力的支撑。

3. 有景可观,博物景观

有景可观,中华慈善博物馆建在南通,是中华慈善的一个标志,也是南通慈善文化的一个高地,中华慈善博物馆传承了中华慈善文化的历史文脉,对城市慈善文化的提升、慈善文化力量的凝聚,有着不可估量的作用,慈善博物馆将在慈善之城的建设中发挥更大的作用。

4. 有神可聚,城市精神

有神可聚,一个城市的精神也是这个城市的精神坐标。南通城包容、汇通、崇文、厚德,城市精神凝聚起来的力量,推动了城市发展,南通人就有了慈善的力量。在慈善的道路上,让慈善精神鼓舞自己,奋斗、进取。

5. 有事可赞,牵手点滴

有事可赞,生活中的牵手点滴,每日一善的行动力量,都能让百姓感到温暖,都能鼓舞自己,保持幸福、美丽的心情,让每个人从小事做起。南通城有很多好人、好事,有很多慈善人物,他们感动着南通人,让生活中有一种小小的力量,推动自己前行。

6. 有书可品,心雨感悟

有书可品,把对慈善的感受,把慈善的历史文化,把慈善的点点滴滴凝聚成我们可以读、可以品的慈善故事,这个城市的慈善文化就会沉淀,就会发芽,就会长树,就会开花,就会结果。南通大学有教授写了文化名著中的慈善故事,南通记者写了鸟类的慈善故事,还有很多美好而优质的南通慈善故事,让我们感受到慈善的心雨在我们心中飘洒。

7. 有愿可行,志愿行动

有愿可行,慈善志愿者用自己的一技之能,服务社会,用自己的一个心愿照亮人生,用自己的一点财力奉献社会。南通的高校系统有成千上万的志愿者,南通的卫生系统有成千上万的志愿者,还有很多其他志愿者,他们在扶危济困的志愿活动中,闪烁着生命的亮光。

8. 有人可助,服务平台

有人可助,慈善是给予的艺术,慈善是感恩的行动。南通市的志愿平台,发挥了很大的作用,在精神文明的倡导和引领中,走在时代的前列,这样的服务平台,百姓欢迎,政府得力,社会支持。

9. 有慈可温,家有孝举

有慈可温,家有孝举。中国传统文化中"孝"是一个最基础的德行,有孝心的人,大,忠于国家;中,善于社会;小,孝于家庭,这样的人才是社会进步的力量。慈善孝举永远是我们这个社会的正能量,虽然出在小家庭,但是聚力大社会。

10. 有善可暖,城有仁行

有善可暖,城有仁行,慈善之城的建设是把慈善阳光洒在每个角落,把慈善雨点洒在每个人的心里,我们手拉手,一起走向中国梦的明天。

五、慈善之城建设操作性认识

慈善之城建设是一个崭新的课题,这个活动的开展需要有力的指导和专家们的帮助,以及相关部门的认定。具体举措包含以下几个方面。

1. 建立主管部门

建立主管部门。慈善之城的建设,在探讨、建设、推进的过程中,有一个主管部门,无疑会对这项活动的顺利进行提供指导和帮助,目前中国慈善联合会在这方面进行了相关的有益探索,在国家层面还期望着中国慈善联合会多进行沟通协调,推进慈善之城建设,向纵深、向完善、向高层次发展。

2. 建设专家队伍

建设专家队伍。慈善之城在建设过程中,还有很多探讨性的问题。对理论层面加以研究,更好地解决实践层面的问题。期待慈善之城专家队伍的建设能够健全和完善。广州慈善会以及很多城市的慈善总会联合在一起进行

"善城"研究,期望能够在专家队伍建设上发挥强大作用。

3. 建树指标体系

建树指标体系。慈善之城的建设,确实需要一个系统的、规范的建设体系,各地都在积极探索。在探索过程中,更希望大家能够相互交流、沟通,能够推出一个可行的、可操作的建设体系,引领慈善之城建设健康发展。

4. 健全部门职责

健全部门职责,推进慈善之城建设,相关部门应该担起职责、主动作为、相互沟通,把慈善之城建设落实到位。宣传部门、民政部门、工商部门等,把群众的力量凝聚起来,把部门的作用发挥起来,落实相关任务,达到相关要求,检查督促工作的顺利进行。

5. 建强激励机制

建强相关的激励机制,对慈善之城建设有助推的力量。对慈善宣传努力的积极加以奖励,对慈善捐赠到位的积极进行表彰,对慈善志愿有为的积极给予鼓励。强化对推动慈善有积极作用的激励功能,对违反慈善法的违约情况加以惩戒,真正起到推动慈善工作深入开展的作用。

后　记

一年之计在于春，在这个播种希望的季节，由南京大学江苏慈善研究院主编的第二本研究成果《现代慈善发展的特点与趋势论文集》出版了，本书收集了南京大学、江苏省政府研究室、江苏省社科院、南京师范大学、苏州大学等江苏慈善研究院理事单位以及南通市慈善总会的专家学者撰写的论文15篇，内容涵盖了网络捐赠、时间银行、共同富裕、慈善信托、社会企业、慈善项目实施路径探索等多个方面，是我省慈善理论研究成果的集中体现。

本书由江苏省慈善总会与南京大学江苏慈善研究院发起，并提供经费支持。南京师范大学牵头负责论文的收集、审核工作，南京大学江苏慈善研究院负责与出版社联络，以及书稿的编校出版事宜，南京大学江苏慈善研究院各理事单位积极配合、通力协作，保证了本书编撰工作的顺利完成。

南京大学江苏慈善研究院作为现代慈善研究发展的综合性研究智库，旨在深化慈善理论的研究探讨，强化慈善文化的宣传普及。本书的出版是南京大学江苏慈善研究院为打造慈善理论与实践相结合的知行合一的重要平台所迈出的第一步，也预示着南京大学江苏慈善研究院的理论研究更趋专业性、前瞻性。今后，南京大学江苏慈善研究院将通过各理事单位的强强联合、优势互补，不断推出更高水平的学术文章，为江苏慈善事业高质量的发展提供理论指导。

最后，衷心感谢在本书编撰出版工作中给予帮助的各位领导、各位专家、各位作者，感谢大家的辛苦付出和真诚帮助。

南京大学江苏慈善研究院

2022年2月